中国教育法制评论

Chinese Educational Law Review (Volume 22)

劳凯声　余雅风　陈鹏　主编

第  辑

教育科学出版社
·北京·

出 版 人　郑豪杰
责任编辑　王晶晶
版式设计　郝晓红
责任校对　贾静芳
责任印制　叶小峰

图书在版编目（CIP）数据

中国教育法制评论.第22辑/劳凯声，余雅风，陈鹏主编.—北京：教育科学出版社，2022.11
ISBN 978-7-5191-3313-9

Ⅰ.①中… Ⅱ.①劳… ②余… ③陈… Ⅲ.①教育法—研究—中国　Ⅳ.① D922.164

中国版本图书馆 CIP 数据核字（2022）第 209775 号

中国教育法制评论　第 22 辑
ZHONGGUO JIAOYU FAZHI PINGLUN

出版发行	教育科学出版社			
社　　址	北京·朝阳区安慧北里安园甲9号	邮　　编	100101	
总编室电话	010-64981290	编辑部电话	010-64989363	
出版部电话	010-64989487	市场部电话	010-64989009	
传　　真	010-64891796	网　　址	http://www.esph.com.cn	
经　　销	各地新华书店			
制　　作	高碑店市格律图文设计有限公司			
印　　刷	唐山玺诚印务有限公司			
开　　本	720毫米×1020毫米　1/16	版　　次	2022年11月第1版	
印　　张	15	印　　次	2022年11月第1次印刷	
字　　数	241千	定　　价	42.00元	

图书出现印装质量问题，本社负责调换。

目 录

学术专论

我国高校学位授权点撤销的法理探析 / 程雁雷　蒋　艳　（ 1 ）

英国教师管理新机制及其规范框架研究 / 秦惠民　贾　楠　（ 16 ）

热点透析

论教育惩戒的性质及其功能定位
　　——兼评《中小学教育惩戒规则（试行）》/ 孟鸿志　侯嘉淳　（ 28 ）

情理法视野下的教育惩戒权研究 / 彭虹斌　张梓祎　（ 41 ）

我国义务教育阶段严重违规学生强制转学措施适用困境破解
与立法完善 / 宋高初　（ 53 ）

建立完善的制度系统　确保教育惩戒合理合法实施
　　——英国的实践与启示 / 王朝夷　杨　健　（ 64 ）

教育性：中小学教育惩戒立法的价值选择 / 张宇恒　李晓燕　（ 78 ）

关注义务教育

义务教育均衡发展法治化：成就、问题与展望 / 郭　凯　（ 88 ）

义务教育公平入学的法治保障 / 吴 锐 （100）

乡村教师补充政策扩散的模式与机制分析
　　——基于对 2010—2020 年我国乡村教师补充政策的
　　观察 / 刘宗南 （113）

义务教育质量提高行动中省级政府的政策注意力配置 / 关志康 （126）

高等教育法治

高等教育自学考试社会助学的乱象与治理 / 陈园园　陈恩伦 （140）

论我国高校学术评价法治化 / 李梦阳　杜佳欣 （152）

高校二级学院自治权的运行机制及行使限度
　　——兼评"柴丽杰诉上海大学不授予博士学位案" / 陈全真 （164）

教育立法与适用

我国地方教育立法的回顾与展望 / 王重文 （176）

营利性民办学校破产退出的法律适用 / 余冬生 （190）

教育政策理论研究

理解教育政策变迁中的"短时突变"：一个政策社会学的解释框架
　　/ 余　晖 （202）

家庭和学校对学生学业成绩的影响力比较
　　——基于实证研究对《中华人民共和国家庭教育促进法》的
　　思考 / 谭敏达　徐继存 （215）

后　记 （230）

Contents

Academic Monograph

Jurisprudential Analysis on the Withdrawal of Degree Authorization Points of Universities in China / *Cheng Yanlei Jiang Yan* (14)

A Study on the New Mechanism and Regulatory Framework of the UK Teacher Management / *Qin Huimin Jia Nan* (27)

Hot Spot Dialysis

On the Nature and Functional Position of Educational Discipline: Also on the Educational Disciplinary Rules for Primary and Secondary Schools (Trial) / *Meng Hongzhi Hou Jiachun* (39)

Research on Educational Disciplinary Power from the Perspective of Sentiment, Reason and Law / *Peng Hongbin Zhang Ziyi* (51)

The Solution to the Applicable Dilemma and Legislative Improvement of the Compulsory Transfer Measures for Students with Serious Violations in Compulsory Education Schools / *Song Gaochu* (63)

A Supporting System for Behavior Policy at School: Disciplinary Penalty in the UK / *Wang Chaoyi Yang Jian* (76)

Instructiveness: The Value Choice of Educational Discipline Legislation in Primary and Secondary Schools   / *Zhang Yuheng Li Xiaoyan* (87)

Attention to Compulsory Education

Legalization of Balanced Development of Compulsory Education: Achievements, Problems and Prospects / *Guo Kai* （99）

On the Legal Guarantee of Fair Enrollment in Compulsory Education / *Wu Rui* （111）

Analysis on the Model and Mechanism of the Diffusion of Supplementary Policy for Rural Teachers: Based on the Observation of the Supplementary Policy for Rural Teachers from 2010 to 2020 / *Liu Zongnan* （125）

The Allocation of the Provincial Governments' Policy Attention in Improving the Quality of Compulsory Education / *Guan Zhikang* （139）

Rule of Law in Higher Education

The Chaos and Governance of Social Assistance Activities for Self-study Examination of Higher Education / *Chen Yuanyuan Chen Enlun* （151）

On the Legalization of Academic Evaluation in Colleges and Universities in China / *Li Mengyang Du Jiaxin* （162）

The Operating Mechanism and Exercising Limits of the Autonomy of Secondary Colleges in Universities: Concurrently Comment on "Chai Lijie v. Shanghai University for Not Conferring a Doctorate Degree Case" / *Chen Quanzhen* （175）

Education Legislation and Application

Review and Prospect of Local Education Legislation in China / *Wang Zhongwen* （189）

Application of Law of Bankruptcy and Withdrawal of For-profit Private Schools / *Yu Dongsheng* （201）

Research on Educational Policy Theory

Understanding "Short-term Drastic Change" in Educational Policy Trajectory: A Policy Sociological Analytical Framework / *Yu Hui* （213）
The Relative Importance of Family versus School Factors for Affecting Students' Academic Performance: A Reflection on Family Education Promotion Act / *Tan Minda Xu Jicun* （228）

Postscript （230）

□ 程雁雷 蒋 艳

我国高校学位授权点撤销的法理探析[①]

【摘 要】 我国高校学位授权点撤销是具有行政和学术双重属性的行政行为。从行政属性上看，学位授权点撤销是政府对有限的学位资源进行集合、分配与维护的权力运行和监督活动，在行为类型上属于行政撤回，而非行政撤销或行政处罚，应当遵循行政法治基本原则；从学术属性上看，学位授权点合格评估是学术判断行为，学位授权点撤销作为评估的结果行为具有学术性。目前，学位授权点撤销存在权力配置不清晰、评估标准不明确、程序机制不健全等问题。为规范学位授权点撤销，有必要从主体、标准、程序三个维度进行法律规制，以保护高校合法权益，促进政府和高校关系的法治化，推进高校治理体系与治理能力现代化。

【关键词】 学位授权点撤销 学术性行政行为 学位委员会 学位授权点评估 程序保障

我国常态化的学位授权点（以下简称学位点）撤销机制自2014年开始建立[②]。学位点撤销机制对督促学位授予单

---

① 本文系安徽法治与社会安全研究中心项目"构建我国学术仲裁制度研究"（fzsh2021cx-12）的阶段性成果。

② 2014年1月，国务院学位委员会、教育部为保证我国学位与研究生教育质量，联合印发《学位授权点合格评估办法》（该办法于2020年修订），规定新增学位点满3年后，须接受专（转下页）

位落实质量保障主体责任、保证学位与研究生教育质量、打破学位点终身制发挥着重要作用。然而，近几年每年批量的学位点撤销现象引发社会对学位点撤销规范的关注①。我国1981年开始施行的《中华人民共和国学位条例》第十八条开创性地规定了学位点撤销的制度，但受当时立法目的和立法技术的局限，学位授予资格的撤销行为属性不清，撤销主体、撤销标准、撤销程序等层面存在缺陷。学位点撤销是保障高等教育内涵式发展的重要措施，亟待从理论层面对该行为所蕴含的权力规范与权益保障等法律问题进行深度探究。本文旨在厘清学位点撤销行为的法律性质，分析论证制度运行中存在的问题，并提出完善建议，以保护高校合法权益，促进政府和高校关系法治化，推进高校治理体系与治理能力现代化。

一、学位点撤销行为的法律性质

《中华人民共和国学位条例》第十八条、《学位授权点合格评估办法》第十三条虽然明确规定了国务院学位委员会有权撤销不合格学位点，但法律并未明确界定该行政行为的法律性质。学位点撤销法律定性缺失，不可避免地导致实践中出现行为主体的地位不明确及其职责权限不具体、行为方式与程序不规范、责任与救济不完善等方面的问题。此处，笔者通过对学位点撤销行为的剖析，认为学位点撤销行为是学术性的行政行为，具有行政性和学术性双重属性。

（接上页）项评估。专项评估合格后进入每6年一轮的周期性合格评估。若评估不合格，将面临限期整改或撤销。首轮学位点合格评估中，学位授予单位主动申请撤销学位点的数量为：2016年576个、2017年340个、2018年489个、2019年193个；2019年教育行政部门随机抽评2292个学位点，其中8个学位点因评估不合格被撤销。学位点专项评估中，2014年至2019年共有81个学位点评估不合格被撤销。以上数据来源于教育部网站。

① 2016年同济大学的法学一级学科博士点、中国科学技术大学公共管理博士点等被撤销，引发社会对学位点撤销标准和程序的关注。参见金泽刚. 为被撤销博士点的同济法学院一辩[N]. 新京报，2016-03-29（A04）；刘虹. 同济大学法学一级学科博士点到底该不该撤[EB/OL].（2016-03-29）[2020-03-20]. http://blog.sciencenet.cn/blog-2781385-965879.html；胡海洋. 为科大公管博士点被撤一辩[EB/OL].（2016-03-30）[2020-03-20]. http://blog.sciencenet.cn/blog-672561-966043.html.

（一）学位点撤销行为的行政属性

1. 学位点撤销的本质：对学位资源的集合、分配与维护

学位点的获批意味着高校办学层次和社会声誉的提升，是高校借此进一步获取高等教育教学资源和人才的重要抓手。然而，高等教育资源是有限的，要把有限的高等教育资源尽可能公平地分配给过多需求者，就需要政府通过一定非市场化的方式选取资源的获取者（孙荣，2014）。因而，政府通过对师资力量、科研设备、人才培养质量设置一定的标准，限制获批的学位点的数量，缓解供需矛盾。获批学位点的高校应当充分利用高等教育资源，加强学位点建设，实现为社会培养人才的目的。但是实践中很多高校"重申报轻建设"，片面追求学位点的"大而全"，忽视内涵式发展，导致师资力量弱、教育水平低、人才培养质量不能满足社会需求，既误人子弟，又严重浪费高等教育资源（晏扬，2016）。政府作为高等教育资源的集合者、分配者，亦应担负起维护者的职责，监督高等教育资源的使用。为了维护公共利益和防止高等教育资源浪费，有必要淘汰不符合时代发展需要的学位点，这也是美国实现高等教育资源节省或重新分配、提升质量的做法。20世纪70年代，美国高校可以根据财政拨款少、市场需求小、学生注册率低等来终止学位点（Skubal，1979）。但与我国的不同之处在于，美国学位点的裁撤主要由高校决定，州政府主要起监督作用，而我国学位点撤销主要由政府审批，学位点撤销实质上是政府对高等教育学位资源进行集合、分配与维护的权力运行和监督活动。

2. 学位点撤销的行为类型：不履行许可义务的撤回

学位点审核是政府对高等教育学位资源进行分配的一种方式，具有行政许可的属性，学位点撤销是对行政许可的撤销。根据撤销的原因、阶段、法律后果不同，对行政许可的撤销可分为两类：一类是已经生效的行政许可因成立时存在违法事由被撤销，被撤销的具体行政行为自始不具有法律效力，称为行政撤销；另一类是行政相对人获得行政许可后从事违法行为被撤销，归于行政处罚（蔺耀昌 等，2007）。一方面，《学位授权点合格评估办法》第十三条第三款规定了撤销授权的学位点的在学研究生可按原渠道培养并按

有关要求授予学位。而已经授予的学位不因学位点的撤销受影响。换言之，撤销学位点的效力不会向前追溯。另一方面，学位点撤销制度的初衷是督促学位授予单位重视研究生教育质量和学位授予质量，而非出于对学位授予单位的惩戒。况且高校出于办学定位调整和发展需要而主动申请撤销，更谈不上具有违法性和制裁性。因而，学位点撤销既非行政撤销，也难以被归入行政处罚，笔者认为，学位点撤销行为是不履行许可义务的撤回。

首先，根据《中华人民共和国行政许可法》第八条的规定，行政撤回存在两个标准：一是客观情况发生变化标准，二是公共利益标准。国务院学位委员会撤销学位点，一方面，是因为该学位点存在需求不足、水平不高或不符合学位授予单位办学目标定位的状况，与高校申请学位点时的客观事实相比发生了变化；另一方面，节省国家有限的学位资源，重点发展适应经济社会发展需要、优势突出、特色鲜明，并符合高校学科发展规划的学位点，正是维护公共利益的现实需要。

其次，学位点撤销是对不履行许可义务的撤回。行政机关准许行政许可的过程，本质上是行政许可申请人与行政机关达成规范实施许可事项和许可行为的信任契约的过程，这个信任契约的内容逻辑性地包含了许可申请人明知其不依照承诺履行许可事项时，行政机关具有收回行政许可的权力（徐晓明，2013）。国务院学位委员会许可高校学位点建设意味着国务院学位委员会与高校之间就学位授予事项达成了默认的契约，高校因此负有保证研究生教育质量和学位授予质量的义务。高校履行这种法定义务是其获得学位授予资格的宗旨，也是国务院学位委员会考虑授予其学位授予资格的基础。高校不履行此义务意味着对其目的事业的违背，无论是高校基于办学目标的调整主动申请撤销，还是因"重申报轻建设"导致评估不合格被撤销，都意味着高校已不具备行政机关赋予其学位授予资格的条件，行政机关为了保护公共利益，有权撤回对高校学位授予资格的许可。

（二）学位点撤销行为的学术属性

政府和高校之间的法律关系并不纯粹是一种行政法律关系，有些事项还涉及学术判断，属于学术性的行政关系（孙笑侠，2020）[148-168]。例如，高校的成立、公立高校的财政拨款以及高校学位授予资格的审批，均涉及专家组的学术判断。专家组的学术判断行为是一种具有高度学术性的行为，其通过具有一定学术背景的人员或组织，依照法定程序，以及学术共同体之间的学术规范和学术人员的学术水准对具体学术活动进行评判。

学位点撤销之前需要经过学位点合格评估，而学位点合格评估就是一种学术判断行为。首先，评估主体具有权威性或专业性。学位点合格评估的主体是专家组，是在特定领域对学术知识具有一定研究的人员。其次，评估对象具有学术性。学位点主要进行的是教育教学、科学研究、学科建设、教师评聘、学位授予、学术交流和讨论、专业设置和调整、招生就业等学术事务。学位点合格评估事实上是对学位点所进行的学术事项成果等对象的检视。再次，评估标准具有可裁量性。尽管学位授予单位就教育部公布的学位点抽评要素进行了细化，制定了各单位的学位点合格评估指标体系，并且对指标进行量化，但是具体判断过程仍然是依靠专家组人员依据共同的学术规范和个人学术道德水平做出最终的判断。最后，评估需要遵守严格的程序。《学位授权点合格评估办法》对评估程序做了比较严格的规定。以教育行政部门抽评为例，具体规定了抽评的范围、比例、重点抽评的对象、评议专家组成、本校专家回避制度、评议结果的做出以及对异议结果的处理等。学术判断行为是一种具有高度专业性的行为，专家组在此领域享有判断余地，一般不受非专业人士的干涉。

综上，学位点撤销具有行政和学术双重属性，是学术性的行政行为。从行政属性上看，学术点撤销的本质是政府对学位资源的集合、分配与维护，在行为类型上属于行政撤回。从学术属性上看，学位点合格评估是学术判断行为，学位点撤销作为学位点合格评估的结果行为，也具有学术性。学位点撤销作为一种损益性的学术性行政行为，应当受到严格的限制，既要明确行政权力的权限配置，亦要设置科学的评估标准。长期以来，高校被视为国家"公法设施"，以致我们忽略了高校作为行政相对人的权利保障和救济。政府撤销学位点、监督高校研究生教育质量和学位授予质量时，应当遵循正当程序原则、比例原则、不当联结禁止原则等行政法治原则。高校对学位点撤销结果不服时，政府应当赋予和明确高校进行申辩与提起行政救济的权利和途径。

二、学位点撤销的权力配置

行政权力贯穿学位点撤销全过程,欲实现对学位点撤销中行政权的规范,需厘清学位点撤销过程中各主体的权限,既为权力的行使提供有效的制度保证,也有利于明确权力的行使边界。目前,我国的学位点撤销制度存在行为主体权限不清的问题,需要进一步明确行为主体的权力配置。

(一)学位点撤销行为主体的权限不清

1. 省级学位委员会的权限来源不清

《中华人民共和国学位条例》以法律授权的形式将国务院的撤销权赋予国务院学位委员会,并未规定省级学位委员会的法律地位。而实践中省级学位委员会承担着部分学位点撤销的审查工作,并且教育部的规范性文件对此也予以认可。例如,《学位授权点合格评估办法》第六条规定"硕士学位授权点周期性合格评估由各省级学位委员会组织实施",《博士、硕士学位授权学科和专业学位授权类别动态调整办法》第十条规定"学位授予单位将主动撤销和增列的学位授权点以及开展调整工作的有关情况报省级学位委员会。省级学位委员会对学位授予单位调整工作是否符合规定的程序办法进行审查"。学位点撤销制度中已经形成高校、省级学位委员会、国务院学位委员会三级管理体制,省级学位委员会在整个学位管理体系中起着承上启下的作用(谢桂华,2010)。省级学位委员会的设立运行是教育管理体制的重大变革,但是省级学位委员会行使什么权力,源于授权还是委托,边界何在,是否有依据可寻,需要进一步探究以明确回答。

2. 学位委员会与教育行政部门的权力界限不清

教育部是《中华人民共和国高等教育法》规定的主管全国高等教育工作的法定机构。国务院学位委员会原本属于国务院工作部门中的"议事协调机构",但经《中华人民共和国学位条例》授权,国务院学位委员会成为主管学位管理工作的法定机构(秦惠民,2019)。学位制度是高等教育制度的重要组成部分，学位立法的完善需要回应学位制度在高等教育制度体系中的功能和定位（王大泉，2020），这就必然涉及学位委员会和教育行政部门的关系。然而，两者在实践中相互交织，导致双方在权力、职责、义务上缺少清晰的界限。例如，学位点合格评估的指标发布、组织实施是由教育行政部门负责，而最终的撤销是由国务院学位委员会做出，如此可能导致学位点合格评估争议和撤销争议牵涉的行政部门不同，从而导致部门之间的推诿。司法实践中也出现法院对学位争议纠纷的行政复议应由教育行政部门还是学位委员会受理意见不一的情况。① 因而，理顺学位委员会和教育行政部门的关系，对划分双方权责、保护高校的合法权益、促进学位制度完善具有重要意义。

（二）明确学位点撤销行为主体的权力配置

1. 明确省级学位委员会的法律地位

根据《中华人民共和国学位条例》，学位点的撤销既是国务院学位委员会的职权也是其法定职责，不是通过法律法规授予省级学位委员会的权力只能是源于委托。然而，从学位授权审核的实践来看，省级学位委员会先后获准的组织审批硕士点工作、审核新增硕士点、初审新增博士点等权力主要来自国务院学位委员会的授权下放（章志远，2019）。2009年，西北政法大学"申博"案中西北政法大学以陕西省学位委员会作为被申请人向陕西省人民政府提起复议并被受理，更说明陕西省学位委员会在学位授权审核中的行政主体地位得到认可（湛中乐，2009）[261-279]。省级学位委员会的统筹权、初审权、审批权等已经涉及权力主体变更、权力运行规则和行政职能及管理方式的转变，严重突破了《中华人民共和国学位条例》的法律空间（王敬波，2014）。可以说，省级学位委员会的权力源于行政委托，但实践中为顺应国家"放管服"改革潮流，在逐渐向授权倾斜。

---

① 参见南宁铁路运输中级法院（2019）桂71行终253号，邓美妮与广西壮族自治区教育厅教育行政管理案中，一审法院认为，由于国务院学位委员会并未设置受理学位争议纠纷的复议的内设部门，为了保护当事人的合法权益，由学位授予单位的行政主管机关教育行政部门受理复议申请合理。二审法院认为学位授予争议的行政复议事项属于学位委员会而非教育厅的法定职责，二审撤销了一审法院的判决。

鉴于《中华人民共和国学位条例》正在修订，新的学位立法应当明确省级学位委员会的法律地位，巩固实践中相对成熟的做法，将国务院学位委员会的部分博士点、硕士点评审权下放到省级学位委员会。在具体制度建构上，由国务院学位委员会拟定学位点撤销的一般标准、确定学位点撤销的名单、指导与监督省级学位委员会在授权范围内开展学位点撤销的评估与审核工作。省级学位委员会则根据国务院学位委员会的授权，承担本地区学位点的评估审定。

2. 理顺学位委员会和教育行政部门的关系

基于实现国家治理效能的功能主义权力配置原则，应当将国家权力配置给在组织、结构、程序、人员上最具优势的行政机关，获得职权配置的机关，应在组织、结构、程序、人员上继续优化以适应职能调整（张翔，2018）。具体到学位点撤销权力的配置上，考虑到学位管理的专业性、特殊性以及学位制度运行四十余年的经验，应当将学位点撤销的领导权力配置给学位委员会，组织实施权力配置给教育行政部门，主要从两个方面着手：其一，法律应当明确国务院学位委员会和教育部在实践中形成的工作分工，由国务院学位委员会负责学位点的统筹规划，如撤销标准的制定、撤销名单的审核等，而教育部负责学位点撤销的组织、实施、监管；其二，应当在新的学位立法中逐步完善学位委员会的组织架构，使其能够独立承担行政许可、处罚、复议等职能。

三、学位点撤销的评估标准

学位点合格评估是学术判断行为，蕴含广泛的裁量因素。过宽的裁量会导致专断和不平等，因而需要推出裁量基准，限定裁量权的行使范围，以防止裁量权恣意和滥用（周佑勇，2007）。评估标准的目的就在于通过对宽泛的学术裁量按照一定的标准进行量化，区分出不同格次，使专业化的学术裁量变得清楚、具体，为裁量权的行使提供依据。实现评估标准的这一目的，要求标准的制定必须切合实际并具有合理性，如此才能既发挥裁量者的主观能动性，又不至于放任自流。然而，目前学位点合格评估标准存在两个问题。一是标准的制定不透明。教育部网站只公布合格、不合格、限期整改的学位点名单，但对如何得出不合格的结论、哪些方面不合格、依据的是什么标准，公众无从得知。二是标准的内容存在同质化。从一些高校公布的评估标准来看，不同层次、不同类型、不同发展定位、不同学科的学位点合格评估标准几乎一致，基本局限在师资队伍、科学研究、研究生培养、管理工作等方面。这种同质化的评估标准，尽管在一定程度上反映了学位点的建设水平，但是忽略了各地教育资源以及高校目标定位、发展需求的差异，"一刀切"式的标准并不适合所有类型的学位点，反而会削弱高校建设学位点的能动性、积极性。

2020年10月，中共中央、国务院印发《深化新时代教育评价改革总体方案》，提出"扭转不科学的教育评价导向"，"推进高校分类评价，引导不同类型高校科学定位，办出特色和水平"。学位点合格评估作为国家对高校研究生教育质量进行监督的重要方式，不能囿于传统思维，应当顺应教育体制改革发展的方向，建立明晰科学的学位点合格评估标准。

在学位点合格评估标准的制定上，应当注意以下几个方面。第一，在制定依据方面，学位点合格评估标准一方面必须遵循《中华人民共和国高等教育法》《中华人民共和国学位条例》等相关教育法律法规对学位标准、学科建设标准的规定，另一方面必须遵循教育发展规律，给予新设学位点发展的时间和空间（杨杰，2019）。第二，在制定主体方面，充分发挥国务院学位委员会、省级学位委员会、高校、社会专业团体的作用。长期以来，政府主导模式下的学位点合格评估机制"统一性有余，多样性不足"，主要原因在于标准制定主体的单一（甘晖 等，2011）。笔者认为，应当由国务院学位委员会结合学位点发展理念和教育发展趋势，制定学位点合格评估基本标准；省级学位委员会结合本地区发展战略对国务院学位委员会制定的标准进一步细化；高校应依据自身定位及人才培养特色，在不违反法律规定的前提下，自主设置"一校一评"的学位点评估指标；社会专业团体通过科学研究为政府及有关部门评估标准的制定提供专业智力服务。第三，在制定原则方面，应当遵循正当程序原则、可操作性原则，标准制定以后应当及时向社会公开。第四，在形式方面，评估标准应当以规范性文件的形式发布，若发生学位点撤销争议，法院可进行附带性的司法审查。

在学位点合格评估标准的内容上，应当具体考虑以下几个方面。首先，区分博士点和硕士点标准。博士和硕士的学位标准、培养目标、培养方式、培养规格等不同，相应地申请博士点和硕士点的条件也不同，自然同一专业的博士点和硕士点的评估标准应当有所不同。其次，区分研究型学位点和应用型学位点。研究型学位点的重点在于提升研究生的科研创新能力，因而可以重点评估科研项目、论文质量等学术成果。应用型学位点强调提升实践创新能力，因而在该类型学位点评估时重点评估相关学科专业代表性成果的转化或应用、实践教学情况等。再次，区分人文社科学位点和理工科学位点。对人文社科学位点更强调师资情况和人才培养质量，而理工科除此之外，仪器设备等情况亦是重点评估指标。最后，应当对新兴、优势学位点适当放宽标准，结合学校的优势，在评估时予以具体考虑。学位点合格评估标准是指引学位点建设、实现人才培养目标的指南，应从关注科研论文数量等硬性指标转向聚焦人才培养质量的软实力提升，从而引导高校实现内涵式发展。

四、学位点撤销的程序机制

行政权的规制，不仅要从实体上发力，更要致力于程序控制。遵循程序的公开和公平原则，将法律规范所设定的适当程序适用于学位点撤销过程，将撤销的依据、标准、条件、过程和结果予以公开，并相应导入公众参与机制以及权利救济机制，对避免或者减少撤销权滥用现象具有极其重要的意义。

（一）学位点撤销的信息公开机制

公开与透明是行政权力运行的重要原则之一。这要求行政机关在撤销学位点时，应当充分披露相关信息。当前学位点撤销公开的信息仅限于被撤销学位点的名单，对因何撤销、如何撤销等信息没有公开。这既不利于保障学位授予单位及相关利益人员的知情权，亦阻碍其合理表达诉求，而且不能起到警示其他学位点的作用。基于此，笔者认为，学位点撤销中应当公开的信息范围和内容包括以下四个方面。

第一，评估标准公开。公开评估标准，一方面可起到指引学位授予单位重点建设学位点方向的作用，另一方面可制约高校、第三方机构、教育行政部门随意开展评估。评估标准在制定过程中，应当通过发布征求意见稿、组织专家论证等形式广泛征求意见，标准形成后，应及时对外公布。第二，学科评议人员公开。学位点合格评估对评估人员的专业性要求较高，在遴选学科评议人员时应当公布其完整的受教育经历、工作经历、社会兼职以及主要研究成果等信息，接受社会公众的监督。第三，评估过程公开。评议过程中形成的各类信息，包括听取学位授予单位意见的情况、评议专家的人数、评估中的讨论、表决形式、评议结论及理由等要有完整记录。对评议专家的表决意见进行匿名化处理后，除涉及国家秘密、商业秘密及个人隐私之外的信息，应当允许社会公众，尤其是被撤销学位点的高校，依法申请查询，增强评估结果的说服力。第四，评议结果公开。评议结果不仅包括评估是否合格，还应当包括学位点各项评估指标的得分情况，以保障学位授予单位、教职人员、在读学生等相关利益人员的知情权，警醒学位授予单位的负责人和院校领导加强学位点质量建设。

（二）学位点撤销的听证机制

学位点撤销作为对许可的撤回，对高校来说是一种损益性行政行为，行政机关终止学位授予资格时应当保障行政相对人的陈述、申辩权利。然而，《中华人民共和国学位条例》对被撤销学位点的高校的程序性权利未有提及，2021年教育部公布的《中华人民共和国学位法草案（征求意见稿）》也没有相应规定。建立学位点撤销的听证机制，是保障高校合法程序性权利、完善新的学位立法的重要措施。但并非所有的学位点撤销决定都要经过听证，综合听证成本和效益分析，听证的范围仅限于学位授予单位对专家评议意见不服依申请提起的听证。比如，对待同济大学的法学博士点这种新设立的学位点，高校对专家评议意见不服时，应当允许其申请召开听证会，进行申述和辩解。

学位点撤销的听证程序应当包括：其一，提前通知高校。行政机关不仅要提前通知何时何地举行听证，更重要的是必须在通知中说明学位点撤销的原因及依据，这是保障听证目的实现的前提。其二，充分听取高校的陈述和申辩。听取相对人的意见，是行政听证的法理基础。行政机关应当听取高校对学位点的发展状况以及就被撤销的相关事实和法律适用提出意见的陈述。其三，听证会代表结构合理。保证听证参加人员具有专业性和代表性，应包括同行专家、省级学位委员会代表、院校负责人、学生代表、教师代表和学校法律顾问等。此外，应当将听证材料在合理时间内送交听证会代表，给予代表均等的发言机会、时间等。其四，制作听证笔录，并如实记录参与听证会各方代表的意见，明确听证笔录为做出最终撤销决定的重要依据。

（三）学位点撤销的救济机制

随着我国高等教育体制改革和法治国家、法治政府建设的深入推进，以法治思维和法治方式引领、推动、保障教育改革和发展，是推进教育治理体系和治理能力现代化的应有之义。而完善的教育法律救济制度是衡量教育现代化的重要标尺，但遗憾的是高校作为学位点被撤销的弱势一方，缺乏一套行之有效的申诉、救济机制，使得高校利益诉求的保障面临窘境。《中华人民共和国学位法草案（征求意见稿）》规定了学位申请人与学位授予单位的学位纠纷解决机制，但忽略了学位授予单位的权利救济途径。建立健全畅通的高校权利救济途径，是教育法治建设的重要内容。

其一，完善学位授予单位申诉制度。《学位授权点合格评估办法》第十条规定学位授予单位如对学位点评议结果有异议，应按评估方案的要求，博士点向学科评议组或专业学位教指委提出申诉，硕士点向省级学位委员会提出申诉。这一规定实际上是为学位授予单位提供了一条学术纠纷解决途径，为学位授予单位提供了对评估结果不认同时表达意见的渠道，打开了救济学位授予单位权利的大门。尽管学位点合格评估只是学位点撤销的过程行为，但当高校知晓学位点评估不合格时，实际上已经意识到学位点即将面临整改或撤销的结果，因而学位授予单位可以诉诸救济。但仅凭《学位授权点合格评估办法》的规定难以保障学位授予单位的权利。一方面，《学位授权点合格评估办法》是教育部的规范性文件，其效力位阶较低；另一方面，该文件对申诉的时间、方式、程序、申诉结果的反馈等缺乏进一步的明确。基于此,首先,应当通过学位立法明确学位授予单位权利保障途径,为学位授予单位的权利救济提供上位法依据;其次,进一步细化申诉的具体程序,如学位授予单位对学位点评估结果存在异议时,应当在接到评估结果之日起三十日内采用书面形式提出申诉,申诉书载明异议请求、理由和依据。被申诉人收到申诉书后在进行认真审查、实地核查、全面调查的基础上,在六十日内形成复查意见并向申诉人及时反馈。

其二,健全高校提起行政复议及诉讼的渠道。受德国19世纪国家法和行政法理论的影响,高校作为特定的行政领域,受到政府的集中管理。尽管随着政府与高校关系被纳入法治视野,双方之间的权力(权利)义务关系逐渐法定化,但是实践中较少见到高校对政府部门提起行政复议和诉讼。西北政法大学"申博"案作为国内第一起发生在公立高校与政府之间的学位授权行政复议案,对推进高校利益诉求的法律表达和权益救济具有里程碑式的意义(程雁雷,2010)[224-231]。目前正值学位立法推进之际,笔者认为应当通过学位立法明确和保障高校对撤销学位点的决定不服时提起行政复议或诉讼的权利,这对推进政府与高校关系法治化、完善学位法律制度、促进高等教育法治化具有重要意义。

五、结语

学位点撤销既是行政行为,也是学术行为,既要遵循行政法治基本原则,规制行政权力,维护高校作为行政相对人的合法权益,也应当尊重学术规律,实现教育与法律的有机结合,使法治原则和精神贯穿高等教育发展的全过程。剖析学位点撤销的法律性质以及学位点撤销过程中存在的权力配置不清晰、评估标准不明确、程序机制不健全等问题,不谓苛求制度的瑕疵,而是希冀随着政府和高校关系法治化的进一步推进和落实,学位点撤销不仅能够发挥保障研究生教育质量和学位授予质量的作用,更能够保障高校合法权益,实现教育法治的原则和精神。

参考文献

程雁雷,2010. 背景·问题·启示:西北政法大学"申博"案引发的法律思考[M]// 劳凯声. 中国教育法制评论:第8辑. 北京:教育科学出版社.
甘晖,罗云,孙志强,2011. 完善学位点评估标准的策略选择[J]. 中国高等教育(24):16-19.
蔺耀昌,胡丙超,2007. 撤销许可的法律性质及效力研究:以撤销司法鉴定许可为例[J]. 行政法学研究(4):89-94.
秦惠民,2019.《学位条例》的"立""释""修":略论我国学位法律制度的历史与发展[J]. 学位与研究生教育(8):1-7.
孙荣,2014. 困境与出路:"摇号"政策应对城市公共资源分配难题[J]. 行政论坛(5):56-60.
孙笑侠,2020. 论大学制度中学术性关系的法理[M]// 张志铭. 师大法学:2019第1辑. 北京:法律出版社.
王大泉,2020. 中国学位法律制度修订完善的历史回顾与现实展望[J]. 复旦教育论坛(2):25-31.
王敬波,2014. 学位授权审核法治化路径探析[J]. 学位与研究生教育(7):39-43.
谢桂华,2010. 对省级地方学位委员会功能作用的系统研究与思考:《省级地方学位委员会功能作用研究》评介[J]. 中国高教研究(9):93.
徐晓明,2013. 行政许可退出机制理论问题探究[J]. 浙江学刊(3):151-159.
晏扬,2016. 高校学位点"瘦身"也是供给侧改革[N]. 检察日报,2016-10-26(5).
杨杰,2019. 撤销学位授权点的法治化路径探析[J]. 学位与研究生教育(8):8-14.
湛中乐,2009. 西北政法大学"申博"案的思考与解析[M]// 劳凯声. 中国教育法制评论:第7辑. 北京:教育科学出版社.
张翔,2018. 我国国家权力配置原则的功能主义解释[J]. 中外法学(2):281-303.
章志远,2019. 博士硕士学位授权审核的行政法规制[J]. 福建行政学院学报(1):55-62.
周佑勇,2007. 裁量基准的正当性问题研究[J]. 中国法学(6):22-32.
SKUBAL J M, 1979. State-level review of existing academic programs: have resources been saved? [J]. Research in Higher Education, 11(3): 223–232.

Jurisprudential Analysis on the Withdrawal of Degree Authorization Points of Universities in China

Cheng Yanlei　Jiang Yan

Abstract: Withdrawal of degree authorization points of universities in China is an administrative act with both administrative and academic attributes. From the viewpoint of administrative attributes, withdrawl of degree authorization points is a power operation and supervision activity of the government to collect, allocate and maintain limited degree resources, which is an administrative withdrawal rather than administrative revocation or administrative punishment and should follow the basic principles of administrative rule of law. From the viewpoint of academic attributes, evaluation of degree authorization points is academic judgment, and withdrawl of degree authorization points as the result act of evaluation is academic in nature. At present, there are problems such as unclear allocation of authority, unclear evaluation standards and unsound procedural mechanism for withdrawl of degree authorization points. In order to regulate the withdrawl of degree authorization points, it is necessary to legally regulate it in three dimensions of subjects, standards and procedures, so as to protect the legitimate rights and interests of universities, realize the rule of law in the relationship between the government and universities, and promote the modernization of university governance system and governance capacity.

Key words: withdrawal of degree authorization points   academic administrative action   degree committee   evaluation of degree authorization points   procedural guarantees

作者简介

程雁雷，博士，安徽大学法学院教授、博士生导师，研究方向为行政法学、教育法学。

蒋艳，安徽大学法学院博士研究生，研究方向为高等教育法学。

□秦惠民 贾 楠

英国教师管理新机制及其规范框架研究

【摘 要】通过法律授权建立新机构，英国教师管理的制度架构被重新形塑。学生办公室、英联邦研究与创新局和教师管理局构成执行英国教师法律制度的三驾马车，其在法案授权下适用的规范框架对教师的权利义务和职业发展产生深刻影响。通过对卓越教育框架进行分析可以发现，英国教师管理制度架构呈现出强制性法律与指导性政策相协调、行政部门与专业机构联动的新特征。新机制刚柔相济，法律的强制力通过柔性规范层层传导，其形成是英国政治、法律、社会、文化传统等多因素互动协同的结果。

【关键词】英国教师管理　法律授权机构　新机制

近年来，英国教育管理体制机制不断发生变化，英国政府在教育领域进行大刀阔斧的改革，通过颁布法案、政府规章、规则框架等规范性文件改革教育管理体制机制，力图建立一个强调理性与高效的新教育管理制度框架。与此同时，教师法律制度也发生重大变化，对英国教师权利义务的方方面面产生了重要影响。英国教师管理制度架构以相关法案为基础，强制性法律与指导性政策相协调、行政部门与专业机构联动的趋势日益显现。一方面，一些非部属公共机构（Non-departmental Public Body, NDPB）通过法律授权获得合法性与正当性，一些新机构通过法律授权得以建立，这些机构具有相应的行政管理职能，能够实现服务与管理并举的目标；另一方面，以匹配性规范框架（regulatory framework）为抓手，大量政策性规范得以适用，实现规范的落地。

一、英国教师法律制度及其新近发展

英国法律体系属普通法系，以源于日耳曼习惯法的普通法为基础，以判例法为其主要法律呈现模式。随着立法理念的更新，以及出于满足实践需求的需要，成文法的要素在英国不同领域的法制体系中呈现不同的拓展趋势。综合来看，英国教师法律制度体系可以分为成文法和非成文法两类。成文法以国会制定颁布的法案和法令为主要文本表现形式，非成文法主要指法院就教师相关诉求或争议所做出的具有指导性和法律约束力的判例。英国有关教育的成文法律规范，除了教育专门法之外，还分布在众多其他法律之中，如《放权法案》（Deregulation Act 2015）、《人权法案》（Human Rights Act 1998）、《企业法案》（Enterprise Act 2016）、《慈善法案》（Charities Act 2006）等，其文本的某一章节或部分条款涉及教师人身、财产或其他权利义务。相关条款有些集中在法案的某一部分（part）或条块（section），形成一个条款区块（cluster）；有些深藏于具有数百法条的法案之中，而仅以其中某一条（clause）的形式出现。

英国教师权利内容较为繁杂分散，涉及教师工作实践、科学研究和职业发展的方方面面，主要包括：报酬权（equal pay）、养老金权益（pension）、言论自由（freedom of speech）、学术自由（academic autonomy）、知识产权保护（protection of intellectual property）、数据保护（data protection）、健康与安全（health and safety）、劳动权利（working conditions/employment rights）、反歧视（anti-discrimination）等，对权利的内容、范围、形式、程序的规定均较为碎片化，分散在不同法案、法令、规章、条例、通知或其他规范性文件之中。

从教育法的文本层次上看，英国教师法律的渊源较为丰富，效力等级和文本形式呈现多元化差异，形成了不同类别、不同位阶和不同效力的规则域，主要包括：国际法、区域法（欧盟法）、国会颁布的法案（Act）、法令（Statute）、区域法案及行政法规（Regulation）、行政命令（Order）、行政指导（Guidance）等[①]。关于教师的权利、义务和责任的规定分散在不同位阶的法案、法令、规章、框架等规范性文件之中，且其中相当体量的规定来自教育部等政府部门或其授权机构发布的部门规章、行政指导或规则框架。以国会颁布的法案和法令为基础，政府相关部门依据授权颁布的行政规范性文件如行政命令、行政指导等为法案的延伸，对相关教育发展做出总体规划和原则性规定，或针对某具体事项制定具体方案或做出安排。除此之外，相关机构在法案和政府授权下制定的与其职责范围相匹配的规范框架，同样具有强制约束力。承担具体教师管理和监管职能的非部属公共机构在法案和政府的授权下，制定并运行与其职能范围相匹配的规范框架。以规范框架为抓手，法律的刚性强制力透过机构确立的柔性规范层层传导，在教学、科研、人事聘用、人身财产权益保护等方面对教师产生较为直接和重要的影响。由于英国的教师法律体系呈现碎片化特征，对于教师权、责、利的规定并非通过一部专门的教师法进行规制，而是弥散在不同法律法规文件的不同板块与条款之中。这些分散的板块和条款汇聚在一起，形成英国教师法律碎片化、分散化的集合，表现为一个个不同的规则域。

英国新近的教师法相关立、修依然呈现出碎片化和分散性的特点，条款的立、修、废分散在不同立法主体制定的相应法律文本之中，既包括新出台的、具备高效力的法案（UK Public General Acts），法令、规范性文件（Statutory Instruments）和规范框架，也包含对已有法案和规范框架的细微修改；有针对英国退出欧盟所做出的相关调整，也有新冠肺炎疫情下法律针对教师教育教学及个人权益做出的相应安排。例如，《国家专业资格框架2021》（National Professional Qualifications Frameworks: From Autumn 2021）、《教师招聘和留用战略》（Teacher Recruitment and Retention Strategy）、《教师

---

① 脱欧之后，英国将脱离欧盟规则体系，不再完全受欧盟法的约束，教师法律渊源的层次架构及内容组成也将发生变化。

标准 2021》（Teachers' Standards 2021）、《教师发展改革指导意见》（Reforms to Teacher Development）、《教师考核：标准化与培训流程》（Teacher Assessment Moderation: Standardization and Training Process）、《初始教师教育（ITE）检查框架和手册》[Initial Teacher Education（ITE）Inspection Framework and Handbook]、《教师职业不端行为惩戒程序》（Teacher Misconduct: Disciplinary Procedures for the Teaching Profession）、《教师养恤金计划条例（修正案草案）》（Teachers' Pension Scheme Regulations 2021 - Draft Amendments 2021）等法律、规范性文件，内容涉及教师入职、教学实践、专业发展、科研、工资水平、教师惩戒、安全健康等多个方面。

在众多修订的法律和规范性文件之中，完整性较强、地位较突出、对教师法律制度重塑影响较大的法案是 2017 年的《高等教育与研究法案》（Higher Education and Research Act 2017）。该法案并没有对教师权利义务进行直接的规定，而是通过法律的授权建立新的机构，以这些机构为主体制定、实施相对柔性的规范框架。经《高等教育与研究法案》授权，学生办公室（Office for Students）和英联邦研究与创新局（United Kingdom Research and Innovation）应运而生。为保持机构的独立性，该法案对教育部部长进行概括性授权，教育部部长对学生办公室和英联邦研究与创新局进行二次授权。机构在层层授权下承担相应的管理职能，负责规范框架的具体执行，直接作用于教师管理相对人。

新的机构在承担旧有机构部分职能的基础上，承担了更多新的职能，对后续相关法律的立、修、释提供文本支持和依据，并延伸出一系列政策性规定和柔性规范框架。其中，教师资格标准（Qualified Teacher Status）、卓越教学框架（Teaching Excellence Framework）、卓越研究框架（Research Excellence Framework）以及教师惩戒框架（Teacher's Disciplinary Regulations）等规范框架从教师的准入、教学实践、职业发展到教师不端行为惩戒等方面，与强制性法律相协调，刚柔相济，实现对教师全过程、全方位的管理。新机构在法律和政府的授权下通过对规范框架的执行，以更为柔性的管理模式实现法律强制力的层层传导。

二、通过法律向新机构授权而形成的教师管理新机制和规范框架

学生办公室和英联邦研究与创新局是法案授权建立的两个独立实体,在职能上各有分工,相互衔接,其运行实践对教师的教学科研活动和权利义务产生重要影响。与这两个机构并行的另外一个机构是教师管理局(Teaching Regulation Agency, TRA),主要负责教师资格证书的管理以及教师不当行为的监管与惩戒,负责教师从业入口和出口政策的制定与执行,相关规定近年来持续更新完善。这三大机构构成执行英国教师法律制度的三驾马车,其在法案授权下适用的规范框架对教师的权利义务和职业发展产生了深刻的影响。

(一)卓越教学框架:以教师教学管理为核心

2017年的《高等教育与研究法案》在第一条就对学生办公室的创设进行了规定。该机构在教育法律制度主体架构中占据核心位置,充当教育领域的监管者(regulator),是具体规范框架的执行人,其核心使命是维护教育机构的独立性与学术自由(Office for Students, 2018)[16]。学生办公室功能强大,职责多样。原教育管理机构的职能被并入学生办公室,学生办公室根据法律接收并整合已有机构的部分职责、功能,拥有广泛的法定权力,对于严重的侵害当事人权益的行为如教育欺诈、渎职等甚至拥有调查权(Department for Business, Innovation and Skills, 2016)[20]。

为保护学生接受教育的切身利益,学生办公室十分注重教师教学质量的提升,定期对各大学和教育机构进行相关评估。其适用的核心规范框架为卓越教学框架(Office for Students, 2018)[14],针对教师的教学工作进行评定和质量把控。早在2011年,英国教育部就发布了《教师标准:对学校领导、学校工作人员和管理机构的指导》(Teachers' Standards: Guidance for School Leaders, School Staff and Governing Bodies)等一系列政府指导文件,对教师课程教学实践提出具体要求。2016年,英国商业、创新与技能部

（Department for Business, Innovation and Skills）发布《知识经济的成功：卓越教学、社会流动性和学生选择》白皮书（Success as a Knowledge Economy: Teaching Excellence, Social Mobility and Student Choice），提出了卓越教学框架，强调教师教学的意义以及质量管控的重要性。该框架的目标主要包括：提高对教学活动的重视，对优秀教学的认可和奖励，为学生接受最好的教育提供优质选择，更好地满足雇主、企业、行业和专业人士的需求等（Department for Business, Innovation and Skills, 2016）[1]。从2018年1月起，根据《高等教育与研究法案》第二十五条的规定，学生办公室正式采用卓越教学框架作为其质量评级体系并肩负框架相关的一切职责。卓越教学框架与其他规范框架并行，为教师管理提供抓手。

（二）卓越研究框架：为教师科研发展领航

《高等教育与研究法案》第九十一条授权设立英联邦研究与创新局，其设立有助于高等教育教师从事科学研究并将研究成果转化为生产力。经法案授权，英联邦研究与创新局拥有与其他机构协调合作的强大运营能力，从各个方面为教师科研提供信息、资金、组织方面的支持。在对教师学术研究进行支持的同时，英联邦研究与创新局还对高等教育教师科研项目开展标准指导、监督和督查，同时扮演着支持与督导两种角色，对教师应聘、教学和科研产生重要影响。

英联邦研究与创新局对教师科研提供支持和进行规制的对应性规范框架是卓越研究框架，其目标主要包括：为学术研究公共资助及问责提供信息与依据，为高等教育及社会大众提供基准信息并建立学术声誉标准，为研究经费的选择性分配提供依据（REF, 2021a）。卓越研究框架本质上是一个对高等教育机构的研究质量、学术人员课题申报评估、资金分配的监管框架。卓越研究框架秉持一以贯之的公平原则，对所有类型的研究和所有形式的学术成果在公平与平等的基础上进行评价（REF, 2021b）。近年来，英联邦研究与创新局致力于通过卓越研究框架促进国内外学术合作，加大研究投入，与企业和学术机构建立新的伙伴关系，汇集顶尖的专业知识。例如，由于新冠肺炎疫情，前沿研究机构的慈善资金遭受损失，英联邦研究与创新局为这些专门机构提供资助，帮助学术人员继续从事研究。

卓越研究框架随着教育情势的发展持续改进，以加强对教师及相关教育机构跨学科研究的鼓励和支持，对教师的教学实践、学术科研和职业发展也具有重要意义。卓越研究框架的运行会在一定程度上影响学校的教师遴选、教师教育培养、教学科研管理、学科布局和人事政策制定的全过程。

（三）教师资格标准与教师惩戒框架：为教师职业资格规范与失范行为惩治提供依托

公正高效的监管机构是教师法律制度体系不可或缺的重要组成部分。2018年以前，英国对教师进行监管的机构为国家教学与领导力学院（National College for Teaching and Leadership），其前身由《政府资源和账户法（2012年令）》[The Government Resources and Accounts Act（Order 2012）] 授权建立。2018年4月，该机构权力被英国教育部收回，相关职能正式被教师管理局接收。教师管理局本质上是英国教育部的派出执行机构，由教育部部长授权并代表部长履行英国教学主管之职责。教师管理局的职责主要包括三方面的内容：维护教师资格标准数据库，监管教师不当行为以及对不当行为进行听证并做出处罚，对教师的职业生涯从进口到出口进行全过程、全方位的监督和管控。教师管理局的行政权力来自法案及教育部部长的授权，教师管理局直接对教育部部长负责，部长对国会负责。教师管理局的宗旨是建立一个公平、高效、透明、一致的教师监管体系，通过保持教师高水准的专业实践来支持教师职业；对教师的不当行为进行及时、公正、严格的调查；通过保持高质量的职业标准来保证受教育者接受高质量的教育。教师管理局主要是从教师的入口和出口对教师权利义务的方方面面进行规制，对应的规范框架主要包括教师资格标准以及教师惩戒框架。

英国的教师资格证书制度由来已久。近年来，英国国会和政府针对教师资格证书授予等事项出台了新的法律和政策，新的教师资格标准就此形成（Department for Education, 2014）。针对教师不端行为，英国教育部于2014年发布《教师纪律条例（修正案）》[The Teachers' Disciplinary（Amendment）（England）Regulations 2014]，并在2015年2月发布《教师职业不端行为惩戒程序》，借此创建更为完善的教师监察制度。《教师职业不端行为惩戒程序》

分别于 2018 年、2020 年进行过修订。通过对实体正义和程序正义的追求，新的法律规定和规范框架对英国教师不端行为监管形成了一套完整性与规范性并存的制度体系。在对教师不端行为的监管和惩治中，教师管理局遵守严格的法定程序，负责教师监管和惩戒的所有环节，并根据教育和社会情势的变化及时做出回应，更新并完善相关规定与内容。针对新冠肺炎疫情，教师管理局还出台了专门文件，对新冠肺炎疫情期间教学相关禁止性行为，以及个人健康和政策支持做出了明确规定。

三、英国教师管理新机制及其规范框架的实施：以卓越教学框架为例

综合来看，三大机构本身并非严格意义上的政府机构，而是经法律和政府层层授权的非部属公共机构，其性质更接近于我国的事业单位，属承担公共职能的执行性非政府实体机构。各个机构通过法律授权形成建制，并分别依法制定与其职能相匹配的规范框架，从基础教育到高等教育，从教师从业入口、过程、出口实现全过程覆盖。此处以卓越教学框架为例，介绍英国教师管理新机制及其规范框架的实施过程，分析其成因及特征。

在组织性质上，学生办公室属于非部属公共机构，其资金来源并不完全是政府拨款，而主要来自由其负责监管的高等教育机构等提交的注册费用。在人事方面，学生办公室享有部分人事任免权，由教育部部长负责任命该机构的主席、首席执行官和非执行董事会成员。其在人事、财务方面的相对独立性使得机构在执行卓越教学框架的过程中具备一定的弹性空间，以更为柔性的管理－合作模式展开工作。

首先，评估参与的自愿性与影响的深入性。卓越教学框架每年会对高等教育机构的教学质量进行评估并排名，将其教育质量分为金、银、铜三个不同的等级（Office for Students, 2020a）。对高等教育机构来说，每年的评估并非必须参与，但评估的结果直接关系到高等教育机构的声誉、政府奖励性拨款的额度以及每年学费收取额度的上限。高等教育机构以获得卓越教学框架的高评价等级为荣，获得较高评价的高等教育机构还可以向学生多收取一定

比例的学费。

其次,评估参与的广泛性与结果的公正性。在实体层面,评估标准的制定广泛引入教师和学校的参与,学校和教师可通过提供相关数据和意见的方式参与卓越教学框架核心评估指标的制定。在程序层面,相关主体在评估过程的多阶段都可以参与。评估共分为独立评审、建议性评审和最终评审三个阶段。在独立评审阶段,评估小组成员主要为各学校、专业人员及学生,他们对各学校的教育教学质量进行同行评审,来自学生办公室的专门人员只是提供辅助和服务;在建议性评审阶段,由专家、教师、学生组成的评估小组向卓越教学框架小组提供评审分级建议,并向英国高等教育资助委员会提交该建议;在最终评审阶段,卓越教学框架小组召集专家组在达成共识的基础上做出集体评审决议,形成最终评审结果。(Department for Education, 2017)同时,卓越教学框架还提供反馈和纠偏机制,学校可针对评估结果提出上诉,对卓越教学框架的评估提出疑问。

再次,监管与服务并举。2021年1月,因新冠肺炎疫情封锁管控的需要,学生办公室对高等教育机构提出了新的监管要求,对教师的教学质量监督进行了强化,要求高等教育机构必须对教师的教学和评价方式以及可能发生的变化向学生明确说明(Office for Students, 2021)。同时,学生办公室在2021年还进一步加强了对教师不端行为的监管,针对高等教育中的性骚扰问题发布专门文件并要求相关机构采取相应措施,提供教职工不端行为举报、调查、处理和申诉途径(Office for Students, 2020b)。在加强监管的同时,学生办公室还对教师提供培训和技术支持,确保教师在线教学质量。同时,学校和教师可定期向卓越教学框架小组反馈意见以及相关数据信息,以便对规范框架进行进一步的完善(Office for Students, 2020c)。

四、英国教师管理新机制的成因与特征

英国教师管理新机制的形成并非偶然,有其深厚的历史传统及特定的国情基础,是多因素助推、共同作用的结果。一方面,受新自由主义思想的影响,英国法治进路的底色是限权和维权,限制政府的权力,实现民众的权

利。成文法案以限制政府权力、向公共机构授权为主，为国家权力向社会权力的转移提供正当性。规则的制定主体摆脱国家立法的垄断，在吸收多元意志的基础上实现多元主体对法律规则的独立创制（罗豪才 等，2013）。英国政府与议会互相牵制，也相互配合。多年来，英国一直试图在法律和政策性规范之间获取一个平衡。从"司法激进主义"（judicial-activism）到半自由私有化（semi-autonomous and semi-private），政府的能动性愈发提高，并倾向于以合同的模式购买公共机构的相关服务（Green，1993），多机构的"伙伴关系"、柔性规范的大量生成和多机构合作联动成为教育法律制度架构的主要特征。

另一方面，承担教师管理职能的直接机构并非全部来自政府部门，而是部分来自非部属公共机构。在英国，非部属公共机构的成立渊源有二：一种是来自法律授权的准司法性公共机构（quasi-statutory bodies）；另一种是政府授权或支持建立的、行使特殊行政职能的授权性公共机构（devolved administration），属授权性准行政机构，也是英国非部属公共机构的主要表现形式。政府通过授权性机构实现动态的权力转移，其结果是相关专门机构行使政府部门让渡的特定行政职能（Office for Students, 2018）[3]。三大机构中学生办公室和英联邦研究与创新局属准司法性公共机构，教师管理局属授权性准行政机构。三大机构在各自的规制领域并非单兵作战，政府公共权力的法定转移、行业协会等社会自治组织的认可、市场的参与使得监管具备一定的联动性。例如，教师如果失职或失范，被相关机构给予负面评价或处罚惩戒，职业道路被阻却的同时将遭到行业内外的一致负性处理。柔性政策规范被各机构间的集体能动性（collective activism）（West et al., 2010）赋予了"牙齿"，规则适用被赋予了强制力。

近年来，英国教师法律制度中强制性法律与指导性政策相协调、行政部门与专业机构联动的特征明显。教师法律制度中包含大量的规范性文件，制度规定以规范框架为主，以法律为辅。在制度运行过程中，政府与专门机构联动，被授权非部属公共机构间各有分工，使得规范框架成为带有官方强制力的柔性规范，法律的强制力通过柔性规范层层传导，一种新的管理-合作模式逐渐形成。

参考文献

罗豪才, 周强, 2013. 软法研究的多维思考 [J]. 中国法学 (5): 102-111.

DEPARTMENT FOR BUSINESS, INNOVATION AND SKILLS, 2016. Success as a knowledge economy: teaching excellence, social mobility and student choice [R]. London: Department for Business, Innovation and Skills.

DEPARTMENT FOR EDUCATION, 2014. Qualified teacher status (QTS): qualify to teach in England [EB/OL]. [2021-09-18]. https://www.gov.uk/guidance/qualified-teacher-status-qts.

DEPARTMENT FOR EDUCATION, 2017. Teaching excellence and student outcomes framework specification [EB/OL]. [2021-09-08]. https://assets.publishing.service.gov.uk/government/uploads/system/uploads/attachment_data/file/658490/Teaching_Excellence_and_Student_Outcomes_Framework_Specification.pdf.

GREEN A G, 1993. Educational accountability and market ideology:some socio-legal considerations [J]. International Studies in Sociology of Education, 3(2): 213–232.

OFFICE FOR STUDENTS, 2018. Securing student success:regulatory framework for higher education in England [R]. Bristol: Office for Students.

OFFICE FOR STUDENTS, 2020a. About the TEF [EB/OL]. [2021-06-08]. https://www.officeforstudents.org.uk/advice-and-guidance/teaching/about-the-tef/.

OFFICE FOR STUDENTS, 2020b. Prevent and address harassment and sexual misconduct [EB/OL]. [2021-09-08]. https://www.officeforstudents.org.uk/advice-and-guidance/student-wellbeing-and-protection/prevent-and-address-harassment-and-sexual-misconduct/statement-of-expectations/.

OFFICE FOR STUDENTS, 2020c. Office for Students (OfS) will develop a new framework for the teaching excellence and student outcomes framework (TEF) during 2021 [EB/OL] [2021-09-16]. https://www.officeforstudents.org.uk/advice-and-guidance/teaching/future-of-the-tef/.

OFFICE FOR STUDENTS, 2021. Regulation during the current phase of the Coronavirus (COVID-19) pandemic [EB/OL]. [2021-08-28]. https://www.officeforstudents.org.uk/media/928ddbfc-7d48-4a7b-853e-411c34d6202f/ao-letter-regulation-during-the-current-phase-of-pandemic-14-jan-2021.pdf.

REF, 2021a. What is the REF? [EB/OL]. [2021-09-13]. https://www.ref.ac.uk/about/what-is-the-ref/.

REF, 2021b. Interdisciplinary research [EB/OL]. [2021-10-26]. https://www.ref.ac.uk/about/inter-disciplinary-research/.

WEST A, YLÖNEN A, 2010. Market-oriented school reform in England and Finland: school choice, finance and governance [J]. Educational Studies, 36(1):1–12.

A Study on the New Mechanism and Regulatory Framework of the UK Teacher Management

Qin Huimin   Jia Nan

Abstract: Through the establishment of new institutions authorized by law, the institutional framework for teacher management in the UK has been reshaped. Office for Students, United Kingdom Research and Innovation, and Teaching Regulation Agency constitute the troika of the UK legal system of teacher management. The regulatory framework applied under the authorization of the law has a profound impact on the rights and obligations of teachers as well as their professional development. Through the analysis of Teaching Excellence Framework, it can be found that the institutional framework presents new characteristics of coordination between mandatory laws and guiding policies, as well as the linkage between administrative departments and professional institutions. The new mechanism combines rigidity and flexibility, and the force of law is transmitted through layers of flexible norms. Its formation is the result of the interaction of multiple factors such as the UK politics, law, society, and cultural traditions.

Key words: the UK teacher management   institutions authorized by law   new mechanism

作者简介

秦惠民，博士，北京外国语大学特聘教授、国际教育学院院长，研究方向为高等教育学、比较教育、教育法律与政策。

贾楠，通讯作者，博士，北京外国语大学国际教育学院讲师，研究方向为教育法学、比较教育。

□ 孟鸿志　侯嘉淳

论教育惩戒的性质及其功能定位
——兼评《中小学教育惩戒规则（试行）》①

【摘　要】 理论上，教育惩戒的性质研究陷入"权力或权利"的"二难推理"处境，无论是权力说、权利说，还是折中说，都难以实现理论自洽。在立法实践的基础上，关于教育惩戒性质的研究应当抛弃原有的理论范式，将其界定为具有社会性惩戒属性的教育行为。就立法的功能定位而言，《中小学教育惩戒规则（试行）》是对学校、教师实施惩戒的行政指导文件，属于校园法治的"软法"。就制度的功能定位而言，应当将教育惩戒区分为国家的惩戒、学校的惩戒、教师的惩戒三个层次，将其制度功能定位在学校、班级场域之中。就目标的功能定位而言，教育惩戒应当实现《中小学教育惩戒规则（试行）》第一条规定的立法目的。

【关键词】 教育惩戒　性质界定　社会性惩戒　功能定位

2021年3月1日，《中小学教育惩戒规则（试行）》正式实施，其明确指出教育惩戒是"学校、教师基于教育目

---

① 本文系国家社科基金重点项目"大数据时代政府信息公开制度变革研究"（18AFX007）、2020年中央高校基本科研业务费专项暨江苏省研究生科研创新计划项目（KYCX20_0065）研究成果。

的,对违规违纪学生进行管理、训导或者以规定方式予以矫治,促使学生引以为戒、认识和改正错误的教育行为"。如何确保教育惩戒制度在教育实践中得到正确的应用,成为亟待解决的实际问题。如果对于教育惩戒性质的界定及其功能定位的研究不从现实问题出发,而纯粹从概念梳理或概念辨析的角度进行,其指导实践的效果甚微。《中小学教育惩戒规则(试行)》为教育惩戒研究提供了新的规范基础,本文将从我国教育惩戒立法的实际出发,重新界定教育惩戒的性质及其功能定位,以期为教育惩戒制度实施提供新的理论支撑。

一、教育惩戒性质的"二难推理"

传统的教育惩戒性质界定,围绕"权力/权利"范式展开。但在"权力/权利"范式下,教育惩戒的性质难以明确,而是陷入"二难推理"的困境:一方面,将教育惩戒界定为权利,面临如何避免其被滥用的难题;另一方面,将教育惩戒界定为权力,则会产生教育惩戒措施僵化的问题。学者们围绕着"私权利"或"公权力"的基本立场,提出了权利说、权力说、折中说等不同观点。

(一)权利说

支持权利说的学者认为,教育惩戒是教师的教育权利。"在一些国家和地区,法律中明文规定教师惩戒权是教师的专业权利之一,隶属于教师职权",是"可独立行使的教育权利"。(劳凯声,2003)[376-377] 教育惩戒是教师管理学生的手段,在具体的教育活动中,教师需要根据不同学生的实际情况因材施教。采取何种教育惩戒措施取决于教师的个人判断,教育惩戒的具体行为具有灵活性与自由性,符合"权利"特征。《中华人民共和国教师法》第七条规定,教师拥有指导学生的学习和发展,评定学生的品行和学业成绩等权利,该规定被认为是教育惩戒权利说的规范基础。

（二）权力说

支持权力说的学者认为，教育惩戒行为是直接的强制性行为（刘晓巍，2019），学校、教师对行为失范学生有强制性管理的权力（方益权 等，2011），这是一项公权力。由于教育惩戒行为的实施具有单方性和强制性，且实施结果对学生权益造成一定程度的侵害，因而应当将其作为公权力进行限制。这种观点普遍将国家教育权作为教师惩戒的权力来源，认为教育惩戒是国家教育权的具体化，具有显著的公法特征（余雅风 等，2009）。有的学者进一步认为，学校、教师行使教育惩戒权是国家教育权的延伸，属于内部行政行为（任海涛，2019）。

（三）折中说

有学者认为，教育惩戒具有"权利"和"权力"双重属性，因此提出了折中说。折中说的基本观点认为，教育惩戒是教师的职业性权利之一，也是教育活动中教师必要的权力之一。在承认教育惩戒具有双重属性的基础上，部分学者开始反思教育惩戒的法理基础，进一步研究双重属性下的教育惩戒性质应当具备的法权倾向。依据是否区分"权利"和"权力"在教育惩戒性质界定中所占据的比重，折中说可以分为权力取向的折中说和权利取向的折中说。

权力取向的折中说认为，教育惩戒是教师管理学生的职责，不能放弃，也不能转让，具有职权的特征，具有"权力"属性（刘冬梅，2016）。但是这种权力跟传统的公权力又有所差别，它并不是国家授予的，而是源于教师的职业身份，具有权利的特征。权力取向的折中说倾向于对教育惩戒进行较为严格的立法约束。与之相反，权利取向的折中说认为，教育惩戒虽然具有公权力特征，但主要表现为权利属性。"权力只可能是在弱意义上而言的，也即其仍要处于受教育权的限制之下。"（钱大军 等，2020）从教师的角度而言，教师教育惩戒权既是教师的一项职业权力，也是教师作为专业技术人员的一项权利（谭晓玉，2017）。

二、教育惩戒的性质界定

无论是权利说还是权力说，都存在无法回避的理论缺陷。采取"权利与权力混合"的折中观点，虽然弥补了权利说和权力说的不足，但这种模棱两可、似是而非的性质界定，加大了学校、教师对教育惩戒制度的理解难度，难以有效地指导教育惩戒制度的实施。正确理解教育惩戒的性质，需要结合立法规范实现理论范式的转变。

（一）权利说的缺陷

权利说虽然有利于教师灵活地开展教育管理活动，但存在不可回避的缺陷。质疑权利说的理由主要有两点。第一，权利可以放弃。权利可以被无条件放弃，而权力则不然，否则权力主体就属于不作为或失职，面对学生的失范行为，学校、教师必须予以惩戒。（刘旭东，2020）若认为教育惩戒属于学校、教师的权利，那么学校、教师可以放弃这项权利而无须担责，最终导致教育不作为。第二，权利可能导致滥用。若教育惩戒行为被界定为权利，依据"权利自由"的基本理念，教师可以依照个人意愿选择性地惩戒学生。而教育惩戒行为必然会侵害学生的权益，将教育惩戒权视为学校、教师的权利，将无法约束教育惩戒权的使用，并可能造成权利滥用或出现体罚等不良后果。

（二）权力说的缺陷

有学者提出，为避免学校、教师滥用惩戒权，在明确其公权力属性的基础上，应进一步制定教育惩戒的"权力清单"（张莉 等，2017）。权力说主张将教育惩戒当作一项公权力，通过严格立法来约束教育惩戒的实施，但这种观点面临以下质疑。

首先，教师不具有执法者的身份。如果将教育惩戒行为视为公权力的行使,则意味着教师属于执法者。但将教师列为公权力的执行者不符合教育管理实际。也有学者尝试从学校授权的角度解释教师行使教育惩戒权的正当性。但依照所属学校的办学性质,可将教育权区分为国家教育权和社会教育权(秦惠民,1998)[199-201]。若教育惩戒权是公权力,又如何解释民办学校教师拥有教育惩戒权的正当性?若教育惩戒权专属于公立学校及其教师,又有悖于教育惩戒立法所规定的适用范围。

其次,教师需要因材施教。教师实施教育惩戒行为需要考虑学生的具体情况,并根据学生特点选择最有利于教化学生的方式。弗兰(A. Furlán)对教育领域中惩戒学生行为的类型化进行了批判,他认为将惩戒措施进行笼统地概括,"反映出概念化的失败和职业中的无能感",对学生的惩戒需要考虑"所涉及的每一所学校和每一个案例或事件的具体特点"。(Furlán, 1998)若将教育惩戒视为一项公权力,意味着教育惩戒权只能在立法确定的范围内行使。教师创新教育惩戒的方式,将因违反法律保留原则而被认定违法。也有学者提出学校、教师在实施教育惩戒时,拥有"自由裁量权"(蔡春,2010)[120],但行政法上的自由裁量权,并没有赋予行政机关自由或任意的权力,而是"受法律约束的裁量"(周佑勇,2008)[18]。自由裁量权的行使也不可能超越立法所规定的教育惩戒内容。依据权力法定的基本立场,教育惩戒无法通过所谓"自由裁量权"的方式获得惩戒方式的概括授权。

(三)折中说的缺陷

折中说虽然兼具权利说和权力说的解释立场,但也存在不可调和的解释悖论。支持折中说的论者在教育惩戒行为遭受"权力法定过于死板"的质疑时,强调教育惩戒是教师的专业自主权利;在遭受"权利自由可能被滥用"的质疑时,则重申教育惩戒应当依法行使,不得滥用。这种模棱两可的观点,无法实质解决教育惩戒在性质界定上的问题。

(四)社会性惩戒说

从《中小学教育惩戒规则(试行)》制定及其拟解决问题的现实性考虑,

教育惩戒的性质界定应当避开"权利/权力"的二难选择,将其界定为社会性惩戒属性的教育行为。社会性惩戒的理论来自日本刑法学者佐伯仁志"社会性制裁"的观点。其在《制裁论》一书中提出,制裁可以分为"以国家为主体、作为法律制度被组织化的法律制裁和除此之外的社会性制裁"(佐伯仁志,2018)[6]。法律制裁特指必须通过法律形式制定的制裁方式,如刑事制裁、行政制裁等,受法律保留原则限制;而社会性制裁则不需要以法律制定作为合法性基础。将教育惩戒界定为教师进行社会性惩戒的教育行为,而不是在"权利与权力"之间摇摆不定,具有更强的理论解释力。

第一,将教育惩戒界定为带有社会性惩戒属性的"权利和义务统一"的教育行为,具备充分的规范依据。《中华人民共和国教师法》第七条规定,教师有指导学生的学习和发展,评定学生的品行和学业成绩的权利。第八条第五项规定,教师有制止有害于学生的行为或者其他侵犯学生合法权益的行为,批评和抵制有害于学生健康成长的现象的义务。由此可以看出,教育惩戒行为应当是带有社会性惩戒属性的教育行为。《中小学教育惩戒规则(试行)》第二条也指出教育惩戒属于学校、教师的"教育行为"。当学生出现失范行为时,学校、教师有责任和义务对学生进行教育惩戒,也可以依据具体情况采取适当的措施。这种惩戒的手段不需要法律的明确授权,而是属于法律规定以外的社会性惩戒。

第二,将教育惩戒界定为具有社会性惩戒属性的教育行为,具备充分的理论依据。首先,社会性惩戒理论的正当性基础源于社会教育权和教育教学权(胡劲松 等,2020)。以社会教育权和教育教学权作为教育惩戒行为的法理基础表明,教育惩戒行为与行政行为有本质区别,它不是基于国家意志对学生权利的限制或处分,而是学校、教师教育学生的方式。其次,社会性惩戒理论与国家义务理论相契合。传统观点认为,受教育权是公民的权利和义务,义务教育属于"强制教育",公民应当履行受教育的义务。但这种观点不仅混淆了权利主体和义务主体的关系,而且与人权理念相悖。有学者提出,受教育权是公民应享有的基本权利而非义务(龚向和,2019)[194]。依据国家义务理论,学校、教师实施教育惩戒的行为不是对学生的处罚,而是学校、教师教育学生、帮助其改变失范行为的教育职责。最后,将教育惩戒界定为社会性惩戒符合公共管理社会化的趋势。在公私合作兴起的时代,教育惩戒权已历经"从教化性权力到契约性权力"的变迁（曾娇 等，2020）。社会性惩戒说认为教育惩戒的正当性源于学校、教师的教育功能，可以为公立和私立学校及其教师行使教育惩戒权提供理论依据。

第三，具有社会性惩戒属性的教育行为理论具有普遍的社会基础。在社会劳动关系中，社会性惩戒大量存在。在完成本职工作期间，任何劳动者都拥有工作职责带来的权利和义务，违法违规行使职务行为的，更需要承担相应的责任。例如，《中华人民共和国民法典》第六十二条规定"法定代表人因执行职务造成他人损害的，由法人承担民事责任"。社会性惩戒中的职务行为在立法中大量存在，其概念清晰明确，强调的是主体基于身份而必须承担的工作事务。一些社会团体为维持自身的纪律及秩序，需要对成员施以一定的制裁，此为社团罚（王泽鉴，2009）[185]。这种社团罚并非以国家公权力为基础，也无须要求惩戒对象存在违法行为，属于"法外的惩戒"，即佐伯仁志所说的"社会性制裁"。例如，公司管理人员对未能完成业绩的员工克扣绩效奖金，安排其做卫生值日或者要求其跑步等。这些社会性惩戒行为广泛存在，只要惩戒的程度未达到法律所禁止的情形即可。而一旦惩戒行为超越法律所禁止的范围，例如要求员工下跪、掌掴等侮辱人格的行为，管理人员将受到相关的处罚。学校、教师履行教书育人的职责，在教育学生的过程中采取必要的惩戒，符合社会性惩戒的特征。

三、教育惩戒的功能定位

理论上，将教育惩戒的性质界定为社会性惩戒具有更强的解释力，并且为教育惩戒的功能定位指明了方向。在社会性惩戒理论的指引下，教育惩戒立法的功能定位、制度的功能定位和目标的功能定位得以明确。

（一）立法的功能定位

从法律效力上看，《中小学教育惩戒规则（试行）》属于部门规章，《中华人民共和国行政处罚法》第十三条明确了规章设定处罚权的范围。如果将这一规章理解为"为学校、教师创设教育惩戒权",将教育惩戒理解为一项处罚学生的公权力,依据《中华人民共和国立法法》第八十条第二款的规定,存在为违法创设权力的风险(孟鸿志,2019)。将《中小学教育惩戒规则(试行)》的立法功能定位为行政指导文件,而不是创制性立法,不仅能够避免遭受违法的指责,而且更有利于教育惩戒制度的推行和适用。

广义上,行政机关颁布计划性政策、文件等非具体行政行为,也属于行政指导的范畴。将教育惩戒规章理解为行政指导文件,可避免规章因立法效力位阶不足而遭受质疑。依据社会性惩戒的界定,《中小学教育惩戒规则(试行)》可被视为对教育单行法中学校、教师管教学生职权的具体化,属于教育部门对学校、教师实施教育惩戒措施的行政指导文件。该规章第三条第二款也规定了教育行政部门进行具体行政指导的要求。教师实施教育惩戒旨在对学生失范行为进行纠正,本质上该规章并未赋予教师新的权力,而是对教师教育职权的细化。教育惩戒属于学校、教师教育学生的教育管理行为,是带有社会性惩戒属性的教育行为。因而,将《中小学教育惩戒规则(试行)》认定为"软法"治理中的行政指导文件,更具有合理性。

首先,这样可以从根源上避免将规章的制定视为创制"教育惩戒权",进而遭遇"越权增设权力"的合法性危机。其次,行政指导文件既可以指导学校、教师选择教育惩戒制度中的适当方式实施惩戒,又不限制学校、教师依据现实情形因材施教,创新教育惩戒方式。最后,该规章作为教育惩戒的指导性文件,便不存在考虑公立与私立学校的授权问题,教育惩戒制度可以适用于不同办学性质的中小学及其教师群体,更好地发挥教育惩戒的教育功能。

(二)制度的功能定位

从广义上看,对学生因实施某类违法、违规、违纪行为而采取的处罚、处分、惩戒措施,都可以视为教育惩戒。以惩戒实施主体为标准,可将对学生的惩戒分为国家层面的惩戒、学校层面的惩戒和班级层面的惩戒(见图1)。虽然教育惩戒制度旨在加强学校、教师对学生的教育管理,但也需要跟国家教育法治体系相衔接。《中小学教育惩戒规则(试行)》第七条规定了国家教育惩戒，学生实施严重不良行为"构成违法犯罪的，依法移送公安机关处理"。近年来，校园欺凌事件引发社会的强烈关注，一些中小学生甚至犯罪，却因刑事责任年龄不足而免受刑罚处罚。对于这类违法犯罪行为，已经超出了一般意义上教育惩戒制度的规制范围，需要国家实施刑事制裁。《中华人民共和国刑法修正案（十一）》对《中华人民共和国刑法》第十七条进行了修改，对一些严重犯罪造成恶劣后果的情形，将刑事责任年龄下调为12周岁，对震慑中小学生的违法犯罪行为将产生积极效果。

教育惩戒制度的第二层面是学校教育惩戒，主要内容为校园纪律处分制度和较重、严重的教育惩戒。德国教育法研究者认为，教师在教育教学过程中针对学生的轻微违纪行为即时采取的干预措施，通常被称作"教育措施"（Erziehungsmassnahmen），而针对学生违纪行为事后实施的干预措施，通常被称作"纪律措施"（Ordnungsmassnahmen）（胡劲松 等，2020）。纪律处分是以学校的名义，对违反校纪的学生进行处分，一般违纪者被警告或记过，严重违纪者被开除学籍。以学校为主导的纪律处分制度，维护了良好的校园秩序。《中小学教育惩戒规则（试行）》将学校明确列为教育惩戒实施的主体，拓宽了学校适用严厉性低于纪律处分制度的教育惩戒措施的范围。学校实施的教育惩戒措施，严厉程度高于教师实施的教育惩戒措施，低于学校原本的纪律处分措施，兼具严厉性与灵活性，弥补了纪律处分与教师教育惩戒制度之间的制度空缺。

教育惩戒制度的第三层面是教师教育惩戒，对应班级层面的惩戒。与学校实施的纪律处分与教育惩戒措施不同，教师实施教育惩戒措施体现为具体教育活动中及时管教、纠正学生失范行为的班级教育管理手段。为维护课堂秩序，教师需要当场采取有效的教育惩戒措施，具有"即时性"特征。因此，教师直接实施教育惩戒措施，需要简化程序要求，并且限制高惩戒性的教育惩戒措施的使用。

广义上教育惩戒制度可以分为国家教育惩戒、学校教育惩戒和教师教育惩戒，但国家教育惩戒适用对象不限于学生，而是全体公民。就制度的功能定位而言，《中小学教育惩戒规则（试行）》所制定的具体实施规则主要适用于学校教育惩戒、教师教育惩戒两个层面。学生失范行为情节较轻时，教师可以当场实施教育惩戒；学生失范行为情节较重，违反学校纪律规定的，教师可以及时告知学校,以学校为主体对学生实施较重的惩戒,甚至对学生采取纪律处分;如果学生行为已经涉嫌违法犯罪,教师应及时通报学校将其移送司法机关处理。不同层面的惩戒措施虽然都在《中小学教育惩戒规则(试行)》内有所规定,但严格来看,只有以教师为主体做出的"一般教育惩戒"和以学校为主体做出的"较重教育惩戒""严重教育惩戒"才属于教育惩戒制度的内容。而学校做出的纪律处分、公安机关依法做出的处罚行为,只是广义上对学生的惩戒,而非立法所规范的教育惩戒。

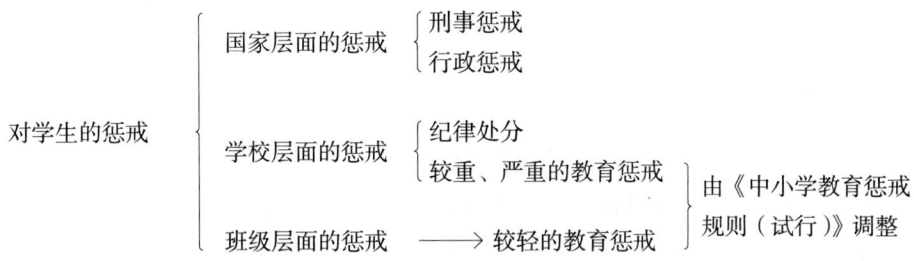

图 1　教育惩戒制度的功能定位

(三)目标的功能定位

《中小学教育惩戒规则(试行)》旨在解决当前教育事业中学校、教师"不敢管,不愿管"学生的难题,营造井然有序的教学环境,纠正学生的失范行为,落实立德树人的教育目标。教育惩戒在目标上的功能定位由该规章第一条规定的立法目的条款确定,具体可以分为三个部分。

直接目标:保障和规范学校、教师依法履行教育教学和管理职责。在中小学教育活动中,一些学生上课期间打闹、交头接耳等行为破坏教学秩序,将导致其他学生无法正常学习。教师在教学过程遇到此类扰乱课堂秩序的行为时,应当及时采取必要的教育惩戒措施维护教学秩序,否则将侵害其他学生的受教育权利。

核心目标:保护学生合法权益,促进学生健康成长、全面发展。教育惩戒制度具有惩戒性,但惩戒只是手段,惩戒的目的是更好地促进学生健康成长。在中小学阶段,学生的人格尚处在塑造阶段,教师对学生出现的失范行为需要及时纠正和引导,培养学生的规则意识,进而帮助学生更好地接受教育。如果教师纵容学生在课堂中的不良行为，不仅影响到其他学生获得教育的质量，而且会让该学生积恶成习，不利于其健康成长。

根本目标：落实立德树人根本任务。在教育实践中，一些学校、教师只关心知识传授、升学率指标，很少具体考虑对学生的道德教育。从宏观意义上看待教育惩戒制度，其根本目标则是解决我国中小学教育实践中面临的德育难题，发挥法治对教育的引领作用，落实立德树人根本任务。

四、结语

随着教育惩戒立法的出台，教育惩戒制度研究需要结合立法规范实现理论更新，破解教育惩戒制度的理论困局，助力教育惩戒制度在实践中发挥应有的功能。将教育惩戒的性质界定为社会性惩戒，解释了学校、教师灵活运用教育惩戒措施的合理性，也避免了教育惩戒被视为"私权"而被滥用，更加契合我国教育法治的本土需要，扫除了教育惩戒立法的理论争议，有利于教育惩戒立法目的的实现。在社会性惩戒说的支撑下，教育惩戒制度的立法定位、制度定位、效果定位都更加清晰。宏观上看，《中小学教育惩戒规则（试行）》应当被视为行政指导文件而不是创制性立法；其制度功能发挥主要限定在学校和班级场域；教育惩戒立法的目的不仅是确立学校、教师可以惩戒学生，更是以此实现立德树人的根本任务。

参考文献

蔡春，2010.在权力与权利之间：教育政治学导论［M］.北京：北京师范大学出版社.
方益权，易招娣，2011.论我国教师个体惩戒权法律制度的构建［J］.教育研究（11）：29–33.
龚向和，2019.人权法学［M］.北京：北京大学出版社.
胡劲松，张晓伟，2020.教师惩戒行为及其规制［J］.华东师范大学学报（教育科学版）（3）：25–31.
劳凯声，2003.变革社会中的教育权与受教育权：教育法学基本问题研究［M］.北京：教育科学出版社.
刘冬梅，2016.中小学教师惩戒权的调查与思考［J］.教师教育研究（2）：96–100.
刘晓巍，2019.论教师惩戒权是一种权力及其实现［J］.中国教育学刊（3）：22–27.

刘旭东，2020. 教师教育惩戒权的立法分析［J］. 中国教育学刊（1）：33–38.

孟鸿志，2019. 加快完善教师实施教育惩戒的立法草案［N］. 中国社会科学报，2019-12-27（11）.

钱大军，马光泽，2020. 受教育权：教师惩戒权之后设来源与规范限制［J］. 教育发展研究（2）：18–26.

秦惠民，1998. 走入教育法制的深处：论教育权的演变［M］. 北京：中国人民公安大学出版社.

任海涛，2019. "教育惩戒"的概念界定［J］. 华东师范大学学报（教育科学版）（4）：142–153.

谭晓玉，2017. 教育惩戒权的法理学思考：兼评《青岛市中小学校管理办法》［J］. 复旦教育论坛（2）：40–45.

王泽鉴，2009. 民法总则［M］. 北京：北京大学出版社.

余雅风，蔡海龙，2009. 论学校惩戒权及其法律规制［J］. 教育学报（1）：69–75.

曾娇，马早明，2020. 从教化性权力到契约性权力：社会变迁视野下的教育惩戒权［J］. 教育研究与实验（1）：47–51.

张莉，王光前，2017. 论中小学教师惩戒行为的法律规制［J］. 福建师范大学学报（哲学社会科学版）（6）：101–113，177.

周佑勇，2008. 行政裁量治理研究：一种功能主义的立场［M］. 北京：法律出版社.

佐伯仁志，2018. 制裁论［M］. 北京：北京大学出版社.

FURLÁN A, 1998.Discipline problems in the Mexican school system: the silence of educational science [J]. Prospects, 28(4): 555–569.

On the Nature and Functional Position of Educational Discipline: Also on the Educational Disciplinary Rules for Primary and Secondary Schools (Trial)

Meng Hongzhi　　Hou Jiachun

Abstract: In theory, the study of the nature of educational discipline is stuck in the dilemma of "power or right". Whether it is the theory of power, the theory of right or the theory of compromise, it is difficult to achieve theoretical self-consistency. On the basis of legislative practice, the research on the nature of educational discipline should abandon the original theoretical paradigm and define it as an educational behavior with the attribute of social discipline. In terms of the functional position of the legislation, the Educational Disciplinary Rules for Primary and Secondary Schools (Trial) is an administrative guidance for primary and secondary schools and teachers to implement disciplinary measures, and it belongs to the "soft law" of campus rule of law. On the functional position of the system, educational discipline should be divided into three dimensions: discipline by the state, discipline by the school and discipline by the teacher, and the functional position of educational discipline here shall apply in the field of primary and secondary schools and classes. On the functional position of purpose, educational discipline should achieve the legislative purpose stipulated in Article 1 of the Educational Disciplinary Rules for Primary and Secondary Schools (Trial).

Key words: educational discipline　definition of nature　social discipline　functional position

作者简介

孟鸿志，东南大学法学院教授、博士生导师，南京师范大学中国法治现代化研究院研究员，研究方向为教育行政法。

侯嘉淳，东南大学法学院博士研究生，教育部 / 东南大学教育立法基地研究人员，研究方向为教育行政法。

□彭虹斌　张梓祎

情理法视野下的教育惩戒权研究

【摘　要】中国自古以来就是一个人情社会，在以儒家文化为根基的中国传统文化影响下，情、理、法共同构成了中国传统法文化的核心精神，且三者呈现出相互融合、互动更生的特征与形态。近年来，有关教育惩戒权的问题开始受到社会的广泛关注。《中小学教育惩戒规则（试行）》实质上是惩戒权的情、理、法融合。"情"是教育惩戒的出发点和落脚点，"理"是教育惩戒的应有之义，"法"是教育惩戒的底线和保障。情理法视野下教育惩戒权的回归具有深厚的法理意义，不仅切实保障了学生群体的合法权益，捍卫了师道尊严，同时对维系学生人身权与受教育权的平衡也有所裨益。

【关键词】情　理　法　教育惩戒权

以"情理法"为核心精神的传统法文化从我国古代社会延续至今，在人们生活的诸多领域散发着独特的魅力。伴随着近年来教育惩戒引起的矛盾纠纷频发，教育领域"情理法"的纠结不断浮出水面。在教育惩戒的实施中，克服"情理法"相互背离的困境，必须对情、理、法进行准确而清晰的阐述与定位，正确把握惩戒权中情、理、法三者之间的关系。

一、情理法的内涵及关系

"情理法观"根植于儒家传统文化,是中国古代法文明区别于西方传统法律最显著的特征,其包含着人情、天理和国法,且在我国传统社会中,三者表现出融合共生的特征。直到今天,这一观念仍在影响着人们生活的方方面面。

(一)情——世界存在的本源动力

关于"情",可以概括为三类。其一,"情"即"人情",即人与人之间交往的纽带、沟通的桥梁,也指人与人之间关系的基本准则。如儒家"仁、义、礼、智、信"的伦理之情,是特定社会人类普遍推崇的情感。其二,"情"即"情感",即人的七情六欲。《礼记·礼运》载:"何谓人情?喜、怒、哀、惧、爱、恶、欲。七者,弗学而能。"又如,董仲舒曰:"情者,人之欲也,人欲之谓情。"同样,"情"也代表了激发情感的理由,代表着一种公众所共同认可的价值判断标准,或者说整个社会的价值取向、人之常情(李柏杨,2016)。其三,"情"即"情况、情态、情势",通常指客观存在的案情、狱情、国情、社情。鲁庄公曾言:"小大之狱,虽不能察,必以情。""法有一定,而情别万端。准情用法,庶不干造物之和。"意思是,法律是固定的,而案件事实往往具有特殊性,法律难以兼顾所有的具体情形,法官在裁判时,唯有在掌握案件真实情况的基础上,做到"因情论法",方能"情法两平"。这里的"准情用法"恰恰弥补了法律之漏略。

(二)理——宇宙自然的终极律则

"理"的概念比"情"更形而上,其本义指玉的雕刻过程,"理,治玉也。从玉,里声"(《说文解字》)。先秦时期,"理"多指道理、事理,到了两宋时期,理学占据统治地位,"理"具备了更多形而上学的意义,通常做"天理"讲(胡克明,2012)。"天理"即天之道、天之理。其第一层含义指自然法则，即自然之理、自然的规律，所谓"顺之以天理，行之以五德，应之以自然"（《庄子·天运》）。其第二层含义指社会的伦理原则及人类的道德准则，儒家将它视为本然之性，认为天理即为"仁"，为"君君、臣臣、父父、子子"，"理"即"礼"，要"克己复礼"，以"礼"治国。儒家巧妙地利用人们对于天的敬畏，将"礼"作为"天理"的体现与具体化，来树立"礼"的权威和加强对人们社会生活的规范作用（李柏杨，2016）。后程朱理学将"理"延伸为仁、义、礼、智的总和。"天理"的第三层含义指宇宙的最高发展，北宋二程将"理"视作哲学的最高范畴，认为"理"无所不在，不生不灭，其不仅是天地万物的本源、宇宙的本体，也是社会生活的最高准则。朱熹继承了二人的思想，认为天地归根到底贯穿着一个"理"字，正如"有此理，便有此天地"（《朱子语类》卷一）。

（三）法——维护社会秩序的强制手段

"法"的含义较"情""理"来说更为明确具体，主要指一些看得见、摸得着的赏罚手段，即刑罚。在古代，"法"写作"灋"，有"刑"之义，"灋，刑也，平之如水"（《说文解字》）。春秋时期，法家反对儒家的"礼"，主张"以法治国"，并将法作为一种制度和法令进行推广。在教育上，法家也实行普遍的法制教育来维护封建统治，主张"以法为教，以吏为师"。概而言之，在中国古代的礼法体系观念下，法的最终目的不是保障公民的权利和自由，而是惩恶扬善，以严酷刑罚和暴力制裁违背纲常礼教的行为，以维护国家秩序稳定。今天，广义上的"法"是包含宪法、法律、法令、条例等在内的各种行为规范之总称。

（四）情理法三者间的关系

情理法实质上探讨的是法与情、理或者说国法与天理、人情之间的关系。在传统观念中，"人情""天理""国法"密不可分，三者互动共生。在中国古代社会，宗法、礼义、仁德等观念深入人心，封建社会正是倚靠纲常伦理来维系的。董仲舒提出"德主刑辅"，意指在当时，司法判决常常是以纲常伦理为主导，以事实司法为辅助的。即判断一个案子是否合理公正，首先看它是否符合儒家人情伦理，而并非以严格的法律条文为评判依据。在古代社会，依法而合情理是"法"实践的最高境界。所谓"法意、人情，实同一体。徇人情而违法意，不可也；守法意而拂人情，亦不可也。权衡于二者之间，使上不违于法意，下不拂于人情，则通行而无弊矣"（中国社会科学院历史研究所宋辽金元史研究室，1987）[311]。沈家本秉持情理为法律的依据、基础、精神的看法，认为"新学往往从旧学推演而出，事变愈多，法理愈密，然大要总不外'情理'二字。无论旧学、新学，不能舍情理而别为法也，所贵融会而贯通之"（霍存福，2018）。直至今天，"法与情、理之间，确实有一种令中国人剪不断、理还乱的特殊东西在。……情理与法有着特殊的联系，而中国人似乎也有一种理解法律必得牵扯上情理的特殊情愫"（霍存福，2001）。法律不是冷冰冰的条文，背后有情有义。不论是用法律调整社会关系还是规范教育活动，都需要我们正确把握情、理、法三者间的辩证统一关系，坚持以法为据、以理服人、以情感人，进而维护社会秩序，实现善治。

二、教育惩戒权的"情理法"分析

情理法与教育惩戒权的统一，出发点是整体思维以及平衡艺术，呈现的是道德规范、合理惩罚与公平正义之间的有机统一，有助于彰显教育惩戒的育人功能。同时，情理法与教育惩戒权的统一可以使惩戒的确定性和灵活性统一起来。"情"与"理"总是渴望体谅与变通，而"法"则表明了对宽容和放任的约束。三者的融合共生是正确合理地行使教育惩戒权的必由之路，克服其相互背离的困境，首先需明确三者在教育惩戒权中的定位。

（一）教育惩戒权中的"情"——出发点和落脚点

教育惩戒权中的"情"不仅指向事件真情、实情，还包括人的感情。

1. 以无私的"关爱"为出发点

爱生如子不仅是中国传统师生关系的写照,也是当代大多数教师对待学生的真实态度。教师的职责既在教书也在育人,手有戒尺,心中有爱,对某些自制力差、屡次犯错的学生而言,教师对其施加适度的惩戒既是教育的一种形式,也是对学生的一种"爱"的表达,如果教师对违纪违规的学生不予理睬,那就变成了放纵,是不负责任的体现,不能称之为"教育"。

2. 体现的是"道德责任"

在德性伦理看来,责任是一种美德,行为者的品格、德性可以作为道德责任判断的依据;在规范伦理学来看,责任是一种外在客观规定、要求、规范、制度或机制(彭虹斌 等,2019)[170]。从未成年人保护的角度看,中小学生多为限制民事行为能力人或者无民事行为能力人,一些学生难以意识到自身行为的后果,教师对其采取适当的管束和惩戒措施,训导和矫治学生的过失行为,有效地制止有害学生的行为发生,体现着教师这一群体对学生的道德责任。无论是从美德论还是从规范论的角度看,教师对学生犯错或违规后实施的惩戒都是一种道德责任的体现,既是一种美德,也是教师应尽的义务。

3. 以"忠恕"为落脚点

伴随着教育惩戒权朝着道义化的方向不断发展,教育惩戒已不再是冷冰冰的强硬手段,而是深入人心的尊重与体谅。郭躬提出"推己以议物,舍状以探情"(郑克,2021),意思是能够设身处地地体谅他人,是宽厚仁爱的表现;透过事物的现象探求真实的情况,是忠诚尽职的表现。教师对违反校规校纪的学生实施惩戒,应本着调查实情、体谅宽恕学生的态度,要贴近学生的感情,站在学生的立场上考虑采用哪种惩戒形式以及惩戒程度,才能甄别学生违反校纪校规的症结所在,并做到"通情而不曲法"。

(二)教育惩戒权中的"理"——应有之义

"理"作为教育惩戒的应有之义,既包括了生活道理,又指理性、哲理。

1. 教育惩戒是达成教育目的的需要与手段

教育惩戒权的必要合理之处,体现在它是学校和教师维持正常教学秩序、保障学生受教育权以及实现教育目的的重要手段。无论是学校惩戒还是教师惩戒，都需要以达成教育目的为圭臬。"对学生进行合法惩戒的基本原则是学校能够证明，学校规则的制定、实施与惩罚仅仅是出于达成合法教育目的的需要，当这种控制行为能保护人身或财产，促进学习或防止教育过程中的破坏性行为时，学校必须采取所有合法手段去控制学生的行为，然而，无理由的控制是违法的。"（英博 等，2011）[131]此外，教育惩戒还表现为一种义务，其实质意义是以教育学生、促进学生发展为终极目标，是对学校、教师职责的规定，学校、教师必须遵守，既不得超越，也不得放弃，因而体现出极强的义务性（余雅风 等，2019）。

2. 过罚适当是教育惩戒合理化的基石

"理"即合理，即惩戒的力度与学生的过错程度相当。学校或教师行使教育惩戒权，是指在学生存在不服从学校规定、扰乱教育教学秩序、做出危险性或失范行为以及侵犯他人合法权益等情形下，给予学生适当的训导和矫治，惩戒理应本着过罚相当的原则。过罚相当早在我国古代的教育体罚或惩戒中就有所体现。《中小学教育惩戒规则（试行）》以惩戒育人、客观公正为精神内核，强调教育惩戒的实施要遵循教育规律，以客观公正为前提，采取与学生过错程度相适应的惩戒措施。此外，其还进一步根据学生的过错程度将惩戒分为一般教育惩戒、较重教育惩戒和严重教育惩戒三类，将过罚适当的原则落到实处。

3. 合理的惩戒是未成年人成长的有力保障

玉不琢不成器，中小学生心智发展尚未成熟，合理的惩戒对他们来说是成长过程中约束其不良行为习惯的有力保障。保护未成年人，理应坚持最有利于未成年人的原则。《中华人民共和国未成年人保护法》第四条明确指出，处理涉及未成年人事项，应适应未成年人身心健康发展的规律和特点；《中华人民共和国义务教育法》第二十七条针对义务教育阶段学生违反学校管理制度的行为所明确的惩戒措施是批评教育，而不得开除。以上规定足以显现惩戒不是惩罚，而是出于关心学生成长成才的理性考量，其精神实质在于教育，而非为罚而罚。此外，我国还在多部法律中明令教师不得有侵犯学生生命健康权、人格尊严权、隐私权、名誉权、财产权、受教育权等法定权利之行为，其中，《中华人民共和国义务教育法》和《中华人民共和国未成年人保护法》中相关条款明令教师不得侮辱、体罚和变相体罚学生;《中小学教育惩戒规则(试行)》也要求教师正当行使教育惩戒权,其既包括了惩戒的内容方式要合法,还包括了惩戒的程序要合法。这些条款切实保障了学生群体的合法权益,保护了学生的身心健康,有利于未成年人的健康成长。

(三)教育惩戒权中的"法"——底线和保障

教育惩戒权中的"法"作为底线和保障,其目的主要是维护学校的教育教学秩序,约束和矫治学生的不良行为,体现公平正义。

1. 维护学校的秩序

学校是一个小型社会,维护学校正常的教育教学秩序是一项常规工作。由于校园中暴力事件、校园欺凌、学生扰乱课堂教学秩序、不完成教师布置的作业等现象时有发生,若学校的整体氛围使师生感到不安,那必然对教师的教学以及学生的学习造成影响。实施教育惩戒,在一定程度上可以制止这些行为,维护学校的教育教学秩序,确保校园安全,保护师生的合法权益。

2. 约束和矫治学生的不良行为

学生中有可能出现违反校纪校规、不遵守课堂纪律、言谈举止不当的现象,何况广大中小学生心智尚未成熟,更需要借助惩戒措施加以引导。教育家马卡连柯曾经说过:"合理的惩罚制度不仅是合法的,而且是必要的。""惩戒,是对不合范行为实施否定性的制裁,从而避免再次发生,以促进合范行为的产生和巩固。"(劳凯声,2003)[376]教师在教学活动中,对失范学生实施惩戒,某种程度上可以纠正和诫勉学生的不良行为,促进学生正常社会化。

3. 体现公平正义

有"罪"就有罚,这是正义的基本原则。首先,学生违规违纪尚且属于犯错的阶段,还未达到犯罪的程度,实施惩戒实质上是对过错学生的一种"惩罚"。教师只能惩罚犯错的学生,而不能因其他人的失范行为而惩罚无辜的学生。其次,对学生实施惩戒,原则上是针对学生在校内发生的不良或不当行为,若学校能提供证据,证明学生的校外行为对其他学生、教师或学校教育活动有不利影响,那么学校应对这种行为加以限制。如学生在校外酗酒,由于酗酒有伤身体,会导致其个性改变、学业成绩下降,不利于同学关系以及家庭关系,因而学校应该对学生这一行为加以限制。再者,法律是维护社会公平正义的最后一道防线,任何权利的制定和行使都需受到一定的制约,为防止教师滥用惩戒,既要对教师的惩戒行为进行监督,又要为学生的救济和申诉开辟通道。《中小学教育惩戒规则(试行)》进一步明确了惩戒的界限,规定了对学生实施惩戒的具体情形,也限定了实施惩戒过程中的相关不当行为。学生及其家长对学校实施的教育惩戒或者给予的纪律处分不服,可以向学校提起申诉,或者向主管教育行政部门投诉、举报。此外,学生还可以向法院提出诉讼,获得司法的救助(杜颖杰,2016)。

三、情理法视野下教育惩戒权回归的法理意义[①]

情理法视野下教育惩戒权的回归,不仅切实保障了学生群体的合法权益,捍卫了师道尊严,同时对维系学生人身权与受教育权的平衡也有所裨益。

(一)保障学生权益

学生的法律地位兼具基础稳定性与灵活多变性的二元特征。在宪法层面,其法律地位体现为"公民",依法享有人身权;在教育法层面,学生的法律地位体现为"受教育者",依法享有受教育权。《中小学教育惩戒规则(试行)》强调,教育惩戒与体罚、变相体罚是不同性质的行为,且指出了教师在实施惩戒过程中的八类不当行为,划定了教师行为红线,明确了对越界教师的处罚方式。其将"惩戒"与"体罚"相区分,正是基于对学生人身权的充分尊重与保护。另外,在教育教学活动中,对学生的失范行为一再宽

[①] 法理是形成某一国家法律或其中某一部门法律的基本精神与学理,参见:辞海编辑委员会.辞海[M].上海:上海辞书出版社,2000:1079.法理体现的是人们对法的规律、终结性和普遍性的探究和认知,体现了人们对法的目的性、合理性、正当性的判断和共识,参见:张文显.法理学[M].北京:高等教育出版社,2018:37.

容、放任不管,实则是在削弱学生的受教育权,对于教师来说,这就是一种不作为。"养不教父之过,教不严师之惰",教育惩戒古已有之。学生的成长成才务必要历经一个从"无律"到"他律",最后走向"自律"的自我完善过程,未成年学生要顺利实现由自然人向社会人的过渡转化,必须先接受外界(教师)所赋予其的强制性规范,从德育的角度看,这也是一个道德内化的过程。若教师从不采取任何惩戒性的教育措施,就难以真正实现育人目的。在来源上,教师惩戒权源自教育权,然而教育权的背后是存在保护受教育权的目的指向的(陈美艾,2020)。让惩戒回归教育,才能更好地完善学校、社会、家长等多方协同育人的教育模式,切实保障学生的受教育权得以实现。

(二)捍卫师道尊严,重建教师权威

教师权威,是教师在教育教学中使学生信从的影响力、威慑力,其体现的是一种师生关系,也是一种被尊重、被爱戴、被信服的能力。中国自古讲究师道尊严,强调教师的绝对权威者地位。由于一段时间内社会对教育惩戒争论不休,教师权威在一定程度上遭到弱化,且当下的学生大多被父母视若珍宝,教师在对待犯错误学生时常常表现出一种"不敢管、不敢罚"的消极态度,这使教师的自主性严重受限,一定程度上损害了教师的合法权益。

明确提出教师惩戒权,是教育道德法律化的过程,它是保证教师履行教育教学职责的必要手段和法定职权,具有法律效力(陈彬 等,2020)。《中华人民共和国教师法》明确赋予教师进行教育教学活动,开展教育教学改革和实验的权利,简称"教育教学权",这是教师最基本的权利,也是教师职业性的体现,任何人不得非法剥夺。2019年印发的《关于深化教育教学改革全面提高义务教育质量的意见》明确提出,"坚决维护教师合法权益"。要保障教师的教育权,就必须赋予教师对破坏教育教学秩序、侵害自身合法权益等行为采取一定管制措施的权利。情理法视野下教育惩戒权的回归将教育的戒尺还给教师,切实保障了教师群体的依法治教,捍卫了教师教育权,重振了教师权威。

(三)维系学生人身权与受教育权之平衡

过去不少教师难以兼顾学生人身权与受教育权的平衡,使得两者时常发生矛盾冲突。一方面,教师要保障学生受教育权的实现,就必须采取一定的强制手段,对学生的失范行为进行约束和管制,而在这一过程中,若教师的惩戒手段超出了实现教育目的的必要限度,就可能对学生的人身权造成伤害,产生侵犯学生生命健康权或限制学生人身自由等问题;又或者,一些教师为规避法律风险或舆论斥责,一味地强调保护学生的人身权而否定惩戒权,那么就会不可避免地造成学生的受教育权乃至国家教育权遭到弱化。情理法视野下教育惩戒权的回归,从尊重学生的基本权利及人格尊严出发,讲求客观公正、合法合规,其将教师惩戒权与体罚权、处分权明确区分,划定教师行为红线,在保障学生人身权不受到肆意伤害的同时,力保其受教育权得以实现,有效地缓解了二者在过去呈现出的矛盾冲突,以"合情合理合法"的方式实现教育之初衷。

从情理法的角度阐释教育惩戒权,可以看出,教育惩戒权中既有爱生如子的"情",也有过罚适当的"理",还有公平正义的"法",让三者融于一体,就是为了避免让冷冰冰的"法"占据主导地位而掩盖了教师对学生的"情"以及适度惩戒的"理"。合情合理合法地实施教育惩戒,要关爱学生、明确责任、守住底线、宽恕尊重、合法合规,这才是惩戒权的本质所在。情理法视野下教育惩戒权的回归,首先需要各个学校因地制宜地制定本校的惩戒实施细则,让教师对惩戒的实施有明确的操作依据;其次需要教师在实施教育惩戒时心怀爱生之"情",把立德树人、爱护学生放在第一位,把握合理的惩戒限度;再次需要教师在惩戒中将艺术性与确定性相结合,艺术性是指惩戒时能做到灵活运用惩戒措施,确定性指的是遵守惩戒规则的底线。

参考文献

陈彬,陈磊,高雪春,2020.教师惩戒权的法律效力、现实意义及其实现路径[J].现代教育管理
(4):103-109.

陈美艾, 2020. 依法治教视域下教育惩戒权的立法思考[J]. 法制与社会（27）: 158-159.

杜颖杰, 2016. 教育惩戒权的法律规制研究[J]. 中国人民大学教育学刊（2）: 78-90.

胡克明, 2012. 我国传统社会中的情理法特征: 交互融合与互动共生[J]. 浙江社会科学（3）: 83-88, 147, 158.

霍存福, 2001. 中国传统法文化的文化性状与文化追寻: 情理法的发生、发展及其命运[J]. 法制与社会发展（3）: 1-18.

霍存福, 2018. 沈家本"情理法"观所代表的近代转捩: 与薛允升、樊增祥的比较[J]. 华东政法大学学报（6）: 99-115.

劳凯声, 2003. 变革社会中的教育权与受教育权: 教育法学基本问题研究[M]. 北京: 教育科学出版社.

李柏杨, 2016. 浅析中国传统法律文化中"情理法"的法律观[J]. 法制与社会（27）: 21-22.

彭虹斌, 蒋亚辉, 2019. 儒家文化背景下的道德领导[M]. 武汉: 武汉出版社.

英博, 吉尔, 2011. 美国教育法[M]. 北京: 教育科学出版社.

余雅风, 张颖, 2019. 论教育惩戒权的法律边界[J]. 新疆师范大学学报（哲学社会科学版）（6）: 96-102, 2.

郑克, 2021. 折狱龟鉴卷四·议罪[EB/OL]. (2021-02-16) [2021-07-04]. http://www.wenxue360.com/sikuquanshu/1168.html.

中国社会科学院历史研究所宋辽金元史研究室, 1987. 名公书判清明集[M]. 北京: 中华书局.

Research on Educational Disciplinary Power from the Perspective of Sentiment, Reason and Law

Peng Hongbin　Zhang Ziyi

Abstract: China has been a humanized society since ancient times. Under the influence of the traditional Chinese cultural background based on Confucian culture, sentiment, reason and law together constitute the core spirit of Chinese traditional legal culture, and the three show the characteristics and forms of mutual integration and interaction. In recent years, the issue of educational disciplinary power has been widely concerned. In essence, the Educational Disciplinary Rules for Primary and Secondary Schools (Trial) is the integration of sentiment, reason and law of educational disciplinary power. "Sentiment" is the starting point and foothold of educational discipline, "reason" is the due meaning of educational discipline, "law" is the bottom line and guarantee of educational discipline. The return of educational disciplinary power from the perspective of sentiment, reason and law has profound legal significance, which not only effectively guarantees the legitimate rights and interests of students, defends the dignity of teachers, but also helps to maintain the balance between students' personal rights and the right to education.

Key words: sentiment　reason　law　educational disciplinary power

作者简介

彭虹斌，博士，华南师范大学政治与公共管理学院教育经济与管理系教授、博士生导师，研究方向为教育法学、教育政策等。

张梓祎，华南师范大学政治与公共管理学院硕士研究生，研究方向为教育法学、职业技术教育学。

□宋高初

我国义务教育阶段严重违规学生强制转学措施适用困境破解与立法完善①

【摘　要】当前我国义务教育阶段严重违规学生客观存在。为维护教育秩序，义务教育阶段学生如实施严重违规行为，可被强制转学。为保障强制转学措施的正确适用，我国应立法构建专门教育指导委员会评估程序，并明确要求决定机关听取学生及其所在学校其他师生的意见。专门学校可通过强化职业技能教育来提升学生及家长对强制转学措施适用的认可度，并通过提起民事侵权诉讼方式来督促学生家长支付义务教育阶段学生在专门学校学习期间的生活费。

【关键词】义务教育　专门教育　强制转学

所谓强制转学，是指符合某种条件的中小学生被强制性从普通学校转入专门学校学习的处置措施。《中华人民共和国刑法》《中华人民共和国预防未成年人犯罪法》《中小学教育惩戒规则（试行）》均肯定了强制转学措施。在依法保障学生受教育权的前提下，如何对严重违规学生适

---

① 本文系全国教育科学"十三五"规划2018年度国家一般课题"我国中小学生辱师行为法律惩戒机制研究"（BEA180112）的阶段性成果。

用强制转学措施,是当前我国义务教育阶段学生管理实践中迫切需要解决的难点问题之一。

一、强制转学作为一种教育惩戒形式的意义和必要性

(一)强制转学是对义务教育阶段严重违规学生实施针对性教育的重要形式

基于冲动、叛逆等青春期学生的性格特点,部分义务教育阶段学生实施严重违规行为(包括严重不良行为及刑事违法行为)的情形客观存在。《中华人民共和国预防未成年人犯罪法》第四十三条明确规定,对有严重不良行为的未成年人,学校可向教育行政部门提出申请,经专门教育指导委员会评估同意后,由教育行政部门决定送入专门学校接受专门教育。

1. 强制转学所衍生的惩戒教育有助于提升严重违规学生的规则意识

学校对严重违规学生予以强制转学,可有效避免严重违规行为得到奖励性强化。所谓严重违规行为得到奖励性强化,指未得到合理惩罚的严重违规行为将带给学生意想不到的利益即奖励性结果,如不受校纪约束的校内言行自由、成为"大哥大"或"大姐大"被其他学生"敬畏"甚至"仰慕"等,从而进一步强化学生再次实施严重违规行为的动机,诱导该生甚至其他学生在不良外界环境刺激下实施严重违规行为。(冉亚辉,2015)青少年每实施一次外部问题行为都会获得奖励性的结果——成人地位和权利,这些结果会进一步强化其实施不良行为的动机(陈光辉 等,2006)。强制转学可使违规学生远离其所熟悉的校园生活,在避免严重违规行为产生奖励性结果的同时衍生某种程度的惩戒作用。这是因为:家庭、校园通常是学生的重要生活圈。校园内,熟悉的同学、教师、生活设施、情境,在排除学业负担时通常能给学生带来某种乐趣。转学意味着学生须花费一定的时间、精力来重新适应新学校的同学、教师及校园环境。对学生而言,上述改变通常会带来某种程度的痛苦感受,是某种形式的惩戒。痛苦是行为的抑制剂。当行为人因遭受惩戒所导致的痛苦感受强于严重违规行为所带来的愉悦感受时,行为人基

于趋利避害的自然本性，会拒绝再犯。与留校型校纪处分、课后教导等惩戒措施相比较，强制转学带给严重违规学生的痛苦感受会更强，可有效督促严重违规学生自省，提升其遵守规则的意识，有助于其积极改正错误，从而实现教育目的。

2. 强制转学并不损害义务教育阶段学生的受教育权

对实施严重违规行为的义务教育阶段学生适用强制转学，并不损害学生的受教育权。学生仍可在新转入的专门学校继续完成义务教育。基于对未成年人公平受教育权的保护理念，国内有学者认为强制转学会对学生学业成绩及成就动机造成负面影响，应被禁止（时广军，2019）。笔者认为，转学是否会对学生学业产生影响及影响的程度主要取决于学生的适应能力。有学者调研发现，转学对成绩产生影响的机制在很大程度上源于学生的适应性，学生适应性的提高可以显著降低转学对成绩的负效应（郑磊 等，2011）。对实施严重违规行为的义务教育阶段学生予以强制转学时，可通过心理辅导、加强关注等方式来降低学习环境的改变对转学生学业发展可能产生的负面影响，从而使学生能尽快适应新的学习环境，未必会严重阻碍转学生的学业发展。

（二）强制转学具有维护教育秩序的现实必要性

未得到妥善处理的严重违规学生会对其他学生的学习、性格产生负面影响。犯罪心理学领域的"破窗理论"认为，某种环境中的不良行为或现象，如放任其存在而不及时消除，会诱使人们仿效，甚至变本加厉。中小学班级管理实践中也客观存在着"破窗效应"（马述刚，2011）。每个学生的行为都与其周围其他同学的行为密切相关，也极可能会影响其他同学的行为及性格形成。有学者调研发现，未成年人的生活环境对未成年人性格及行为方式的形成有重大影响（江雯斐 等，2013）。另外，学生在校期间实施严重违规行为如殴打教师、欺凌同学，必然会影响学校教育教学活动的正常进行，同时也必将增大师生的不安全感，极有可能会对其他学生的人生观、社会观、价值观及性格形成产生负面影响。这种负面影响的程度，与严重违规学生继续留在学校的时间长度存在正关联。2016年6月，南京市某小学某班45名家长联名要求学校对班上一位长期严重违纪却未得到有效管理的学生采取转学措施（李亚男，2016）。现实生活中也发生过中学教师因不满学校对个别严重违规学生的处理而罢教的案例（李霞，2014）。严重违规学生继续在原校学习、生活，极可能会产生"劣币驱逐良币"现象，不利于其他学生的健康成长。

二、我国强制转学措施的适用困境与立法缺憾

强制转学措施的适用有益于教育秩序的维护。因此，1987年，国家教育委员会、公安部、共青团中央《关于办好工读学校的几点意见》明确规定工读学生入学须经学生所在地教育行政部门与当地公安机关共同审批，不必事先征得学生家长（包括学生父母及其他监护人，后同）同意。2012年修正的《中华人民共和国预防未成年人犯罪法》明确规定未成年人原所在学校可向当地教育行政部门申请，教育行政部门批准后，可将符合条件的未成年人转入工读学校。2020年修正的《中华人民共和国预防未成年人犯罪法》规定教育行政部门经专门教育指导委员会评估同意，经未成年学生所在学校申请或会同当地公安机关决定，可对符合条件的未成年学生予以强制转学处理，不必事先征得学生家长同意。

（一）我国强制转学措施的适用困境

专门学校招生情况可体现强制转学措施在中小学教育管理实践中的适用情况（见表1）。

表1 2011—2020年全国专门学校师生统计数据

年份	2011年	2012年	2013年	2014年	2015年	2016年	2017年	2018年	2019年	2020年
学校数（个）	76	79	78	79	86	89	93	92	94	95
专任教师数（人）	1764	1756	1851	1900	2077	2081	2177	2099	2157	2139

续表

年份	2011年	2012年	2013年	2014年	2015年	2016年	2017年	2018年	2019年	2020年
当年招收学生数（人）	5664	4547	3891	3528	3811	3295	3187	3235	3792	3036

数据来源：教育部官网"文献"栏目公布的"教育统计数据"。

从表1可看出，2011—2020年，我国专门学校数、专门学校专任教师数保持相对稳定，但每年新招的学生数整体却呈现不断减少的态势。2011—2020年，我国专门学校招生对象均为实施"严重不良行为"的未成年人及实施《中华人民共和国刑法》规定的违法犯罪行为、因不满法定刑事责任年龄不予刑事处罚的未成年人。2016年发布的《教育部等九部门关于防治中小学生欺凌和暴力的指导意见》将专门学校招生对象予以扩充，增列屡教不改、多次实施欺凌和暴力的学生。另据国内部分学者调研发现，近十年我国未成年人犯罪呈现日益低龄化的态势。实施《中华人民共和国刑法》规定的违法犯罪行为、因不满法定刑事责任年龄不予刑事处罚的未成年人数呈不断增多态势（张垚 等，2022）。这说明众多未成年人刑事犯罪行为被人为或制度性排除在刑事司法系统之外，叠加屡教不改、多次实施欺凌和暴力的学生，需通过强制转学矫正的未成年人数量应呈现出不断上升趋势。然而，我国专门学校2011—2020年招生人数却呈现整体下滑态势。这一定程度上说明我国强制转学制度在教育管理过程中遭遇实施困境，主要体现为：强制转学措施的适用遭遇"三自愿"原则冲击。所谓"三自愿"原则，即地方教育行政部门及公安机关实施强制转学措施时，通常须经学生本人、学生家长和学生原先所在学校三方的同意（姚建龙 等，2017）。《关于办好工读学校的几点意见》明确规定"经过审批应当入工读学校学习而拒不报到的，或报到后又中途擅自逃离的，公安部门要积极帮助学校使他们入学"。《中华人民共和国预防未成年人犯罪法》第四十九条规定，未成年人及其家长对强制转学行政决定不服的，可以依法提起行政复议或者行政诉讼。强制转学决定机关为确保学生及时上学、学生家长愿承担在校学生生活费[①]，避免自身成为被行政

[①] 《关于办好工读学校的几点意见》提到"工读学校学生在校期间的生活、学习费用由其家长负担，确有困难的可以申请助学金"。

复议人或行政诉讼被告,通常会在决定适用强制转学措施之前,征得学生本人及其家长同意,从而减轻自身工作压力。而很多学生及其家长并不愿意被转入专门学校,因为被强制转入专门学校就读的学生通常均具备较大的攻击性,而在管理不善的专门学校,学生间通常难以做到和睦相处。另外,基于学生管理需要,部分专门学校的个别教师有时会采取惩戒或体罚方式来管理学生。现实生活中,曾有学生遭特训教育被体罚致死的案例报道(李国 等,2015)。学生基于对自身人身安全的担忧,除非不得已,通常不会愿意被转入专门学校。部分学生家长基于护犊心理,担忧学生在专门学校遭遇人身攻击或被"交叉感染",通常也不愿意孩子被强制转入专门学校就读。

(二)我国强制转学措施适用的立法缺憾

1. 评估机制运行规范缺失

依据我国现行法律规范,强制转学措施的适用,须同时要求专门教育指导委员会评估同意及教育行政机关、公安机关单独或联合决定。我国现行法律规范体系中,尚未明确规定专门教育指导委员会人员构成要求、评估模式、流程及评估结果救济途径等事项。评估机制运行规范的缺失,极可能导致评估实践中,专门教育指导委员会滥用评估权或被民意"绑架",从而导致评估程序"走过场",最终流于形式。

2. 评估者、决定方缺乏对未成年人及其家长意见的必要尊重

未成年人及其家长是强制转学措施适用的利益关联方,其意见应得到评估者、决定者的尊重。另外,"无力管教或管教无效"以及"情节恶劣或者造成严重后果"是强制转学措施适用的必备条件之一。评估者、决定方对实施"严重危害社会行为"的未成年人是否具有"情节恶劣或者造成严重后果"的情况、是否属于"无力管教或管教无效"的状态,也应当听取当事人(包括涉案未成年人、未成年人家长及未成年人所在学校)意见。我国现行法律规范体系中,并无评估者、决定方在做出强制转学的决定过程中应当听取利益关联方意见的强制性规定。涉案未成年人仍被视为决定对象,而非决定的参与主体。听取利益关联方意见等必要程序的立法缺失,通常会导致强制转学决定得不到未成年人及其家长的尊重及配合。

3. 被强制转学学生家长履行监护责任的保障性立法不足

依据《关于办好工读学校的几点意见》，被强制转学学生在专门学校就读的生活费，应由学生家长承担。家长拒付学生生活费，是导致强制转学措施难以实施的重要原因之一。《中华人民共和国未成年人保护法》明确规定未成年人的父母或其他监护人不得"放任或者迫使应当接受义务教育的未成年人失学、辍学"。对违反上述法定义务的学生家长，当地乡镇人民政府或者县级人民政府教育行政部门，可依据《中华人民共和国义务教育法》第五十八条的规定对学生家长"给予批评教育，责令限期改正"；学生家长居住地的居民委员会、村民委员会可依据《中华人民共和国未成年人保护法》第一百一十八条对学生家长"予以劝诫、制止"；当地公安机关对学生家长"应当予以训诫，并可以责令其接受家庭教育指导"。在有关机构对不履行付费义务的学生家长实施上述督促措施无效的情形下，是否可追究、如何追究家长的责任，我国现行法律规范尚无明确规定。

三、我国义务教育阶段学生强制转学措施适用的困境破解与立法完善

公平受教育权的保护与正常教育教学秩序的保障之间应保持平衡。基于公平教育理念，我国中小学生的公平受教育权应依法得到充分保障。法律在保障某个社会成员个体权益的同时应不损害其他社会成员的合法权益。为维系个体合法权益而损害公众合法权益，有悖现行法治精神。因此，我国现行法律规范在充分保护每位中小学生公平受教育权的同时应保障中小学教育教学秩序不被破坏，应努力实现严重违规学生公平受教育权保护与正常教育教学秩序保障间的平衡。义务教育阶段的中小学生实施严重违规行为，无疑会损害其他同学接受义务教育的权益。有关机构在必要时对实施严重违规行为的中小学生予以强制转学处理，剥夺其随班就读权益，从而保障其他学生接受义务教育的权益，可有效实现公平受教育权保护与正常教育教学秩序保障之间的平衡，符合教育法治精神。

（一）我国义务教育阶段学生强制转学措施适用困境破解

1. 强化专门学校的职业技能教育，提升学生及家长对强制转学措施的认可度

《关于办好工读学校的几点意见》明确规定工读学校的任务之一是培育学生的生产劳动技术和职业技能。实施严重不良行为的未成年学生一般学习习惯较差、学习态度不端正，其强化文化课程学习、取得较高学历从而促进自身发展的意愿及可能性通常较低，因此，使这类学生端正劳动态度、掌握一门技能更具有现实意义。现实生活中，众多学生家长也充分意识到职业技能的掌握对学生后续发展的重要性。近些年采取自愿入学原则的民办矫治学校如戒网瘾学校、特训学校等发展态势较好（李菁莹，2011），这说明"三自愿"原则并非我国专门学校招生的"死结"。近些年，我国职业教育发展迅猛，部分地方专门学校通过加强职业技术教育教学，也呈现出欣欣向荣的态势（计琳，2009）。因此，强化专门学校的职业技能教育，可有效提升学生及其家长对强制转学措施的认可度。

2. 依法追究拒不支付义务教育阶段学生在专门学校学习期间生活费的学生家长的民事责任

支付义务教育阶段学生在专门学校学习期间的生活费，是学生家长法定监护职责的重要内容。家长无正当理由，违反这一法定义务时应承担法律责任。基于刑法谦抑性理念及学生家长应能够继续履行监护职责的客观现实，现阶段不宜运用刑罚措施来追究违反法定监护职责的学生家长的法律责任。在现行法定行政责任不能有效督促学生家长依法履行法定监护职责的情形下，可依法追究拒不支付义务教育阶段学生在专门学校学习期间的生活费的学生家长的民事责任。理由如下：依据《中华人民共和国教育法》第九条、第八十三条的规定，任何公民、组织非法侵犯学生合法权益，造成损失、损害的，应当依法承担民事责任。学生家长拒不支付义务教育阶段学生的生活费，导致学生的受教育权受到损害的，应依法承担民事责任。司法实践中，也曾有过类似案例。①专门学校、学生所在地基层政府可作为民事诉讼原告，依法诉请法院要求学生家长支付义务教育阶段学生在校学习期间的生活费。作为民事诉讼被告的学生家长，如拒绝履行法院的生效裁判，将承担被强制执行的法律后果。诉讼成本及拒执行为所引发的法律后果可有效督促学生家长配合教育行政机关、公安机关对符合条件的义务教育阶段学生适用强制转学处置措施。

（二）完善我国义务教育阶段学生强制转学措施适用立法

体系科学、内容合理的法律规范，是我国义务教育阶段学生强制转学措施得以正确适用的前提与保证。鉴于当前《中华人民共和国预防未成年人犯罪法》《中华人民共和国未成年人保护法》等法律在强制转学措施适用方面的立法不周延状态，教育部、地方立法机构可通过教育部门规章或地方性法规的方式，从以下方面完善立法。

1. 构建专门教育指导委员会评估程序

公正、科学的评估程序可有效保障评估结果公正，也是当事人异议的最佳吸收剂。通常说来，评估程序应包括评估主体、评估模式、评估结果、救济等内容。我国专门教育指导委员会评估程序可设计如下：是否同意适用强制转学措施的评估，应由具有法学、教育学、社会学等专业背景的人员组成评估小组进行；评估小组可采用听证、访谈、问卷测试等方法来开展相关事实调查；为避免评估程序流于形式，应当规定评估小组对强制转学措施适用是否同意的表决程序，并明确规定三分之二以上组员同意才属于评估通过，同时规定对不同意意见应当充分讨论并记录在评估报告当中。针对专门教育指导委员会做出的不同意评估结果，利益关联方有权向上级专门教育指导委员会提出一次复议申请。

---

① 学生家长涉嫌不履行法定监护义务被诉的案例主要有：1997年四川省泸县得胜镇初级中学诉周立莲拒送子女接受义务教育案、2007年新疆阿克苏地区乡政府诉学生家长侵犯子女受教育权案、2014年新疆和田市拉斯奎镇政府诉阿某侵犯学龄儿童受教育权案。上述三案例中，乡、镇政府或者学校都是以提起民事诉讼的方式要求辍学学生的家长履行送子女接受并完成义务教育的义务，并且都胜诉。

2. 明确决定方应充分听取严重违规学生及其所在学校其他师生的意见

在程序公正的诸多构成要素中，充分听取意见是核心要素之一。由于强制转学关系到学生的切身利益，听取各方意见应属必经程序之一。具体流程建议如下：义务教育学校对符合强制转学处理条件的学生，可依据《中华人民共和国预防未成年人犯罪法》第四十三条的规定向当地基层教育行政机关提出申请。受理申请的教育行政机关应委托专门教育指导委员会对申请事项进行评估。收到同意的评估报告后，可组建调查组，由调查组组织听证程序来充分听取严重违规学生及其所在学校其他师生的意见。调查期限可设为受理申请后一个月。调查组应在调查结束后一周内向教育行政机关提交调查报告。调查报告中应载明对严重违规学生予以强制转学处理或不予以强制转学处理的建议。

参考文献

陈光辉，侯忠伟，张文新，2006. 限于青少年期的外部问题行为[J]. 山东师范大学学报（自然科学版）（4）：50-52，56.

计琳，2009. 为"问题孩子"撑起一片蓝天[N]. 中国教育报，2009-01-16（2）.

江雯斐，汪荣有，2013. 网络环境下未成年人犯罪问题研究：基于某管教所的调查[J]. 江西社会科学（11）：189-192.

李国，罗小光，2015. 暴力致死案件不断 特训教育谁来监管[N]. 工人日报，2015-04-11（7）.

李菁莹，2011. "潜力生"生存状况调查（下）[N]. 中国青年报，2011-07-08（3）.

李霞，2014. 教师罢课凸显信任危机[N]. 新农村商报，2014-12-24（A02）.

李亚男，2016. 小学45名家长联名要求一学生转学遭校长拒绝[J]. 家长（7）：5.

马述刚，2011. 班级管理"破窗效应"及其对策[J]. 中国教育学刊（11）：86-87.

冉亚辉，2015. 一个建设性建议：德育问题学生的强制转学[J]. 中小学德育（2）：33-36.

时广军，2019. "转学"是否促进了学生学业：基于PISA 2015数据分析[J]. 北京社会科学（1）：77-86.

姚建龙，孙鉴，2017. 从"工读"到"专门"：我国工读教育的困境与出路[J]. 预防青少年犯罪研究（2）：46-56，12.

张垚，冯玉婷，2022.《刑法修正案（十一）》后时代的低龄未成年人犯罪预防与治理路径[J]. 石河子大学学报（哲学社会科学版）（1）：54-63.

郑磊，卢珂，2011. 转学对学生成绩的影响：来自中国西部农村的证据[J]. 教育学报（2）：80-88.

The Solution to the Applicable Dilemma and Legislative Improvement of the Compulsory Transfer Measures for Students with Serious Violations in Compulsory Education Schools

Song Gaochu

Abstract: There are students who violate discipline seriously in compulsory education schools. In order to maintain educational order, the students who seriously violate discipline in compulsory education schools must be forced to transfer to another school. In order to ensure the correct application of compulsory transfer measures, we must establish the evaluation procedure for specialized education committee. In the same time, the authorities must listen to the opinions of other students and teachers. Through strengthening vocational skill education, the compulsory transfer measures can be recognized by students and their parents. In order to urge parents to pay bills for their children who study in specialized school, specialized school can file a civil lawsuit.

Key words: compulsory education　specialized education　compulsory transfer

作者简介

宋高初，浙江师范大学法政学院副教授、硕士生导师，研究方向为诉讼法学、教育法学等。

□王朝夷 杨 健

建立完善的制度系统 确保教育惩戒合理合法实施
——英国的实践与启示①

【摘　要】英国的教育惩戒校规制定表现出国家立法、部门规范和学校自主三方合力的特点。国家立法明确授权学校制定教育惩戒校规的权力与义务，为学校制定校规提供了充分依据。政府通过规章、政策就教育惩戒校规的原则、范围、主体、形式等提供建议与指导，明确学校制定教育惩戒校规的权力边界。英国法律与政策在提供指导与规范的前提下，也为校规制定留下了一定的自主空间，学校通过细化已有规范、创新解读政策、依法补充内容、突出校园文化等多种方式，构建出丰富、具体的教育惩戒校规体系。我国《中小学教育惩戒规则（试行）》虽规定了由学校制定教育惩戒校规，但对校规的制定与实施缺乏必要的制度支持。应通过立法对教育惩戒与校规进行明确授权，由教育部门适时制定多元化具体规则，引导学校在法律、政策范围内结合自身特点，制定具体详细、可操作的校规。

【关键词】教育惩戒　校规　《中小学教育惩戒规则（试行）》　英国

教育惩戒校规既有载体作用，又有规范功能，兼具灵活

---

① 本文系 2021 年北京市社科基金项目重点项目"北京市人工智能在教育领域应用的法律规范研究"（21JYA002）的阶段性成果。

性与具体性，既避免了法律规范可能难以覆盖具体教育惩戒情形的问题，又给予了学校根据校园文化、教学安排等实际需求设置规范的自由空间。2021年3月1日，《中小学教育惩戒规则（试行）》正式施行，其中第五条赋予学校和班级制定教育惩戒具体规则的权力，为教育惩戒校规制定提供了法律依据。但是，由于中小学校缺乏制定教育惩戒校规的实践经验，这方面的法律专业能力相对不足，《中小学教育惩戒规则（试行）》的相关规定难以为学校合理合法制定校规提供必要的支持。

英国通过法律明确禁止体罚并授权实施教育惩戒，与我国教育惩戒实施中的法律环境具有较高相似性。从英国的实践经验来看，建立完善的教育惩戒制度是教育惩戒合理合法实施的重要抓手。英国通过国家立法、部门规范与学校自主三方合力，先以法律赋权学校制定教育惩戒相关校规，再经政府为学校制定惩戒规则提供建议与指导，最后由学校自主形塑法律范围内的柔性空间，形成了相对完善、成熟的教育惩戒制度。因此，本研究借鉴英国教育法律对教育惩戒校规的规定，对我国如何依据教育立法制定教育惩戒校规进行探讨。

一、国家立法：授权学校制定教育惩戒校规

英国教育惩戒校规的合法性源于一系列教育法律对教育惩戒以及教育惩戒校规制定的直接授权。从2006年的《教育与督学法》《降低暴力犯罪法》到2011年的《教育法》，英国以教育立法的形式，明确了教育惩戒校规的法律依据。

（一）直接赋予学校制定教育惩戒校规的权力

实施教育惩戒既要有明确、具体的规范，又要避免僵化、死板的限制。将教育惩戒校规作为教育惩戒实施的制度载体，有利于降低立法成本，提高立法效率，保障其规范功能的实现。

2006年4月，英国出台《教育与督学法》，首次明确教育惩戒（disciplinary

penalty）权，同时赋予了学校制定教育惩戒校规（behaviour policy）的权力和义务，直接明确了教育惩戒将依托校规，以学校为单位执行。该法在教育惩戒方面主要规范了以下两点内容。

首先，详细列举了需要制定教育惩戒校规的学校类型，主要包括接受政府资助的学校（maintained school）和法律规定的其他学校，如：社区学校（community school）、基金会学校（foundation school）、受政府资助的私立学校（voluntary school）、社区特殊学校（community special school）、基金会特殊学校（foundation special school）、公立幼儿园（maintained nursery school）、学生收容处（pupil referral unit）及非公立特殊学校（non-maintained special school）。

其次，设定教育惩戒校规制定主体间的权力制衡机制，明确制定主体的权力边界与责任。英国将这一权力分散给两大主体：校董会和校长。《教育与督学法》第八十八条、第八十九条分别阐述了校董会和校长在制定教育惩戒校规时的权力与义务。校长在接受校董会指导的前提下负责教育惩戒校规的最终制定，校董会有权对校长制定教育惩戒校规的原则、惩戒措施等相关事项进行指导。

（二）以特定教师惩戒权力强化校规制定的法律基础

教育惩戒的惩罚性质容易引发侵犯学生权利的争议。因此，对部分可能涉及侵权的惩戒行为，需要通过立法授权并规范，才能保障教职工在依法使用这些权力时合法权利不受侵害，从而为学校制定教育惩戒校规提供更加充分的法律基础。

为避免学生隐私权受到侵害，英国《教育法》明确规定了搜索学生违禁物品权（power of members of staff to search pupils for prohibited items: England）和没收搜索所获违禁物品权（power to seize items found during search under section 550ZA），允许符合法律规定的教职工，在合理怀疑学生携带违禁物品的前提下，对学生本人及其财产进行搜索，并按法律规定决定违禁物品的处置方式（归还、保留、丢弃、上交警察）。2006年《降低暴力犯罪法》第四十五条又增添了搜索学生武器权（power of members of staff to search school pupils for weapons）的相关规定,《教育法》中也增加了这一规定。2010年修订的《教育与督学法》第九十四条进一步增加了合法没收学生物品的抗辩权（defence where confiscation lawful），对搜索与没收学生违禁物品的权力进行了补充。

同样，由于教师合理使用武力可能使学生的健康权受到侵害，英国《教育与督学法》在明确教职工使用合理武力权（power of members of staff to use force）时，对这一权力适用的主体、条件、范围进行了限定，要求教职工必须在学校内和其他教职工依法管理学生的场景中，在不体罚学生的前提下，以阻止学生做出攻击他人、造成人员财产伤亡、妨碍学校秩序的行为为目的，对学生使用在情境中合理的武力。

二、部门规范：为学校制定惩戒规则提供建议与指导

仅通过立法授权学校制定教育惩戒校规，并不足以明晰学校制定校规的权力边界。学校制定具体规则，还需要国家一体性规范提供更多制度支持。基于这一考量，英国通过部门规章、规范性文件等方式对学校制定教育惩戒校规时应当遵循的原则、程序及应当包含的内容进行规范。2013年英国教育部门出台《学校行为与纪律：校董会指导手册》《学校行为与纪律：校长及教职工指导手册》，分别对校董会、校长及教职工如何制定或执行教育惩戒校规进行指导，包括惩戒目的、范围、程序等，强调学校应当在教育惩戒校规中进一步明确教师如何在学校规范下行使教育法律中已经明确的几种教育惩戒权，为教师提供支持。2014年出台的《教育规章（私立学校标准）》进一步强调了学校制定校规的原则和应当遵守的要求。总体来看，英国在立法授权学校制定教育惩戒校规之外，还通过部门规范为学校制定教育惩戒校规提供建议与指导。

（一）确定校规制定原则

遵循教育目的是教育惩戒的基本原则，学校的所有校规设计应当以学生的安全和福利为基础，这一点在英国法律及政策中多次提及，并得到了细致

阐释。

英国《教育规章（私立学校标准）》第五条对教育惩戒校规应当秉持的原则进行了阐释，内容包括：帮助学生建立自知、自尊和自信，帮助学生区分对错了解法律，帮助学生明白要对行为负责，帮助学生学会过好自己的人生、参与社会，帮助学生学会尊重与忍耐，帮助学生尊重传统文化与多元文化、民主法治。

《学校行为与纪律：校董会指导手册》提出，校董会应以促进学生良好行为和维护校园纪律为目的。《学校行为与纪律：校长及教职工指导手册》要求校长考虑几项必要原则：促进学生自律和尊重权威，鼓励学生良好行为和相互尊重，预防一切形式的校园欺凌，确保学生能够接受学校设立的行为标准，确保学生完成合理分配的教学任务，规范学生行为。

（二）限定学校惩戒范围

教育惩戒的范围指的是可以对学生进行教育惩戒的时间、空间范围。限制学校实施教育惩戒的范围，有利于确保教育惩戒基于教育教学活动展开，避免教育惩戒的滥用。

合法的教育惩戒范围包括两种：一是在学校内，二是在其他教职工可依法管理学生的场景中。对于何种情况属于教职工有权在校外对学生进行管理的场景，《学校行为与纪律：校长及教职工指导手册》进行了规范，将在校外执行惩戒的范围细化为两种：一种是在学校组织的活动中、上下学路上、穿校服时及其他可以将学生个人视作学校学生的情况下；另一种是学生进行毁坏学校声誉、影响学校运行、威胁到他人或公共利益的行为时。

（三）明确实施主体的责任与权利

英国并未通过立法规范教育惩戒的实施主体，而是在这一事项上授权校长，由校长在合法范围内，选择或排除可以执行不同教育惩戒的人员。英国《教育与督学法》第九十一条第四款明确了可进行教育惩戒的主体为经校长明确的受薪教职工，校长有权确定不可进行惩戒的教职工，并依据惩戒形式和惩戒学生的不同，安排不同教职工进行惩戒。在赋权校长决定受薪教职工执行教育惩戒权限的基础上，《学校行为与纪律：校长及教职工指导手册》进一步明确了校长可授予教育惩戒权限主体的范围，将一些与学校教育教学活动相关的非学校受薪教职工，也纳入校长授予教育惩戒权限的范围，包括对学生负责的教职工（如教学助理）和校长授权的成年志愿者（如志愿参与管理的学生家长）。

对依法明确的教育惩戒实施主体，学校有义务确保其依法承担责任并享受权利。除赋予教师特定教育惩戒权外，《学校行为与纪律：校长及教职工指导手册》还要求学校帮助教职工充分理解并执行相关政策，在了解自身权力边界的同时勇于使用权力。同时，学校还应为被指控行为不端的教师提供宗教关怀。

（四）为教育惩戒形式提供建议

对于教育惩戒可以采取的形式，英国并未在国家规范中进行完全列举，而仅针对"留校"这一惩戒形式进行了规定，对部分其他教育惩戒形式提出了建议。

对于留校的规定主要集中在留校适用的条件、时间及送达规定[①]上。英国法律规定，留校必须满足以下四项条件：第一，学生不满18岁；第二，校长已经确定并广泛告知学生家长留校是学校可能采取的惩戒措施；第三，留校的时间必须符合法律的规定；第四，必须发生在学生家长收到关于学生留校的书面通知24小时后。《学校行为与纪律：校长及教职工指导手册》进一步提出四点规范：第一，留校虽然需要告知家长，但不强求家长同意；第二，午餐期间的留校应当考虑学生的正当生理需求，包括吃饭、喝水、上厕所；第三，留校应当充分考虑学生上下学的安全问题；第四，确定留校后，应当和家长沟通，调整家长接送学生的计划。

《学校行为与纪律：校长及教职工指导手册》提供的其他教育惩戒形式

---

① 指通知的送达。由于英国规定留校必须告知家长，送达规定指的是法律明确的对于学校如何将通知告知并送达家长的规定。

包括：口头训诫、额外作业或重写不合格作业、设置写作任务（如论文）、取消特权（如失去一份有荣耀的责任、不许参加便装日）、取消课间、留校（包括午餐期间、放学后和周末）、与学校相关的社区服务（如捡垃圾、扫地、清理教室、饭后打扫餐厅、擦除涂鸦）、每日报告或统一服装等其他行为检查或加入行为监测名单、暂令停学或开除（极端情况使用）。

三、学校自主：塑造法律范围内的柔性空间

在国家一体性规范提供充分指导与支持的前提下，英国教育惩戒校规制定还拥有一部分自主的柔性空间。这也是赋权学校制定教育惩戒校规的初衷——发挥学校自主性，同时增强教育惩戒规则的具体性与可实施性。全国性的规定无法囊括教育实践中的所有具体问题，不能为一线教师提供实施教育惩戒的直接指导，学校需要制定更加可操作的方案。因此，以法律赋予的权利及权力边界为基石，英国学校充分发挥主动性，结合不同校园文化、教育观念、人事结构、课程设置，以各具特色的教育惩戒校规，共同构建出英国丰富、具体的教育惩戒制度。本文分别对威斯敏斯特公学（Westminster School，2020）、温彻斯特公学（Winchester College，2020a；Winchester College，2020b）、圣保罗公学（St Paul's School，2020；St Paul's School Juniors，2020）、北伦敦学院（North London Collegiate School，2020）、国王学院中学（King's College School，2020；King's College Junior School，2020）、伦敦圣保罗女子学校（St Paul's Girls' School，2020）共六所中小学的教育惩戒校规进行分析，对比英国教育惩戒校规如何在法律范围内进行自我创新。

学校在国家规范的指导下设计教育惩戒校规，主要包括四种方式。

（一）将国家规范细化为可行方案

对于已有的一体性规范，学校需要基于学校人事结构、课程设置、教学安排，设置具体、可行的实施方案，便于教师直接执行。

对于法律政策中明确的惩戒原则、范围、主体、形式，校规需要高度具

体化、细节化，进一步明确具体的违纪行为、不同行为对应的惩戒方式和每种惩戒的实施程序（时间、地点与责任人员），为教师实施教育惩戒提供充分的依据。以留校这一措施为例，针对不同类型的留校方式，学校需要根据教学活动安排留校的时间（常见的时间包括午休时、下午放学后及周六日白天），以及可能调整的方案，并根据教室使用状况确定留校地点，明确负责监管的教师。

（二）对法律政策进行不同解读与创新

除细化国家规范外，学校还会根据其对法律政策的不同理解，设置创新性的支持措施。如，针对教师支持，温彻斯特公学为"校长最终决定"独创性地提出了校长对开除决定的"最终解释权"，北伦敦学院将之细化为"在家长提出严肃指控并对教师做出不合理行为时，校长应当考虑请家长办理学生退学手续"；针对学校实施教育惩戒的空间范围，威斯敏斯特公学将"校舍内"的概念进一步明确，划定了学校校舍的具体边界；针对学校实施教育惩戒的条件，圣保罗公学在"学生进行毁坏学校声誉、影响学校运行、威胁到他人或公共利益的行为"这一规定的基础上，增加了"学生在电子媒体或纸质通信中涉及学校有关内容"这一情况；针对教育惩戒形式，温彻斯特公学将"留校"分解为"早间留校、舍内留校、周末留校、校长监督的留校"，国王学院中学将"取消特权"扩展为"禁止参加课程、校内活动和校园旅行等"，威斯敏斯特公学为"重写不合格作业"创设了"监管学习"的方式，温彻斯特公学也为"重写不合格作业"设置了独特的"萨金特"[①]。此外，还有一些独创性的惩戒方式，如发放警告通知单、校内禁闭（gating）[②]、口头警

---

① 温彻斯特公学使用的一种惩戒方式，适用于学生没有按时提交作业的情况。具体惩戒内容及流程为：在未提交作业后的第二天早上7:45，学生应将含教师初次打分的作业亲手交至门卫，由门卫将作业在第一节课上课前放至公共休息室、教师的"树洞"（个人信箱）中。如果是要求电子交的作业，学生应当在第二天早上7:45将已提交作业的证据亲自交至门卫。还不能及时提交的，需要在第三天早上7:45将作业提交至副校长处，由副校长记录时间并签字。

② 专指英国寄宿制学校针对寄宿生做出的一定时间内不允许回家的规定，有时是一周，视学校对寄宿生回家规定的不同调整。

告①、副校长警告②、严重警告、最终警告、转学等。

（三）依法补充自定内容

对于英国教育法律没有直接明确，但授权学校自定的内容，教育惩戒校规中普遍进行了补充，主要包括学生违纪行为的种类及惩戒执行的程序。

违纪行为通常由各校自定，相对较轻的违纪行为包括未完成学习任务（包括未完成及未达标）、违反课堂纪律、迟到或带错教具等；较严重的违纪行为包括多次实施较轻的违纪行为、骂人、攀爬建筑物、身份认定作假、抄袭、使用违规电子设备等；极严重的违纪行为包括多次实施较严重的违纪行为、无故缺席学校活动、旷课逃学、携带违禁物品、使用毒品（携带、吸食、贩售等）、不当性关系、使用酒精（携带、吸食、贩售等）、吸烟、赌博、欺凌、身体攻击、偷窃、破坏公共财产（包括电子财产、入侵学校公共系统等）。

不同惩戒方式的程序也由各校自定，每一种惩戒方式的程序及注意事项都具有独特性，通常包括该项惩戒应当发生的时间、地点、涉及人员、执行流程、注意事项等。

（四）基于学校文化与价值设置差异化方案

由于各校存在校园文化、学校价值、教育理念的差异，学校对于教育惩戒的认识和观念也有所不同。如，温彻斯特公学重视"礼节"的重要性，其校规对迟到和忘带规定教学材料的处理十分严格。在本研究所选取的其他英国学校中，迟到通常被看作程度相对较轻的违纪，只有在多次严重迟到时才会给予相对严厉的惩戒。而温彻斯特公学是唯一一所将课堂迟到直接对应

---

① 与口头训诫不同，温彻斯特公学的口头警告指的是由副校长基于学生行为问题与学生进行的谈话，需要录音和正式的书面对话记录。

② 温彻斯特公学的口头警告与副校长警告虽然都是由副校长执行，但口头警告仅为谈话，不具有时间上的延续性，只需要留存录音证据即可，而副校长警告则将留存书面证据，并保持三个月效力（不计算学校假期）。

"校长监督的周末留校"这一较为严重惩戒方式的学校。

四、启示与思考

英国教育惩戒校规实践的成功经验表明，一个完善的制度支持系统对于建立教育惩戒校规体系具有重要作用。相比而言，我国法律尚未对学校制定教育惩戒校规应当包含的内容进行全面规范，没有为学校制定教育惩戒校规提供足够的制度支持。同时，我国中小学校也长期缺乏制定校规的经验和法律意识。基于此，需要通过法律与政策上的调整，为我国中小学校制定合法、合理、可操作的校规提供更充分的支持。

（一）通过国家立法，强化教育惩戒校规合法性

制定教育惩戒校规，首先要有充分的法律依据。从英国法律实践来看，国家立法明确教师惩戒权力和学校制定教育惩戒校规的权力，为学校制定教育惩戒校规提供了坚实的法律基础，保障了教育惩戒校规的合法性。我国在推进教育惩戒校规建设时，首先应当注重校规的合法性来源，通过优化教育惩戒校规制定与实施的法律环境，完善教育惩戒校规配套法律制度。

应当在立法上明确教育惩戒权，强化教育惩戒校规的合法性。英国立法对教育惩戒校规的支持表现在直接的法律授权和对具体特定权力的补充上。一方面，英国对教育惩戒校规的法律授权不停留在一个定义或一个规范上，而是针对教育惩戒校规的制定，进行了详细的补充规范，包括学校类型的界定、制定主体的权力边界及其权力制衡等。另一方面，英国还对教师具体的惩戒权及其限制进行了明确规范，限定了权力的适用主体、条件、范围。而在我国，《中小学教育惩戒规则（试行）》中仅有第五条第一款授权学校制定教育惩戒校规并通过第二款明确其制定流程，对于这一过程中相关主体的权利义务与权力边界则缺乏规范。同时，教育惩戒权在国家法律层面缺乏依据，面临法出无源的风险。对此，应当在教育法律中，明确教育惩戒权，在此基础上细化教育惩戒权的限制条件。

（二）以部门规范助力校规制定，为惩戒实践提供可操作方案

基于我国中小学长期以来缺乏制定教育惩戒校规的经验和法律意识的现实情况，如果仅由立法明确教育惩戒权和学校制定教育惩戒校规的权力，而不进一步规定这一权力的边界，很容易导致教育惩戒校规制定情况不理想，甚至引发侵犯学生权利等严重后果。从英国实际情况看，教育部门的相关规范对教育惩戒校规的制定发挥了支持与指导作用。我国教育政策也应当为学校制定教育惩戒校规提供更加丰富的支持和更加具体的指导、建议。应当通过政策补充立法的形式，明确学校制定校规应当包含的内容，限制学校可以监管、惩戒的范围。

首先，应当通过教育行政部门发布的规章、政策，明确校规必须包含的内容。从英国教育惩戒校规的内容看，教育惩戒的目的、范围、实施主体、形式等，均有来自上位法的法律依据和限制条件，这既从法律层面对校规做出了限制，避免校规侵犯学生权利，又要求校规在合法的基础上包含丰富、科学、有利于学生发展的内容。我国应当在《中小学教育惩戒规则（试行）》第五条的基础上，通过教育规章或政策的形式，进一步明确校规应当包含的内容，并对该内容提供指导和规范。应当明确的内容有：学校制定教育惩戒校规必须遵循的原则、学校实施教育惩戒应当限定的范围、实施教育惩戒的主体、学校必须明确进行听证和申诉的程序等。

其次，教育惩戒校规应当细化法律法规没有涉及的内容，提出学校实施教育惩戒的具体方案。应以促进学生发展、保护学生权利为核心，确保校规的内容符合教育规律。校规需要具体回应的问题包括：学校如何在教育惩戒的相关规定中体现教育惩戒的教育原则、法治原则、适应性原则；学校向学生及家长宣传教育惩戒校规时，应当以什么频率、什么方式进行，由谁执行并负责；学生违纪行为的内容及对应的教育惩戒方式，包括惩戒实施的时间、地点；每种教育惩戒方式的程序及责任教师；关于告知家长的相关政策；教师为保障师生安全，采取的带离学生、暂扣危险物品等措施，应当遵循何种程序、限定在何种范围内，包括带离学生进行教育管理的具体地点、暂扣危险物品的保存方式等；关于组织听证的程序与具体安排；学校的教师

支持政策；学校就教育惩戒问题与家长沟通的方案，包括沟通方式、沟通频率、责任教师等；学校处理申诉的程序及方案；教育惩戒校规中规定的各相关委员会成员等。

（三）合理确定学校权力边界，取消班规作为教育惩戒规则的相关规定

对于学校来说，制定教育惩戒校规虽有自主创新的空间，但必须在法律规范的范围内进行，不得打破学校权力应有的界线。从英国的经验看，学校是制定教育惩戒规则的最下一级主体，校长对规则的制定和解释负责。对比我国，《中小学教育惩戒规则（试行）》第五条第三款赋予了班规一定法律效力，将班规视为校规的延伸，纳入教育惩戒相关规定中，其合理性与合法性并不充分。应当取消班规作为教育惩戒规则的相关规定，将制定教育惩戒规则的权限置于学校层面。

首先，班级并不是制定教育惩戒规则的合法主体。《中华人民共和国教育法》明确规定，学校及其他教育机构依法对受教育者实施奖励或处分，由国家保护其合法权益不受侵犯。这说明，学校制定校规的权力是由国家法律赋予、受国家法律保护的，学校制定教育惩戒校规有法可依。而班级并不是制定学生管理规范的合法主体，没有权力制定管理学生、惩戒学生的规则。

其次，班规的制定主体不能承担法律责任。在英国，校长作为校规制定与教育惩戒实施中的最高权力人，对校规制定及校内教育惩戒实施依法承担相应责任。而在《中小学教育惩戒规则（试行）》中，参与制定班规的三大主体——教师、学生、家长，无人能够承担相应的法律责任。而学校也不应当为班级自行制定的班规负法律责任。

最后，班规的内容无法保证科学性、合理性。由于教育惩戒规则涉及学生权利保护问题，教育惩戒规则的制定必须科学、合理、谨慎。相比于校规的制定程序，班规的制定相对简单、粗糙。从程序上看，校规的制定程序十分严格，依据《中小学教育惩戒规则（试行）》，校规需要征求全校师生及家长的意见，在经过家长委员会、教职工代表大会讨论的基础上，由校长办公会议审议通过。从内容上看，校规经过了专业人士对其合法性的论证，以及

诸多教育工作者对其教育目的及合理性的验证，其内容相对合理合法。而班规由教师组织学生、家长以民主讨论形式共同制定，其各方面缺失科学合理的标准，不应当具有效力。

参考文献

KING'S COLLEGE JUNIOR SCHOOL, 2020. Behaviour, rewards and sanctions policy [EB/OL]. [2020-09-12]. https://www.kcs.org.uk/media/5400/behaviour-rewards-and-sanctions-policy-js-2020-2021.pdf.

KING'S COLLEGE SCHOOL, 2020. Behaviour, rewards and sanctions policy [EB/OL]. [2020-09-12]. https://www.kcs.org.uk/media/5401/behaviour-rewards-and-sanction-policy-ss.pdf.

NORTH LONDON COLLEGIATE SCHOOL, 2020. Behaviour policy [EB/OL]. [2020-09-12]. https://www.nlcs.org.uk/userfiles/nlcsmvc/pdfs/aboutus/School-Policies/BEHAVIOUR%20POLICY%20.pdf.

ST PAUL'S GIRLS' SCHOOL, 2020. Behaviour policy [EB/OL]. [2020-09-12]. https://spgs.org/wp-content/uploads/2020/06/Behavior-policy-incl-rewards-and-sanctions-and-restraints-polily.pdf.

ST PAUL'S SCHOOL, 2020. Behaviour, rewards and sanctions policy and procedures [EB/OL]. [2020-09-12]. https://intranet.stpaulsschool.org.uk/resource.aspx?id=395196.

ST PAUL'S SCHOOL JUNIORS, 2020. Behaviour, rewards and sanctions policy [EB/OL]. [2020-09-12]. https://juniors.stpaulsschool.org.uk/resource.aspx?id=483390.

WESTMINSTER SCHOOL, 2020. Behaviour, rewards and sanctions policy [EB/OL]. [2020-09-12]. https://www.westminster.org.uk/wp-content/uploads/2020/09/Behaviour-Rewards-and-Sanctions-Policy-September-2020.pdf.

WINCHESTER COLLEGE, 2020a. General behaviour and discipline [EB/OL]. [2020-09-12]. https://www.winchestercollege.org/assets/files/uploads/General%20Behaviour%20and%20Discipline%202020.pdf.

WINCHESTER COLLEGE, 2020b. Suspensions, exclusions and required removals [EB/OL]. [2020-09-12]. https://www.winchestercollege.org/assets/files/uploads/Suspensions%20Exclusions%20and%20Required%20Removals%202020.pdf.

A Supporting System for Behavior Policy at School: Disciplinary Penalty in the UK

Wang Chaoyi   Yang Jian

Abstract: School behavior policy in the UK comes from the joint efforts of national legislation, departmental norms and school policy. The national legislation directly empowers schools to formulate the behavior policy to implement disciplinary penalty and clarifies the power for teachers to enforce disciplinary penalty, which helps with the lawful basis for schools. Through regulations and policies, the government provides suggestions and guidance to schools about the principles, scope, subject and form of the implementation of disciplinary penalty, refining the power boundary of school behavior policy. While providing guidance and norms, the UK laws and policies also leave an independent space for schools. Through refining the existing rules, innovating the interpretation of policies, supplementing the content according to law and highlighting the school culture, the schools in the UK build an abundant system of behavior policy. In China, although Educational Disciplinary Rules for Primary and Secondary schools (Trial) stipulates that schools should formulate behavior policy, it still lacks necessary institutional support for the formulation and implementation of school behavior policy. We should make clear authorization for educational discipline and school behavior policy through legislation. The education department should formulate diversified specific rules in time to guide schools to set specific, detailed and operable behavior policy within the scope of laws and policies in combination with their own characteristics.

Key words: educational discipline　school behavior policy　Educational Disciplinary Rules for Primary and Secondary Schools (Trial)　UK

作者简介

王朝夷，北京师范大学教育学部博士研究生，研究方向为教育法学。

杨健，北京建筑大学附属中学校长，研究方向为学校德育。

□ 张宇恒　李晓燕

教育性：中小学教育惩戒立法的价值选择①

【摘　要】教育性是教育内涵的核心表达，也是教育惩戒的价值遵循。"教育惩戒"强调教育性价值，遵循教育性原则，重视教育性手段，因此排除了体罚、变相体罚等明显具有反教育性的惩戒措施。应该将维护和引导教育性作为教育惩戒立法的目标价值，并促进"惩戒事实"与"教育规范"的辩证统一。

【关键词】中小学　教育惩戒立法　价值　教育性

2020年12月教育部发布的《中小学教育惩戒规则（试行）》将惩戒实施范围限定在中小学校，即"普通中小学校、中等职业学校"，这是基于中小学生多数为未成年人，其身心发展具有较强的可塑性，他们是异于其他社会人群的不完全行为能力人。中小学教育惩戒应该重在"治病救人"，把"教育"目的置于价值序列的第一位。教育性作为教育目的的实质性表达，是开展教育活动应该遵循的目的价值，也是教育惩戒立法的规范性体现。因此，需要将教育性作为教育惩戒立法的目标价值，并在立法宗旨、立法目的、立法内容等方面加以维护和引导，促进"惩戒事

---

① 本文系2021年北京市社科基金项目重点项目"北京市人工智能在教育领域应用的法律规范研究"（21JYA002）的阶段性成果。

实"与"教育规范"的辩证统一。

一、教育性：教育活动的内在规定性

中小学校的教育惩戒行为实质上是一项教育活动，而教育性是所有教育活动的内在规定性。中小学教育惩戒立法需要明确"教育性是什么"，但目前学界对此缺乏统一认识。有研究者提出应该从"存在"的角度去理解，并认为，"教育的定义中，必然应表达人的某种价值诉求，即教育所要实现的目标价值'应该是什么'"（胡朝阳，2019）[68]。教育作为人类社会特有的实践活动，是与"人"这一主体相联系的。《大学》开篇曰："大学之道，在明明德，在亲民，在止于至善。"这里认为教育的本质在于明德至善，使人为人。人所进行的全部社会实践和经验的传递活动，其中具有教育意义的，仅仅是澄明人原有之德性，让自然意义上的人完成社会意义上的人的救赎。雅斯贝尔斯在《什么是教育》一书中也提出了"教育即生成"的理念，教育作为一种具有价值负载的"向善"活动，担负着"如何使教育的文化功能和对灵魂的铸造功能融合起来"的责任（雅斯贝尔斯，1991）[1]。

因此，"教育性"是指某种实践活动对人的思想态势、价值取向、社会观念的一种积极影响，它以人的自我价值实现和道德实现为目的，最终指向人的本质的归复。在教育场域中，重视教育的教育性，即做到三个遵循：一是遵循教育性价值，始终立足于"人"本质的实现，不是要把人塑造成一个与自身对立的异化的存在，而是帮助人认识自己、实现自我；二是遵循教育性原则，"人"自身实现的价值取向，决定了应该遵循个体自我身心发展规律的教育性原则；三是遵循教育性手段，教育手段作为与教育主体相对立的客体存在，是教育者的创造物，教育者应提高教育手段的可接受性，强调教育的艺术性。"三个遵循"既是教育性内涵的具体表达，也是教育惩戒区别于体罚、变相体罚等反教育惩戒措施的关键。

二、教育性差异：界定不同类别惩戒手段的重要考量

运用教育性区分不同类别的惩戒手段，解释体罚、变相体罚和教育惩戒的概念，正是依据"每类事物固有的质的规定性，将其自身与其他类的事物区分为不同类的事物"这一概念界定基本规律（刘建明，1992）[103]。在现实中，许多人缺乏对教育惩戒概念的科学理解，模糊了其与体罚或变相体罚的边界。厘清教育惩戒的概念，是明确教育惩戒法律边界，提高立法质量的重要内容。

（一）教育性匮乏：关于体罚的概念界定

《方法大辞典》将"体罚"界定为，"使学生在肉体上遭受折磨的一种处罚，如鞭挞、扑击、禁闭等。目的在于迫使学生遵守纪律，养成驯服的性格"（刘蔚华 等，1991）[572]。《中国学前教育百科全书：教育理论卷》对"体罚"的定义是："通过对儿童身体的野蛮、粗暴管制，试图使儿童思想行为发生转变的一种不正确的教育方法。"（卢乐山 等，1995）[59] 可见，体罚作为教育教学过程中的惩罚性手段，其动机也可能是出于教育目的，对学生的失范行为进行干预，但是，在手段上，体罚通过与受罚者的直接身体接触，使其感到躯体上的痛苦。有研究表明，"没有人能从任何方面显示出体罚会帮助学生发展责任能力、自我约束行为"（李晓燕，2008）[290]。因此，体罚并不能从根源上使学生认识并纠正错误，真正起到"惩前毖后，治病救人"的作用，还会严重损害学生的身心健康。

由此可见，体罚违背了教育性原则，难以得到受教育者的认可。例如，有媒体曾经报道过一个案例：某教师为督促学生认真学习，在班级中约定用"打手板"的方式（最多5个）惩戒考试不及格的学生，学生王某由于数学考试成绩较差，在被打了4个手板后，教师以"还差一个"为由制止其离开未果，双方发生了冲突（李清，2019）。从表面看，该事件是由教师依据约定的班级规则惩戒学生引发的，惩戒的目的和程序似乎并不存在问题，然

而，尽管"打手板"是为了提升学生学业成绩，并非出于师生个人恩怨，却并不能为学生所诚服并接受，其原因就在于教师没有帮助学生分析其考试失败的原因，而简单地将"打手板"作为惩戒手段，明显违背了教育性。

（二）教育性式微：关于变相体罚等其他惩戒手段的概念界定

关于变相体罚的概念，有学者认为，变相体罚是"没有接触被罚人身体，但以非人道方式迫使被罚人做出某些行为，使其身体或精神上感到痛苦的惩罚形式"（申素平，2009）[273]，例如：责令学生当众脱裤子，不准学生吃饭，强迫学生在烈日下长时间站立、跑步，或过多遍抄写作业等。《中小学教育惩戒规则（试行）》规定了教育惩戒的一般形式，包括：点名批评、增加额外的公益服务、站立或者训诫等。可见，变相体罚的手段与正当的教育惩戒具有相似性，区分边界模糊，有时仅表现为程度上的差异。

变相体罚容易对学生造成隐性的精神伤害，其教育性亦存在不足。变相体罚主要有两种表现形式：一是教师对学生的过度批评。教师以"恨铁不成钢"的心态对学生提出严肃批评，企图使其感到强烈的羞愧，但由于教师情绪激动，往往会出现吼斥、辱骂、嘲讽等语言暴力行为。应该明确教师对学生的言语攻击实质上是一种变相体罚行为。大量研究显示教师言语攻击会对学生的社会交往、身心健康和学业成就等造成不利影响（王祈然 等，2019）。二是合理惩戒手段的过度使用。例如，过度罚抄作业、罚做劳动等，根据边际效用递减法则，不断重复同一教育材料，学习效果将逐渐递减，且会让学生产生持续的烦躁、焦虑、恐惧等负面情绪。合理惩戒应当是基于学生过错的严重程度和身心发展特点进行的，惩戒严厉程度应该限定在学生身心可承受的范围之内，惩戒后果的严重程度应该限定在教师预期可控的范围之内。

（三）教育性鲜明：关于教育惩戒的概念界定

以上分析表明，体罚、变相体罚不是具有鲜明教育性的惩戒措施，因此也就不能将其列为法定的"教育惩戒"手段。教育惩戒是学校、教师根据国家法律法规和校纪校规等所确立的标准和范围,并兼顾学生身心发展阶段和个性差异,针对学生违反特定规范的过错行为而采取的一种教育措施。

一般而言,教育性的惩戒活动应该符合如下特点。在缘由方面,惩戒应该本着公平、公正的原则,以学生的主观行为过错作为唯一理由。这里的主观行为过错是指学生可以清晰地预知自己的行为会违背学生行为守则、校纪校规甚至法律规范,并阻碍教育教学活动的正常开展或伤害他人利益。在目的方面,惩戒应遵循学生利益最大化原则,以促进学生的健康发展为准则,不侵害学生其他权益。在过程方面,应顾及学生真实的情感需求,学生的个性气质和心理特点具有差异性,不同的学生对同样的惩戒行为可能会有不同的行为反应,同样的惩戒行为由于惩戒执行环境的差异,对不同学生也会有不同的效果。

三、实现教育性:完善教育惩戒的立法建议

为支持和帮助中小学教师更好地运用教育惩戒手段并使其发挥教育作用,开展教育惩戒立法研究十分必要。以下主要基于教育性,从教育惩戒立法的目的价值和"惩戒事实"与"教育规范"的关系两个方面进行探讨。

(一)将维护和引导教育性作为教育惩戒立法的目的价值

目的价值,是指法律在发挥其社会作用的过程中能够保护和增加的价值(张文显,1999)[208],反映法律创制和实施的宗旨(余雅风,2018)。教育惩戒法律规定的合法性基础不仅在于立法程序的合法性,更在于其内容合乎教育规律,这要求教育惩戒立法将维护和引导教育性作为其目的价值。指向人的教育实践、以人学为基本立场的教育学研究范式,以及立足于实现人的本质的教育宗旨,使得"人"这一价值主体,成为教育性的逻辑起点。因此,教育性的具体表现——人本性和人道性,为教育惩戒提供了目的价值和分析维度。

教育的人本性,在于以人为本,即以人为目的,实现人的全面发展。正

如康德所言，"人，……是作为目的本身而存在的，并不是仅仅作为手段给某个意志任意使用的"（北京大学哲学系外国哲学史教研室，1982）[317]。人本性体现在教育惩戒立法中，意味着立法宗旨应该坚持以学生为本。《中小学教育惩戒规则（试行）》第一条规定："保障和规范学校、教师依法履行教育教学和管理职责，保护学生合法权益，……制定本规则。"这反映了《中小学教育惩戒规则（试行）》在规定教育惩戒的目的时，将维护教师履行职责的需求置于学生权益保护之前。因为教育惩戒既不应该，也不能够从教师的需要出发，这样容易使教育惩戒被社会舆论误读为单纯强调对学生的管教和约束，也容易使教育惩戒出现人的"空场"。有学者也指出，儿童权利保护是教师惩戒权存在的宪法依据之一，《中华人民共和国宪法》第三十三条、第四十九条规定了儿童受保护的权利，然而并未规定教师的权利，落实教育惩戒权的根本目的在于维护儿童权益（管华，2020）。因此，教育惩戒立法应当把学生置于首要地位。在立法目的上，应该弱化以教师角色为主导的话语表达。

教育的人道性，指在教育过程中以人的方式对待人，人道性体现在教育惩戒中，意味着立法目的在于保障学生权利，坚持学生权利本位。权利本位也是现代法治精神的核心和主导。拉德布鲁赫曾指出，"在法律领域中，一个人的义务总是以他人的权利为缘由"（拉德布鲁赫，1997）[6]。"按照拉德布鲁赫的理解，对于法律上的义务人来说，是因为始终有一个权利人的存在。"（胡玉鸿，2019）。由此，教育惩戒也应当被理解成教师、学校等主体对学生所尽的"教育、管理、保护"职权和职责，其作为"职权"，既是权利，也是义务，既不可放弃，也不可滥用。从义务论的视角理解教师、学校等主体对学生施加的惩戒行为，可以缓解社会舆论对于学生面临的惩戒可能过重、教师权利泛滥的忧虑。因为主体所实施的惩戒行为不能违背正当义务，基于保护学生合法权利的目的，权利的合理性也就决定了义务的合理性；反之，如果实施惩戒只是惩戒主体的一项权利，而接受惩戒只是学生的一项义务，那么，在不平等的师生关系背景下，可能出现因个人情绪惩戒学生的现象，违背教育性目的，惩戒过程只有强制，缺乏民主，教育惩戒异化为对学生的身心折磨，从而使惩戒的合法性受到质疑。

（二）促进"惩戒事实"与"教育规范"的辩证统一

哈贝马斯认为，"要充分说明……法律规则的意义，只有同时诉诸这样两个方面：一方面是社会的或事实的有效性［Geltung］，即得到接受，另一方面是法律的合法性［Legitimität］或规范有效性［Gültigkeit］，即合理的可接受性"（哈贝马斯，2003）[35-36]。这说明，当事实与规范的有效性同时得到保障时，法律的有效性才能得到保障。教育惩戒的有效性也可以从事实有效性与规范有效性这两个维度阐释。

哈贝马斯的"事实有效性"与"规范有效性"之间的矛盾化解范式，对于消弭教育惩戒作为否定性评价，形式上所体现出的"强制、制裁、惩罚"等反教育性特征与其本质所蕴含的教育性诉求之间的矛盾，具有重要的启迪意义。法律的事实性是指"从法的形式方面加以定义的、可以向法院提请强制执行的事实性"（哈贝马斯，2003）[36]。它是采用强制实施的方式对行为进行制裁，教育惩戒的惩罚形式与之类似，教师、学校等惩罚主体依据部门规章、校纪校规的规定，对学生失范行为进行制裁，迫使学生遵循规则。但是，法律自身除了事实的有效性，还有规范的有效性。规范的有效性是法律合法性的来源。因为，"规则的合法性的程度取决于……它们是否通过一个合理的立法程序而形成——或至少，是否曾经是有可能在实用的、伦理的和道德的角度加以辩护的"（哈贝马斯，2003）[36]。这说明，对法律的遵循，不仅仅是将其视作规制予以遵守，更是出于意愿、道德、信仰的自觉，但这"只有在具有规范有效性的规则基础之上才是可能的"（哈贝马斯，2003）[35]。为保障教育惩戒立法规范的有效性，教育惩戒立法需要立足于教育性的价值遵循，促进事实与规范的辩证统一。

1. 在法律的"事实性"方面，明确教育惩戒立法规范的重点，完善立法形式

一方面，要明确界定教育惩戒的内涵，提升教育惩戒立法的科学性。教育惩戒内涵的界定要厘清教育惩戒与体罚、变相体罚、行政处罚等概念之间的区别。第一，遵循教育惩戒作为一项教育活动的内在逻辑，明确其教育性价值；第二，重视教育惩戒措施的可接受性，规避惩戒呈现出强制性、惩罚性、单向权威等色彩；第三，强调教育惩戒的目的正当性，尽管惩戒是为了维护集体利益、社会公益，但根本上是立足于实现学生个体的长远发展。

另一方面，要明确教育惩戒的实施原则，提升教育惩戒立法的指导意义。一是教育的民主性原则。应建立平等对话的协商机制，让公众、家长、学生等参与到各级惩戒规则的制定过程中来，增加相互理解。二是教育的创生性原则。教育惩戒立法应该以满足教育需求为导向，给地方或者学校制定惩戒细则留有创新空间，学校教育惩戒规则应该在上位教育惩戒规范的指导下，因地制宜，以具体的教育情景为依据来制定，并根据实际执行效果适时修订。三是教育的可塑性原则。学生的发展处于变动不居的状态之中，教育可以发挥积极的引导作用，激发学生的生命自觉，使其实现充分发展。对此，教育惩戒要尽可能减少较重惩戒，注重使用因材施教、循循善诱、情感唤醒、榜样激励、文化陶冶等方法，善用道德危机、成长挫折、学校事故等惩戒机遇。

2. 在法律的"规范性"方面，重视教育惩戒程序性标准立法

《中小学教育惩戒规则（试行）》对教育惩戒的形式进行了列举，第八条、第九条、第十条规定了一般惩戒、较重惩戒、严重惩戒三种教育惩戒类型，以及不同类型的具体惩戒形式。这为教育惩戒的执行提供了重要的法律渊源。但是，列举式立法仅仅规定了"可以做什么"，却没有规定"如何做"，会对教育惩戒的执行造成困难。

教育惩戒作为一项教育活动，具有丰富的实践形式，远远超过了《中小学教育惩戒规则（试行）》所规定的惩戒范围，因此，《中小学教育惩戒规则（试行）》规定"学校应当结合本校学生特点，依法制定、完善校规校纪，明确学生行为规范，健全实施教育惩戒的具体情形和规则"，说明学校可以在《中小学教育惩戒规则（试行）》的规定之外，自主决定惩戒形式。但何为"依法"，则成为判定校规中的惩戒措施是否合法的难题。同时，尽管列举式立法为惩戒提供了明确可选的形式，但"具体如何操作"仍是困扰教育惩戒执行的另一大难题。《中小学教育惩戒规则（试行）》没有对不同类型教育惩戒的适用条件做出较为详细的制度安排，没有详细区分不同类型惩戒适用的情景，而笼统归纳为"违规违纪情节较为轻微""情节较重""违规违纪情节严重或者影响恶劣"。这使得学校及教师在实施惩戒的过程中，具有较大的操作空间，容易导致惩戒不当，学生合法权益被侵害，以致教师的合理惩戒也可能被学生、家长指责为"变相体罚"。

为解决上述问题，从提升《中小学教育惩戒规则（试行）》的指导意义和便于操作的角度，在整体技术路线上，应以"程序性标准立法和列举式范围立法"并重的方式取代单一的列举式范围立法，强化对教育惩戒的具体适用情形和过程进行立法，即进行"教育惩戒程序性标准立法"。程序标准的设置应以教育性为依据，有效发挥惩戒的教育价值。教育惩戒程序性标准立法包括启动程序、识别程序、参与程序、救济程序等。启动程序包括师生培训制度、信息公开制度等，识别程序包括惩戒类型适用制度、惩戒主体适用制度、惩戒范围限定制度、帮扶教育制度等，参与程序包括隐私保护制度、申辩制度、听证制度等，救济程序包括师生权益保护制度、争议解决制度和申诉制度等。

参考文献

北京大学哲学系外国哲学史教研室,1982.西方哲学原著选读：下卷［M］.北京：商务印书馆.
管华,2020.教育惩戒权的法理基础重述［J］.华东师范大学学报（教育科学版）（3）：16-24.
哈贝马斯,2003.在事实与规范之间：关于法律和民主法治国的商谈理论［M］.北京：生活·读书·新知三联书店.
胡朝阳,2019.教师教学语言的教育性之研究［D］.长沙：湖南师范大学.
胡玉鸿,2019.以人为本的法理解构［J］.政法论丛（1）：24-35.
拉德布鲁赫,1997.法学导论［M］.北京：中国大百科全书出版社.
李清,2019."师生从教室打到办公室"：教育惩戒的界限在哪儿［EB/OL］.（2019-12-23）［2021-03-16］.http://www.bjnews.com.cn/opinion/2019/12/23/665279.html.
李晓燕,2008.学生权利和义务问题研究［M］.武汉：华中师范大学出版社.
刘建明,1992.宣传舆论学大辞典［M］.北京：经济日报出版社.
刘蔚华,陈远,1991.方法大辞典［M］.济南：山东人民出版社.
卢乐山,林崇德,王德胜,1995.中国学前教育百科全书：教育理论卷［M］.沈阳：沈阳出版社.
申素平,2009.教育法学：原理、规范与应用［M］.北京：教育科学出版社.
王祈然,李洋,2019.小学教师对学生言语暴力的现状、特征及对策：基于全国四省市的实证研究［J］.中国人民大学教育学刊（2）：51-65.
雅斯贝尔斯,1991.什么是教育［M］.北京：生活·读书·新知三联书店.
余雅风,2018.公共性：民办学校立法分类规范的分析基础［J］.教育研究（3）：103-109.
张文显,1999.法理学［M］.北京：北京大学出版社.

Instructiveness: The Value Choice of Educational Discipline Legislation in Primary and Secondary Schools

Zhang Yuheng   Li Xiaoyan

Abstract: Instructiveness is the core expression of educational connotation, and also the value of educational discipline. Educational discipline emphasizes educational values, follows educational principles, and values educational methods. Therefore, it excludes corporal punishment and disguised corporal punishment, which are clearly anti-educational disciplinary measure. We should regard maintaining and guiding instructiveness as the target value of educational discipline legislation, and promote the dialectical unification of "disciplinal facts" and "educational norms".

Key words: primary and secondary schools   educational discipline legislation   value   instructiveness

作者简介

张宁恒，厦门大学教育研究院博士研究生，研究方向为教育法学、高等教育原理。

李晓燕，博士，华中师范大学教育学院教授、博士生导师，研究方向为教育法学。

□ 郭 凯

义务教育均衡发展法治化：成就、问题与展望[①]

【摘　要】20世纪90年代末以来，我国义务教育均衡发展法治化取得了一系列成就。义务教育均衡发展治理理念从管理本位转向权利本位，治理手段从政策之治转向法治，治理内容从碎片治理走向整体性治理。但是，义务教育均衡发展法治化离全面依法治国和依法治教的基本要求还有一定的差距。教育治理法治化要求我们以法治思维和法治方式推进义务教育均衡发展。首先，要坚持义务教育均衡发展立法先行。其次，要做到依法行政，明确政府及相关主管部门的权力边界和责任范围。再次，必须加强义务教育法律的可诉性，为公民平等受教育权的实现提供可靠的法律保障。

【关键词】义务教育均衡发展　平等受教育权　义务教育法律

20世纪90年代，我国义务教育开始从"普及阶段"转向"均衡发展阶段"。义务教育均衡发展是我国普及义务教育之后做出的重大制度选择与创新，是一项重大的民生工程，已成为我国教育改革与发展的一项战略任务。然

---

① 本文系国家社会科学基金"十三五"规划2018年度教育学一般课题"公共性视域下义务教育均衡发展的政策体系建构研究"（BFA180060）的阶段性成果。

而在相当长一段时间内义务教育均衡发展推进速度过缓，重要原因之一乃义务教育均衡发展法治供给不足。在破解民生难题方面，我国法学界至少达成了两点共识，一是民生的本质是公民权利，二是民生保障必须法治化（龚向和，2013）。在全面推进依法治国和建设法治中国的今天，我们应该充分运用法治思维和法治方式推进义务教育均衡发展，建立义务教育均衡发展的长效机制。

一、义务教育均衡发展法治化的成就

义务教育均衡发展治理方式方法多种多样，然而法治凭借其自身一整套完整的规则及程序逐渐成为最稳定、最根本与占主导地位的手段。

（一）义务教育均衡发展治理理念从管理本位走向权利本位

法律规范背后的价值取向和理念之于义务教育发展的重要性不言而喻，有什么样的立法理念，就有什么样的法律规范。倡导教育法治化，绝不是简单的口头宣示或口号变换，更重要的是理念变换（申素平 等，2018）。改革开放以来我国教育制度变迁是一种典型的强制性制度变迁，明显特点是由政府主导，制度服务于政府的管理需要，教育政策法规的价值取向强调行政权威、社会公益性与社会秩序，公民的受教育权遭到忽视乃至漠视（余雅风，2005）。1986年通过的《中华人民共和国义务教育法》明显属计划经济和法律工具主义的产物。该法第一条就开宗明义地指出："为了发展基础教育，促进社会主义物质文明和精神文明建设，根据宪法和我国实际情况，制定本法。"正因如此，诸多学者将该法归为"管理法"而非"权利法"。

随着我国社会主义市场经济体制日趋完善与成熟，竞争、选择、平等、社会参与成为市场经济的基本特征，这就要求在教育立法理念上做出调整与改变，破除管理本位、权力至上的立法传统，树立权利本位的理念（刘复兴，2006）。2004年3月，我国第一次将"国家尊重和保障人权"载入《中华人民共和国宪法》。在此背景下，2006年以公民平等受教育权与义务教育均衡发展作为基本价值追求的《中华人民共和国义务教育法》修订出台。该法反映了义务教育立法技术的进步性、体系结构的完整性以及对义务教育问题的回应性。它直接将公民平等受教育权理念置于突出和首要位置，义务教育均衡发展、经费保障、素质教育、学校安全等一系列重大制度创新都是紧紧围绕这一理念设计的。从法律的角度来说义务教育均衡发展的本质是公民的平等受教育权（温辉，2003）[7-13]。

（二）义务教育均衡发展治理手段从政策之治转向法治

改革开放后很长一段时间，我国经济体制、教育体制等方面的改革与发展选择了"摸着石头过河"和"改革优先法治附随"模式。20世纪90年代末至21世纪初我们主要依赖相关政策推进义务教育均衡发展。这些政策包括：《关于规范当前义务教育阶段办学行为的若干原则意见》《关于进一步推进城市教育综合改革的若干意见》《关于加强基础教育办学管理若干问题的通知》《关于进一步推进义务教育均衡发展的若干意见》等等。2006年，义务教育均衡发展作为重大制度创新被正式载入《中华人民共和国义务教育法》，标志着我国义务教育均衡发展治理从政策之治开始走向法治。此后，为了贯彻落实《中华人民共和国义务教育法》，有关义务教育均衡发展的相关政策相继颁布，如《县域义务教育均衡发展督导评估暂行办法》《关于深入推进义务教育均衡发展的意见》《关于统筹推进县域内城乡义务教育一体化改革发展的若干意见》《县域义务教育优质均衡发展督导评估办法》等等。

义务教育均衡发展法治化程度反映了我国义务教育均衡发展治理体系和治理能力的成熟度。一方面，义务教育均衡发展法治化与义务教育均衡发展的长期性、动态性密切相关，义务教育均衡发展需要一个相对稳定的保障机制，从某种意义上说，义务教育均衡发展的持续深入推进是义务教育均衡发展法治化的倒逼机制。另一方面，义务教育均衡发展法治化与法律本身的特征息息相关，教育法律具有较好的稳定性，有助于促进义务教育均衡发展目标的实现。需要指出的是，强调义务教育均衡发展法治化，并不是要否定义务教育均衡发展相关政策的作用。没有义务教育均衡发展政策的试验，就不可能为义务教育均衡发展政策法律化奠定基础和条件。正是那些长期以来经过实践检验的、有效的、成熟的、合理的义务教育均衡发展政策才有可能被定型化、条文化、法律化。

(三) 义务教育均衡发展治理内容从碎片治理走向整体性治理

1986年《中华人民共和国义务教育法》的出台标志着基础教育法治化的全面推进（湛中乐 等，2019），而2006年修订后的《中华人民共和国义务教育法》则标志着义务教育均衡发展法治化的全面开启。我国义务教育均衡发展的推进最初主要依靠党和国家政策，它们对义务教育均衡发展起着重要的推动作用。与法律相比较，政策虽然具有灵活性以及对现实问题的快速回应性，但是由于其规定往往过于原则化和笼统，缺乏确定性和可操作性，规范效力和可预期性不足，而且政策变动频繁，不利于形成规范化、体系化的规则体系（张文显，2014）。

《中华人民共和国义务教育法》出台至今，我国制定了一系列义务教育均衡发展行政法规、地方性法规和部门规章，明确了各相关主体的职责与义务，纵向上基本形成了以《中华人民共和国教育法》为指引，以《中华人民共和国义务教育法》为核心，以相关行政法规、地方性法规和部门规章为枝干的义务教育均衡发展法制体系。《中华人民共和国教育法》（2015年）第十一条第二款规定，国家采取措施促进教育公平，推动教育均衡发展。《中华人民共和国义务教育法》（2006年）围绕平等受教育权的创新与突破是全方位的。从立法技术看，可操作性大大增强，改变了常为人诟病的"软法"形象。从立法内容看，紧紧围绕"公民平等受教育权－政府职责"这一主线进行了系列重大制度创新，包括免费义务教育制度（第二条）、合理配置教育资源制度（第六条）、学校建设标准化制度（第十六条）、均衡配置教师制度（第三十二条）、义务教育经费拨付标准化制度（第四十二条）、改善薄弱学校的制度（第六条、第三十二条）、政府的经费保障责任（第二条）、政府均衡配置资源和教师的责任（第六条、第三十二条）、政府的管理责任（第七条）和督导责任（第八条）等等。

二、义务教育均衡发展法治化的问题

虽然我国义务教育均衡发展法治体系已基本形成，但是相对于全面依法治国和依法治教的要求还有一定的差距。

（一）义务教育均衡发展立法仍需加强

《中华人民共和国教育法》第九条规定了中华人民共和国公民依法享有平等的受教育机会。但这一法律条文并未提及"不分城乡"，不能充分体现义务教育均衡发展的立法理念（李宜江，2010）。2006年修订的《中华人民共和国义务教育法》尽管在立法技术方面取得重大进步，但仍然存在法律责任规定缺失的问题。从权利义务条款和法律责任条款对应的情况来看，第八条至第十二条、第十七条至第十八条、第二十条至第二十一条、第二十三条、第二十六条、第二十八条、第三十条至第三十七条、第四十条至第四十一条以及第十一条、第十三条、第十四条的第二款和第十九条、第二十九条、第三十八条第一款的权利义务规定都无相应法律责任之规定（叶阳永 等，2012）。尽管《中华人民共和国义务教育法》在2015年、2018年又经过两次修订，但仅对第四十条进行了修订，其他法律条文未做修改，上述法律责任规定缺失的问题依然存在。语言模糊和语义不明是该法存在的另一个问题。第九条第二款中的"重大事件""重大社会影响"，第十一条中的"条件不具备"，第五十一条、第五十二条、第五十三条、第五十四条、第五十七条中的"情节严重"等条款，如不给出解释，则难以执行。此外还存在明显的政策化倾向，这些法律条文包括：第六条第二款、第三十三条、第三十五条第三款、第四十一条、第四十八条（叶阳永 等，2012）。鼓励性与授权性法律规范过多，容易造成法律空洞化。当前，"在家教育"等教育现象在一定程度上既折射出我国义务教育非均衡发展的状况，同时在平衡家长教育权与国家教育权的关系上对该法也提出了新的挑战。

《中华人民共和国教师法》第十七条规定的教师聘任制本质上是遵循市

场机制的结果。而《中华人民共和国义务教育法》（2018年）第三十二条第二款的规定则是一种以行政机制配置教师资源的方式。两种不同的教师资源配置方式折射出教师的不同法律身份，存在矛盾之嫌。2014年教育部、财政部、人力资源和社会保障部联合发布《关于推进县（区）域内义务教育学校校长教师交流轮岗的意见》，将教师由"单位人"变为"系统人"，试图打破教师交流轮岗的体制障碍。但这只是一种缓冲策略，仍未从根本上消解教师交流轮岗的法律障碍和法律冲突。

《中华人民共和国义务教育法》（2006年）出台至今，并未制定具体的实施细则，而是将落实该法的立法权力与空间更多地留给了地方。迄今为止，全国所有省、自治区、直辖市都制定出台了实施义务教育的地方性法规，且在2006年之后，绝大多数义务教育地方性法规进行了修订。然而大多数义务教育地方性法规与《中华人民共和国义务教育法》在框架和法规条文内容上基本雷同（胡劲松 等，2016）。

（二）义务教育均衡发展法治化过程中存在正当法律程序缺失现象

我国义务教育均衡发展主要举措在于教育资源均衡配置，而教育资源的均衡配置权力和职责主要集中在政府，因此，设计资源均衡配置的合理程序成为规范、监督和约束行政权力的重要方式，也是义务教育均衡发展目标达成的关键。

《中华人民共和国义务教育法》第九条规定了引咎辞职制度，且被视为这部法律的重大制度创新之一。如何界定引咎辞职条款中的"重大社会影响"和"重大事件"？谁来确定是否属于"重大事件"或"重大社会影响"？谁来责成负责人引咎辞职？法律对这些不加以明确规定，则难以启动问责机制。

2001年5月，国务院颁发《关于基础教育改革与发展的决定》，强调农村义务教育学校布局调整要遵循小学就近入学、初中相对集中、优化教育资源配置的原则，至于如何布局调整则没有详细规定。2006年6月，教育部颁发《关于实事求是地做好农村中小学布局调整工作的通知》，要求布局调整实施方案一定要经过"向当地群众公示，充分听取社会各界的意见""做好解释工作""及时修改、完善方案"等环节。2012年9月，国务院办公厅颁发《关于规范农村义务教育学校布局调整的意见》，第一次强调县级人民政府必须严格履行撤并方案的制定、论证、公示、报批等程序，要通过举行听证会等多种有效途径，广泛听取利益相关者的意见。应该说这两份文件对学校布局调整的程序性规定越来越完善，但是学校撤并程序的规定仍有完善的空间，比如，布局调整实施方案由谁来制定，如何制定？方案论证的方式是什么，哪些人可以参与论证？采取什么方式才能达到公示的实际效果？如何组织听证会？等等。

（三）义务教育受教育权可诉性不强

《中华人民共和国义务教育法》（2018年）专用第六章规定国家经费保障义务，第七章规定了法律责任，其中第五十一条、第五十二条所规定的责任都属行政责任，责任追究工作由行政上具有隶属关系的上级机关实施，并未规定权利主体启动责任追究的法定程序。第九条被视为公民个人或者社会组织依法维护均衡享有义务教育资源权利的唯一途径，但这一法律条文并未直接赋予公民和社会组织诉讼权，尤其是没有赋予公民行政诉讼权利，导致公民平等受教育权无法得到有效司法救济。《中华人民共和国行政诉讼法》（2017年修正）第十二条、第十三条既没有将受教育权纠纷纳入行政诉讼受案范围，也没有将其列入行政诉讼不予受理的范围，受教育权是否可诉非常模糊。

受教育权既不是人身权，也不是财产权，受教育权的独特性在于，它是一种教育机会请求权、教育机会选择权以及教育条件利用权。国家对教育资源的非均衡配置直接损害的不是受教育者的财产权和人身权，而是个人的身心发展机会、条件和资格认定权，进而影响到受教育者在社会生活中进一步获得其他社会经济、政治和文化权利。在中国裁判文书网中，笔者以"《中华人民共和国义务教育法》"作为"法律依据"，以"民事案由"为"案由"，以"民事案件"为"案件类型"进行"高级检索"，检索时间范围从1986年9月1日至2021年8月18日，共检索到40篇民事案件文书。在其他条件不变的情况下，以"行政案由"为"案由"，以"行政案件"为"案件类型"进行"高级检索"，检索到0篇行政案件文书。这表明《中华人民共和国义务教育法》中的大量法律条文处于一种被"悬置"的状态。一方面，这可能缘于我国公民权利意识和法律意识不强，或者不愿面对烦琐的司法程序和较高的司法成本，另一方面亦可能缘于《中华人民共和国义务教育法》中受教育权利与义务内容不确定、义务主体泛化、法律责任缺失等问题。

三、义务教育均衡发展法治化的展望

义务教育均衡发展没有终点，平等受教育权的保障没有尽头。义务教育均衡发展法治化要求我们以法治思维和法治方式推进义务教育均衡发展。

（一）坚持义务教育均衡发展立法先行

义务教育均衡发展离不开一整套完整的规则体系，任何单一的规则都无法完成义务教育均衡发展的目标。同时，还要协调不同层级和方面的教育法律法规，避免矛盾和冲突，形成协调一致的教育法规体系。此外，还需要继续提高立法技术水平，完善每一部法律法规的内部结构，确保对现实问题做出合理及时的回应。

我国义务教育均衡发展的差距主要是城乡差距，《中华人民共和国教育法》第九条和《中华人民共和国义务教育法》第四条应强调与突出公民"不分城乡"依法享有平等的受教育机会。从法律执行效果来说，《中华人民共和国义务教育法》不宜规定太多鼓励性、宣示性和授权性条款。从立法技术来说，应该改变部分义务性法律规范法律责任规定缺失的状况。全国人大常委会应该就《中华人民共和国义务教育法》诸多法律条文语义模糊或不明的情况做出合理解释，明确其含义，以达到定纷止争的目的。在处理家长教育权与国家教育权的关系上，法律可以对家长教育选择权进行一定限制，但是这种限制必须遵循比例原则（张震，2007）。

消除教师交流法律障碍的基本出路是重新定位教师的法律身份。将义务教育阶段教师法律身份定位为国家特殊公职人员比较妥当。首先，义务教育阶段教师职业具有明显的公务属性（劳凯声 等，2009）。其次，从比较法学视角来看，将义务教育阶段公立学校教师定位为公务员或公务雇员是大多数发达国家的惯例。将教师定位为国家特殊公职人员，一方面将强化教师职业的公共性，另一方面也将为行政机制均衡配置师资奠定法理与法律基础（陈鹏 等，2020）。

各地义务教育地方性法规应尽快修订完善，要以《中华人民共和国义务教育法》为依据，做到不抵触、不重复。除立法目的等条款的必要重复之外，应尽量做到细化落实《中华人民共和国义务教育法》所规定的基本制度，凸显地方义务教育立法特色，保持地方义务教育立法的前瞻性和针对性，提高地方义务教育的法治水平（胡劲松 等，2016），增强地方性法规的适用性。

此外，义务教育均衡发展还应注重程序性法律规范立法。行政主体的管理如果缺乏正当程序，那么受教育者合法的教育请求权、教育条件利用权、教育选择权、教育知情权等就难以得到有效保障和维护（秦惠民，2004）[13]。检验义务教育均衡发展法律程序正当性的最终标准和根本标准应该看相对人或者当事人的实体受教育权能否实现。

（二）依法行政推进义务教育均衡发展

义务教育均衡发展法治化的核心和灵魂在于依法行政。坚持依法行政，要求行政部门公职人员在推进义务教育均衡发展过程中必须坚持运用法治思维和法治方式。法治思维是一种底线思维，它强调法律至上与公平正义，反对权力至上与法外特权；法治思维是一种权利思维，要求公职人员在行使公共权力过程中，始终将维护和保障公民的合法权利作为终极目标与主要价值取向；法治思维是一种程序思维，要求公职人员必须按照法定的程序行使权力。法律通过设立程序的正向引导机制和责任的逆向倒逼机制，使公民权利的实现获得"双保险"行为约束机制（褚国建，2016）。法治方式是基于法治思维的行为方式，没有法治思维就不可能有法治方式。法治方式是以平和、理性、逻辑的方式解决纠纷，能够同时满足人们对合法性和合理性的追求（陈金钊，2013）。解决义务教育均衡发展过程中的各种矛盾和纠纷，应当优先考虑运用法治思维和法治方式。

坚持依法行政不仅要规范公权力与保护公民的基本权利，也要坚持权力与责任对等原则，没有无权力的责任，也没有无责任的权力，确保公职人员为行使权力负责。新时期我国实行"权力清单""责任清单""负面清单"的三"单"管理制度。公权力必须遵循"法无授权即禁止"的原则，政府必须严格按照法律规定的范围和程序行使权力，不能超出法律规定的范围，真正做到权由法定、权依法使、权由法管，法无授权不可为。针对社会主体，遵照"法无禁止即自由"原则，实行"负面清单"管理，只要是"负面清单"之外的，社会主体皆可为之。

（三）明确义务教育受教育权的可诉性

作为宪法权利的受教育权也应像人身权、财产权一样受到平等保护，应具有可诉性。《中华人民共和国行政诉讼法》第十二条规定，公民"认为行政机关侵犯其他人身权、财产权等合法权益的"，可以提起行政诉讼。侵犯受教育权是否可诉，关键在于如何解释"等合法权益"。我国一般遵循"等外原则"，即除了"等"字之前的规定内容外，还应包括其他内容。因此，可由全国人大常委会对该法律条文进行扩大化法律解释，将侵犯受教育权的情况纳入诉讼范围。第十二条第二款规定"除前款规定外，人民法院受理法律、法规规定可以提起诉讼的其他行政案件"。因此只要《中华人民共和国义务教育法》增加一条新的规定，即如果政府及其相关部门没有履行义务教育基本保障义务，则权利人可以提起行政诉讼，借由《中华人民共和国行政诉讼法》第十二条第二款，权利人就可以提起行政诉讼。

受教育权是否可诉，首先取决于教育法律本身是否完善。法律的可诉性是法律区别于一般社会规范的本质特征。法律的可诉性必须至少满足三个条件：一是当事人之间的权利与义务必须明确与确定，二是要有法律责任的规定，三是要有一套完整的解决法律纠纷的机制和程序（叶阳永 等，2012）。受教育权是否可诉，其次取决于受教育权本身的性质。义务教育阶段公民受教育权指向国家的教育义务，能否提起行政诉讼成为受教育权保障的关键所在。行政机关和法律法规授权的组织及其工作人员的行政行为侵犯公民平等受教育权所产生的法律责任，从性质上讲是公法性质，应给予行政救济（温辉，2000）。然而受教育权的性质非常复杂，笼而统之地强调"侵犯受教育权可提起行政诉讼"并不可取。教育的国家义务包括尊重、保护、给付三个依次递进的义务。尊重义务是政府的消极义务，要求政府放弃干涉，政府一旦违反这一义务，则受教育者可直接起诉。保护义务包括侵犯受教育权的预防、排除和救济义务，其中预防义务是指国家的制度保障义务、组织和程序保障义务，一般不可诉。排除和救济的义务，针对的是特定的权利主体和具体的国家行为，具有可诉性。给付义务依赖于国家资源的充裕性，资源的稀缺性决定了国家可能难以满足所有公共服务之需求，但这也并不意味给付义务不可诉。具体地说，国家在特定的经济社会发展阶段应承担基本公共服务的最低核心义务，如果国家违反最低核心义务，也应该被纳入可诉范围（龚向和，2013）。

参考文献

陈金钊，2013."法治思维和法治方式"的意蕴[J].法学论坛（5）：5-14.

陈鹏，李莹，2020.国家特殊公职人员：公办中小学教师法律地位的新定位[J].教育研究（12）：141-149.

褚国建，2016.论法治思维[J].中共浙江省委党校学报（6）：121-128.

龚向和，2013.论民生保障的国家义务[J].法学论坛（3）：126-133.

胡劲松，陈朝勇，2016.地方义务教育立法：问题与对策：基于省级义务教育地方性法规的文本分析[J].华南师范大学学报（社会科学版）（3）：75-81, 192.

劳凯声，蔡金花，2009.教师法律地位的历史沿革及改革走向[J].中国教育学刊（9）：21-27.

李宜江，2010.义务教育均衡发展理念走向"现实"的法律思考[J].中国教育学刊（4）：17-20.

刘复兴，2006.新《义务教育法》的突破与创新[J].教育研究（9）：3-7.

秦惠民，2004.平等的受教育机会：解读一个重要的教育法原则[M]//劳凯声.中国教育法制评论：第3辑.北京：教育科学出版社.

申素平，周航，郝盼盼，2018.改革开放40年我国教育法治建设的回顾与展望[J].教育研究（8）：11-18.

温辉，2000.受教育权可诉性研究[J].行政法学研究（3）：52-59.

温辉，2003.受教育权入宪研究[M].北京：北京大学出版社.

叶阳永，尹力，2012.教育法的可诉性探析[J].北京师范大学学报（社会科学版）（5）：121-128.

余雅风，2005.法律变迁与教育的公共性实现[J].教育学报（2）：51-56.

湛中乐，靳澜涛，2019.新中国教育立法70年的回顾与展望[J].首都师范大学学报（社会科学版）（5）：1-9.

张文显, 2014. 运用法治思维和法治方式治国理政 [J]. 社会科学家（1）: 8-17.
张震, 2007. 我国宪法文本中"受教育义务"的规范分析: 兼议"孟母堂"事件 [J]. 现代法学（3）: 22-28.

Legalization of Balanced Development of Compulsory Education: Achievements, Problems and Prospects

Guo Kai

Abstract: Since the end of 1990s, China has made a series of achievements in legalization of balanced development of compulsory education. The governance concept of balanced development of compulsory education has changed from management-based to right-based, the governance means has changed from policy governance to rule of law, and the governance content has changed from fragmented governance to holistic governance. However, there is still a certain gap between the balanced development of compulsory education and the basic requirements of comprehensively governing the country according to law and administering education according to law. The legalization of educational governance requires us to promote the balanced development of compulsory education with the rule of law. First of all, we should insist on legislation and formulate a perfect legal system for the balanced development of compulsory education. Secondly, it is necessary to administer according to law and clarify the power boundary and responsibility scope of the government and its relevant competent departments. Thirdly, we must strengthen the litigious nature of compulsory education law to provide reliable legal guarantee for the realization of citizens' equal right to education.

Key words: balanced development of compulsory education   equal right to education   compulsory education law

作者简介

郭凯，博士，广东第二师范学院教授，研究方向为基础教育管理、教育政策与法规。

□吴 锐

义务教育公平入学的法治保障

【摘 要】"就近入学"原则要求下的学区化办学政策,引发了人们对义务教育公平性的担忧。通过合理化教育支出、遮蔽学校差异信息、模糊"就近"的含义等方式,可以在一定程度上促进教育资源的平均分布。但由于缺乏对学区划分本身的有效规范,教育资源的公平分配问题依然突出。既有的学区划分规则制造了教育资源分布的显著差异,阻碍了公平入学,因此需要以资源的均衡分布为导向变革学区划分规则。要真正实现公平入学,不仅要保障教育资源分配中的机会公平,更要实现学区之间教育发展的实质均衡。在法律制度层面,除了要重塑"就近入学"原则实现少年儿童入学机会的均等,还应构造学区间教育均衡发展的多元治理体系,并以公益诉讼监督学校与政府落实其教育均衡发展责任。

【关键词】"就近入学"原则 教育公平 学区划分

义务教育"就近入学"原则的落实,使少年儿童的就学问题很大程度上被转换为"择房"问题。类似"仅一街之隔,房子价格就相差一倍""天价'鸽子笼'""期末考砸,房价狂跌"之类的新闻屡见不鲜,许多区域房价的畸高都受到所在学区的影响。"房子买在哪,就上哪所学校"的制度现状,除了使"学区房"的价格不断攀升外,也牵连出教育公平问题。随着优质教育资源对其学区住宅价格影响的增强，优质"学区房"对经济资本的要求递增，已开始引发居住分化，长此以往更会导致教育异化和阶层固化。由此，有必要对义务教育资源配置规则进行检视。

一、义务教育公平入学问题的缘起

（一）公平入学问题的制度与现实成因

早在1980年，中共中央颁布的《关于普及小学教育若干问题的决定》就明确"力求使学校布局和办学形式与群众生产、生活相适应，便于学生就近上学"。1986年生效的《中华人民共和国义务教育法》第九条要求政府"合理设置小学、初级中等学校，使儿童、少年就近入学"，由此确立了义务教育的"就近入学"原则。在教育资源较为匮乏的年代，这一原则的确立有利于确定承担教育义务的具体学校，指导新设学校的选址，便利少年儿童入学。该原则要求公办学校"划片招生、生源就近入学"，一般按学生的户籍地确定入学学校，但这导致了"学校查户口、派出所管上学"的现象，并未真正做到实质的"就近"入学。因此，有些地区按照"户籍登记为主、住房登记为辅、就业经营补充"的规则予以落实，入学地也就由"户籍地"拓展至"生活地"和"经营地"。但是，学区内适龄人口的变化给学区划分带来了一定难度。为了维持学区范围的相对稳定，"就近入学"原则只能更多地牺牲流动人口的入学权益，由此这一便利性原则也就转变为"资源分配"原则，将家庭的购房选择与子女的入学资格进行了绑定。

随着我国城镇化不断推进，中小学设立和发展速度滞后于城镇区域扩张速度，导致城镇义务教育资源分布不均衡。同时，家庭收入增加提高了人们对子女教育的重视程度，人们的需求由"有学上"转变为"上好学"，使得社会对"好学校"的需求远远大于供给。学区之间教育资源的差异，也就必然会导致学区之间房价的差异。作为较优方案的"多校划片，随机派位"，即便能通过拓展"就近"的范围，在一定程度上给"学区房"降温，但只要学区之间存在优劣之分，就无法彻底消除"以房择校"带来的公平问题。此外，房产开发商与优质民办中小学通过协议所制造的"学位房"，也强化了"有钱才有机会受好教育"的现实。

（二）行政机关通过多种手段促进教育资源平均分布

行政机关如果能消除学区之间的差距，也就能减少学区甚至城乡差异引发的公平入学问题。为此，行政机关采取了多种措施。

其一，提升"短板"学区。通过增加对教育资源匮乏地区的资金和师资投入，支持"弱势"学校，减小学区之间的差距；合理新设学校，能保证学校分布与人口分布相匹配。

其二，遮蔽"长板"学区。人们强烈的"择校"动机是资源分布不均衡最直接的表征。消除学校之间的差异信息，能降低人们对优质学区的需求。很多地方规定禁止学校和行政机关公布考试分数和升学率等信息，防止学校之间的不恰当评比，夸大学校和学区之间的差距。

其三，模糊"就近入学"原则中"就近"的含义，增加优质学校的覆盖面。教育部要求资源分布不均衡的地区，应当根据实际情况积极稳妥地采取"多校划片"。"多校划片"能够避免一套住房锁定某一学校，让特定住房对应附近多个不同层次的学校，使人们即便"就近"购房也无法确定就读学校，进而模糊学区的差异，拓展"就近"的含义。

（三）教育资源分配问题依然突出

第一，对学区划分过程的规范不足，导致学区划分的结果缺乏公信力。教育行政机关对学区进行划分，通常需要先制定规范性文件，再由其内设机构和具体学校负责完成招生任务。由于这类规范性文件的制定既未被纳入重大行政决策程序，也无须符合规章制定程序的要求，导致学区划分过程不公开，公众和专家难以参与其中。一旦学区的划分过程成为"黑箱"，也就难以消除人们对划分结果的"不公平"印象。

第二，学区划分监督机制的缺失，减弱了行政机关以"优质均衡"为目标的治理动机。现实中,学区划分的结果难以被撤销、变更或确认违法(周慧蕾,2020)。因为,如若学区划分发生变动,会引发巨大的连锁后果和治理成本。制度层面缺乏对学区划分行为的监督,行政机关主动缩小学区差异的动力就会不足。

第三,学区划分无法让非户籍少年儿童"便利地"进入优质学校。在租售不同权的情况下,对家庭而言做到优质学校的"就近"入学,不但经济成本高,也会牺牲家长的通勤时间。

二、公平入学的阻碍与化解

(一)既有的学区划分规则制造了教育资源的分布差异

其一,既有的学区划分规则强化而非消除了普通学区与优质学区之间的差别。要解决公平入学问题,必须先厘清义务教育究竟应服务于何种需求。梳理我国宪法和党代会报告等相关关键文本,可以发现义务教育被定位于塑造国民精神(姚金菊,2019),功能在于使受教育者具备成为"理想型"国家公民的潜力和基础素养。义务教育入学的过程,是对公民资格的检验,理应做到人人平等。然而,在教育资源地理分布不均衡的情况下,"就近"划分学区反而会突显出"好学区"与"差学区"的差别。

其二,既有的学区划分规则导致学区的评价指标过于单一。义务教育应当在保障公民接受基本的教育的基础上,促进学生的多元化发展。然而,在既有的学区划分规则下,学校只能将片区内所有户籍学生需求的"最大公约数"作为培养目标,家庭教育需求的差异化限制了学校多元化发展的动机。这既造成当下教育评价的"唯分数"倾向,也使得教育的条件和起点似乎决定了教育的过程和结果。为了尽快补齐短板,义务教育办学只能成为一种类似"连锁店的模式"(郭丹丹 等,2015),只有所谓"名校"的教育理念和管理模式得到了不断的强化。

其三,既有的学区划分规则导致公办和民办学校的主体地位不同程度地被行政权压缩,阻碍了公办和民办学校的均衡发展。我国行政主体理论只关注国家行政,冷落了社会行政(余凌云,2014)[111],这使得公办和民办中小学缺乏统一的法律地位。同样提供义务教育的公办和民办学校,却面临着截然不同的制度环境。对于公办学校,教育主管部门的管理"事无巨细",导致公办学校缺少差异化发展的空间和激励。民办学校由于受到事务委任的"特许",而成为行政任务的担当者。为了充分激励社会资本办学,民办学校一直未被纳入"就近入学"和"免费"的要求范围,这使其能选择更好的生源,并通过高薪吸引有经验的教师,迅速做大做强。然而,这种情况并不符合人们对公平入学的期待,因此"民办全面摇号"政策的出台也就并不令人意外。但是"公民同招"政策的推行又使民办学校处于生源竞争的绝对劣势地位,很多民办学校陷入了"招生难"的困境。

其四,既有的学区划分规则不利于实现地区之间教育资源的均衡分布。当地理位置成为入学资格的决定性因素,地方财力差异必然会引发区域教育资源分布的差异。即便能克服信息壁垒,跨地区的教育转移支付也只能在"补齐短板"层面发挥作用。

(二)应以教育资源的均衡分布为导向变革学区划分方式

首先,降低家庭财富对优质教育资源获取机会的影响,防止教育功能异化。由学生的考试成绩决定其所能上的学校,是人们最为熟悉的入学方式,但义务教育阶段并未采用这一方式。这是因为从整体上看,考试制度确实给社会较低阶层中有学习天赋的儿童保留一丝"跃龙门"的希望,然而过度竞争会使这个阶层中的大多数儿童因缺乏教育资本,只能进入"菜场学校"。学区化办学虽然能够消除学区内入学的过度竞争,却无法阻止资本与权力通过住房市场掌控教育,优质学校的功能也未能免于由国民精神塑造异化为"拔高分数"。

其次,由"民办-公办"学校的规制结构转变为"优质-普通"学校的规制结构,对基础资源与优质资源适用不同的分配和激励规则。教育公平并非简单概念,不同阶段的教育,公平内涵不同;不同类型的教育资源,其公平配置内涵亦不相同。就义务教育阶段而言,基础资源的公平分配意味着,适龄的少年儿童能够无差别地"就近"进入普通学校;而优质资源的公平分配意味着，优质学校的入学资格能够以符合人们正义观的方式来确定。因此，基础资源公平问题的解决在于"补齐短板"，而优质资源公平问题的解决在于合理安排社会成员之间的关系。只有让优质资源承担更多的社会责任，并给予普通资源更大的发展支持，才能切实增强广大人民群众对教育福祉的获得感。

最后，提升学区划分规则及其他配套法律和政策的配合度与实践理性。义务教育资源的配置方式，应当是对多种价值杂糅和妥协的结果，在诸多不同方案中寻求最能被人们接受和最具感召力的方式。因此，在解释"就近入学"原则、划分学区或制定其他配套法律和政策时，必须尊重和保障公民、学校的权利，让其参与到行政机关行使行政权的过程之中，并通过自己的参与行为促使行政机关做出更加公正的行政行为（章剑生，2014）[495]。

三、义务教育公平入学的形式要求与实质目标

（一）形式上保障教育资源分配的机会均等

首先，优质资源具有绝对稀缺性。学区的好坏，不仅取决于对应学校的客观发展状况，也取决于家长的主观认知。只要人们对学校的优劣进行评价，并且这种评价能够受到大家的认同，就会营造出某些学区的稀缺性。同时，适度竞争的存在也会制造校际差异，因为教育的发展和创新源于学校在基础指标之上进行开拓，继而一定会突显优质教育的稀缺性。

其次，必须坚持义务教育阶段少年儿童的"同质"假设。在现行法律体系中，义务教育阶段不能将学费支付能力、考试成绩和学生家庭背景作为教育资源分配的依据。然而，吊诡的是，我们对少年儿童的多种条件都做了平等性假设，却允许通过家庭购房能力来决定稀缺资源的分配。从立法的精神来看，义务教育阶段所有学生都是"同质"的，应避免让家庭条件较差、所处阶层较低的少年儿童处于入学机会的劣势地位，中小学原则上也就不应享有筛选学生的权力。但是，少年儿童的"同质"并不意味着"同偏好"，不应当禁止学生选择学校，因为符合学生偏好的教育内容、方式或风格更能激

发其学习的动力。

最后,优质学校的"摇号"入学符合改革的趋势。如果无法在教育过程中缩小学生的差距,实现优质学校和普通学校毕业生之间的"无差异",那么"摇号"就成了优质学校公平入学最具实践价值和教育意义的方式。不论是公办学校的"多校划片",还是民办学校的"电脑派位",都遵照了这一逻辑。也就是说,在我国的社会文化背景下,公共资源分配领域的公平,以资源获取概率的无差别和分配结果的不确定为特征,更强调形式和程序公平。因此,不论是分配较为稀缺的机动车牌照还是商品房的购房资格,摇号都成为被普遍采用的方案,或者说是人们最能接受的方案。

(二)促进学区之间教育发展的实质均衡

其一,以学区间的适度竞争倒逼学校自主提升办学质量。限制竞争、消除学校之间的差异,似乎可以解决教育的市场失灵问题。然而,义务教育资源的供给应当是非排他的,其生产却是具备竞争性的。竞争机制能够促进现代学校制度的改进,激活学校多样化的教育改革实验,使学校更富于开放性和自主性,从而提升办学效率(沈海驯 等,2010)。随着社会环境的变化,义务教育的发展和变革,离不开学校之间的良性竞争。由此,促进学区之间的均衡发展应当营造良好的校际竞争环境。

其二,充分发挥学校的办学自主权,实现学区的差异化发展。为了实现义务教育的充分性,促进学生的多元化发展,应当激励中小学的差异化发展。对于学校,希望其所培养的学生具备清晰的特质或标识,让其教育风格和特长被社会所认可。因此,将义务教育视为一种资源进行配置,就有必要考虑这种资源能否通过个性化导向的"供给侧改革",扩大教育有效供给的类型。比如,学校将某些校外辅导或兴趣班的内容纳入校内课程建设,既有助于推动学校的多元化发展,也能消解校外学习对学校教育的侵蚀。

其三,合理设置优质学校的社会责任,促进学区间资源的平均化。优质学校承担合理的帮扶责任,能避免"政府失灵"带来的高行政成本。课程设置、教学经验、教育理念等方面的落后,不是用"钱"就能有效解决的。同时，学校可能存在故意不把钱花在"刀刃上"以谋求更多经费支持的动机，这会导致公共利益无法实现。由法律直接确定优质学校的帮扶责任，能够在一定程度上解决教育行政机关规制能力不足、效率偏低、容易被俘获的问题。对学生和家长而言，办好资源薄弱地区群众家门口的学校，最直观的办法就是让他们切实感受到，家门口的学校与"名校"在共享"名师"或"名课程"。

四、实现义务教育公平入学的法律路径

（一）重塑"就近入学"原则，实现少年儿童入学机会均等

1. 将"就近入学"原则的适用限定于基础教育资源

要破解优质教育资源的配置难题，应当弱化优质学校与"就近入学"原则的关联，并将普通民办学校纳入"就近入学"原则的约束范围。只有让"就近入学"原则的功能回归到保障一切适龄少年儿童能够无差别地享受到基础义务教育资源，而非优质义务教育资源，才能避免优质学校推高"学区房"的价格。根据优质学校"摇号"入学的逻辑，优质学校应均衡地覆盖多个相对"就近"的学区，且不应区分公办与民办。同样，为了避免普通民办学校陷入"招生难"的困局，也应将其纳入"就近入学"原则的规范范围。

在优质学校对应的"大学区"范围内"摇号"入学，在普通学校对应的"小学区"范围内"就近入学"，也能增加人们的择校机会。很多家庭愿意为就学支付的成本远远超过了其在学校附近的租房成本，因此能否"就近"入学，并不是一个难以改变的因素。只要家庭愿意参加摇号或跨区入学，就意味着其愿意承担租房成本，这既能保障优质资源的分配对于每个学生大致均等，又能在一定程度上扩大家庭的选择空间。也就是说，破除户籍对入学资格的限制，做到"租售同权"，既能"鼓励择校"，又能实现"便利入学"。须知"就近"和"摇号"的功能是让所有学生都能通过教育实现自我价值，而不是让优质资源成为部分人"改变命运"的工具。

2. 规范化"就近入学"与"摇号"的例外情形

入学机会的均等能够展现规则的公平性,但仍不足以促进教育资源的生产。若只进行资源的分配,而无须顾及资源的生产,公平不难做到。但只有允许"就近入学"和"摇号"存在例外,才能激励生产。换言之,在基础教育领域,如果"就近入学"和"摇号"的例外,有助于提升整体教育质量和供给,或实现其他某些重要价值,就是合理和有效益的,即便这会使少数人失去某些机会。

因此,应建立例外的"正面清单",根据地方政策惯性、发展目标或其他需求,对某些符合特定条件的学生放宽入学限制。比如,允许教师子女进入其父母工作的学校,有助于壮大教师队伍,激励教师努力工作;允许本地区引进人才的子女进入指定学校,有助于地区积累优质人力资源,提升地方财政收入;允许烈属子女享受政策优惠,能培育爱国主义、集体主义精神和社会主义道德风尚;允许有特色的学校扩大招生范围,能鼓励学校的个性化发展。对"就近入学"和"摇号"的变通,必须经过严格的监管和公示,避免"以钱择校""以权择校""以关系择校"侵蚀入学政策的公平性。

(二)构筑学区间教育均衡发展的多元治理体系

1. 通过地方重大行政决策程序对学校进行评级并划分学区

明确了"就近"和"摇号"的适用条件之后,就必须对学校进行合理的评级,并基于评级结果划分学区,确定"摇号"入学的覆盖范围。将定期的学校评级和学区划分作为"涉及社会公众切身利益的其他重大事项",纳入地方重大行政决策程序,通过公众参与和专家论证提升义务教育资源配置的权威性与合理性,可使学校承担与其发展状况相匹配的责任。

《中华人民共和国义务教育法》赋予了地方政府制定入学规则的重要权力,《依法治教实施纲要(2016—2020年)》也指明要"积极推动教育地方性法规规章建设",这看似可以通过制定地方性法规或规章的方式,灵活解释和适用"就近入学"原则,但是,根据2015年修正的《中华人民共和国立法法》,地方性法规和规章仅能通过对城市管理做出相关规定来兴办和支持教育(李小萍,2017)。因此,在缺失了地方性法规和规章制定程序保障的情况下，地方重大行政决策程序必须担负起对学校评级和学区划分的过程控制功能。

2. 完善教育评价制度，使学区划分助力于义务教育的均衡发展

2020 年，中共中央、国务院印发了《深化新时代教育评价改革总体方案》，明确要"完善义务教育质量监测制度，加强监测结果运用，促进义务教育优质均衡发展"。对学校的监测和评价，能够展示教育资源的真实分布情况，并据此刺激校际竞争，鼓励学校个性化发展，使均衡治理更具针对性。

首先，准确的教育评价有助于塑造健康的校际竞争环境，倒逼学校的改革和发展。在学区内，如果人们更多地选择"摇号"，就说明"小学区"内的"普通学校"不令人满意，而有必要进行改进或帮扶。相反，如果参与"摇号"的比例极低，说明对应的学校可能已经发展为优质学校。要准确评价学校的发展状况，就要求教育质量评价具备一定的全面性和丰富性，能反映社会对学校的真实看法。只有教育评价反映了学校的真实资源状态，才能促使学校改善资源投入配比，通过不断探索和创新，从"普通"跃升为"优质"。

其次，针对性地披露学校的个性化发展成就，提升教育供需的匹配度。学校个性化发展要求学校必须具备能指引和约束其发展的章程。章程中所体现的办学特色是经过长年积累、积淀的独特办学风格，有了章程学校才能明确应如何培养学生。因此，基于有针对性的展示学校特色的信息，家长才会选择学校，积极参与学校治理，并依章程监督学校。

最后，基于教育评价选择恰当的治理手段，提升人们对学区划分的认可度。基于教育评价，行政机关和优质学校才能从办学经费、管理模式和课程资源等不同角度，对资源薄弱学校进行常态化的精准帮扶。当人们认识到入学时学区的"不够好"只是暂时状态，也就更能接受既有的学区安排。

（三）以公益诉讼监督学校与政府落实教育均衡发展责任

1. 以民事公益诉讼监督学校办学

在行政任务民营化的大背景下，义务教育供给任务的民营化为教育资源总供给的扩大做了重要贡献。行政机关的责任也由履行责任转变为担保责任，通过严格规制确保义务教育不会被市场力量完全支配。不论是公办还是民办学校，都应当提升办学水平，坚守义务教育的底线。因此，如果承认学校履行着公共职能，那么学校的不合理或违背章程的办学活动所损害的就是社会公共利益，而不仅仅是契约关系，继而应当成为公益诉讼的审查对象。

目前，行政诉讼领域和民事诉讼领域均存在开放式的公益诉讼制度体系，为教育公益诉讼确立了法律基础。虽然中小学履行着公共职能，但在无实质授权依据的情况下，难以通过行政公益诉讼予以监督。同时，行政公益诉讼的起诉人仅限于人民检察院，其无法深入学校办学活动，开展有效监督。因此，仍需以民事公益诉讼来处理因学校违背章程办学或其他不合理办学活动引发的争议，这需要赋予家长委员会、其他相关社会团体和有关部门民事公益诉讼原告主体资格。

2. 以行政公益诉讼监督教育行政机关履职

教育行政机关肩负着统筹制订招生入学办法、统筹保障不同群体入学、统筹做好教育资源配置的责任。但是，由于不同地区之间资源禀赋的差异极大，以统一立法的方式细化这些责任十分困难。缺乏明确的上位法，行政机关对教育资源的统筹就会有较强的任意性。这种情况下，通过行政公益诉讼，迫使行政机关和法院基于个案阐明政府应当承担的均衡发展责任，可以基于教育公平理念推动教育资源的均衡配置。在提出检察建议时或在行政公益诉讼中，要使检察机关对教育行政机关"不履行法律职责"的判断更为明晰，应将"三个统筹"的具体化同样纳入地方重大行政决策程序，根据本区域教育资源的实际情况和发展需求，制定更为细致与可被监督的教育均衡发展规划和指标。

五、结语

义务教育入学公平是社会公平的重要内容，学区化办学在便利少年儿童入学的同时，也导致了入学资格与家庭财富的关联。径直打破学区化办学，虽然能够破除家庭财富对学生获取教育资源的决定性作用，但也会极大地增加教育资源配置的难度。因此，继续通过学区划分主导教育资源的配置，就必须适时地改进"就近入学"原则的制度体系，变革学区划分的方式，以实现人们对教育公平的期待。人们熟知"分数靠实力""学区看背景""摇号靠运气"，其背后的主导因素分别是学习天赋、家庭财富与随机概率。对学区划分规则的变革，难以通过简单地改变入学机会对这些因素的锚定方式，一蹴而就地实现教育公平。只有在改进学区划分规则的同时，保障少年儿童在入学后得到充分发展，才能让每个孩子都有人生出彩的机会。

参考文献

郭丹丹，郑金洲，2015. 学区化办学：预期、挑战与对策［J］. 教育研究（9）：72-77.
李小萍，2017. 对设区市立法权限之"城乡建设与管理"的界定［J］. 法学论坛（3）：44-50.
沈海驯，李丽，2010. 义务教育公平与民众的教育选择［J］. 教育研究（12）：14-16.
姚金菊，2019. 新中国 70 年关于教育本质的探索：回顾与展望［J］. 首都师范大学学报（社会科学版）（6）：1-10.
余凌云，2014. 行政法讲义［M］. 2 版. 北京：清华大学出版社.
章剑生，2014. 现代行政法基本理论［M］. 2 版. 北京：法律出版社.
周慧蕾，2020. 我国学区划分的司法审查实践评析［J］. 法学（8）：143-159.

On the Legal Guarantee of Fair Enrollment in Compulsory Education

Wu Rui

Abstract: The school district running under the principle of "nearby enrollment" has aroused people's concern about the fairness of compulsory education. To a certain extent, we can promote the average distribution of educational resources by rationalizing educational expenditure, masking the information of school differences, and blurring the meaning of "nearby". Due to the lack of standardization of school district division, the issue of equitable distribution of educational resources is still prominent. The existing school district division rules create significant differences in the distribution of educational resources and hinder fair enrollment. Therefore, the school district division rules should be changed based on the balanced distribution of resources. To realize fair enrollment, we should not only guarantee equal opportunity in the distribution of educational resources but also realize the essential balance of educational development among school districts. At the legal system level, in addition to reshaping the rules of school district division, we should also construct a multi governance system of balanced development, and supervise schools and government to implement their responsibilities of balanced development through public interest litigation.

Key words: the principle of "nearby enrollment"　education equity　school district division

作者简介

吴锐，博士，西安交通大学法学院副教授、硕士生导师，研究方向为经济法学、教育法学等。

□刘宗南

乡村教师补充政策扩散的模式与机制分析
——基于对2010—2020年我国乡村教师补充政策的观察①

【摘　要】 政策扩散指一项政策在时间、空间中及不同行政主体间发生转移,并被政策系统内某一主体或其他成员采纳和推行的过程。我国乡村教师补充政策扩散,创造并积累了丰富的政策治理经验,具有鲜明的中国特色。本文运用公共政策扩散的理论和分析工具,结合2010—2020年我国乡村教师补充政策扩散的时空变化与政策行动主体互动的特点,提炼出我国乡村教师补充政策的扩散模式,即层级型扩散、建构型扩散和创生型扩散,在此基础上,剖析模式运行中扩散创新的机制,包括行政指令、政策学习和社会化。

【关键词】 乡村教师补充政策扩散　模式　机制

一、问题提出

发展乡村教育,帮助乡村孩子学习成长,助力乡村振兴战略,教师是关键。乡村教师补充是乡村教师队伍建设

---

① 本文系2019年度教育部人文社会科学研究规划基金项目"我国乡村教师补充政策的循证评估研究"(19YJA880039)的成果。

和乡村教育发展的基础环节。21世纪以来，党和国家非常关注乡村教师队伍补充问题，颁布了一系列政策推动乡村教师的有效补充。特别是2010年来，党和国家相继颁发《国家中长期教育改革和发展规划纲要（2010—2020年）》《乡村教师支持计划（2015—2020年）》《中共中央国务院关于全面深化新时代教师队伍建设改革的意见》《教育部等六部门关于加强新时代乡村教师队伍建设的意见》等系列文件，全国各省份、部分地市级政府根据党和国家要求，颁发了相应的实施意见，各县级政府也采取了相应的措施，涉及教师培养、准入和招聘、编制管理、职称（职务）评聘、教师培训、地位待遇、荣誉制度等。至此，我国乡村教师补充政策体系设计基本完成，极大地满足了乡村教师队伍建设和乡村教师补充的需要。

政策扩散是指一项政策在时间、空间中及不同行政主体间发生转移，并被政策系统内某一主体或其他成员采纳和推行的过程。政策扩散描述的是一项政策被其他地域的政府接受和采纳的现象。政策扩散研究始于20世纪60年代末的美国，经过半个多世纪的发展，在概念特征、研究过程和分析框架等方面有了长足进步，有效地解释了政策扩散创新的行为模式和运行机理。西方学界认为政策扩散不是政治选择的结果，而是因为外界做法或政策实践的渗透、感染、散布与传播，强调政策扩散的本质是一种沟通，是一个社会系统成员之间的互动过程（Tews，2005）。随着社会公共治理日趋复杂，政策扩散问题，包括为什么扩散、扩散过程是否存在一般模式和特点等，逐渐成为公共政策研究的重要议题，并产生了丰富的研究成果。

基于中国的政策实践，国内学者的研究集中在政策扩散的模式、机制或动因等问题上，揭示的是中国独特的政治决策和政策扩散过程。在时间和空间上，政策扩散过程呈现出"S形"曲线特征。"S形"模式解释了政策扩散经历了缓慢扩散、快速扩散和平稳扩散三个阶段，每一阶段采纳政策的累计个数的点状图为"S形"。从扩散行动主体看，扩散模式有自上而下的层级扩散、自下而上的吸纳辐射扩散、同层级区域或部门间的扩散和不同发展水平区域间政策跟进的扩散（王浦劬 等，2013）。目前，国内学者比较关注政策执行问题和影响政策扩散的因素等问题的研究（杨代福，2016）。政策的相对优势、复杂性和相容性等影响政策采纳和政策扩散的可能性，且这些属性还塑造了政策的空间采纳模式、学习机制和政策创新的相关程度（朱

亚鹏 等，2016）。在政策扩散机制上，大多学者认为有行政指令、学习、竞争、模仿和社会建构等机制。

政策创新也是公共政策过程的活动要件，推动着政策扩散解释力的强化。西方学者大多将政策创新定义为政府所采纳的一项新的政策，而不论该政策以前是否被采纳过。新政策采纳过程，就是政策创新的过程；政策制定及其扩散，都可以纳入政策创新的范畴，但二者也有区别。从较为宽泛的意义上看，政策创新与政策扩散没有严格的区分。至于创新的原因，主要有两个方面，一是内部决定，二是外部政策扩散的影响。内部决定主要是通过政策系统自身的激励和促进，如政策的偏好、强度等，外部政策扩散主要是政策学习、竞争性模仿以及政府之间的沟通与合作，这实质上是对政策扩散的动力和机制的分析。如果深入研究我国的政策扩散活动，可以发现，政策创新是我国实现改革发展目标的基本条件，其中的观念创新和实事求是，是政策创新的重要前提。政策创新又是一个适应社会环境的变化过程，是一种积极的政策变动和适应性变革。因而政策扩散的广度和深度，制约并影响着政策创新的程度和可能。

可以说，关于公共政策扩散的理论研究非常活跃，成果也十分丰富，这些成果对教育政策扩散研究有很大的理论启示，对乡村教师补允政策扩散研究也很有帮助。为此，本文以 2010—2020 年我国乡村教师补充政策的扩散过程为案例，结合省级（省、自治区、直辖市）、地市级（地级市、地区、自治州、盟）的政策扩散和县级（县、县级市、区、自治县）乡村教师补充政策的具体实施，探究政策的扩散过程。乡村教师补充政策是一项旨在促进乡村教师发展的具有社会属性的政策，其扩散过程，总会存在一种或几种符合中国实践的扩散模式。笔者希望借助此案例，进一步分析政策扩散过程，提炼总结我国乡村教师补充政策扩散的基本模式和机制；同时，透视我国政策扩散过程中各层级政策主体的政治逻辑，寻求一个识别乡村教师补充政策扩散现象和通过政策学习推动政策创新的策略。

二、乡村教师补充政策扩散模式

2010年来,党和国家密集发布了多项与乡村教师补充相关的政策文件。目前,随着各省(自治区、直辖市)、部分市(地级市、地区、自治州、盟)相继发布实施意见和各县(县级市、区、自治县)采取具体措施,我国在乡村教师补充方面已形成一个比较全面的政策体系和发展格局。

(一)数据收集与分析

本文以党中央、国务院及相关部委和省级、地市级政府网站为数据来源,收集2010—2020年的乡村教师补充政策文献。政策文献由中央政策和地方政策两部分组成。政策类型主要选取各级机构颁发的规划、纲要、意见、决定、办法、通知、行动计划等,但不包括相关的法律法规,以及领导人讲话、信函、批示等。经过数据收集,最终遴选出2010—2020年中央政府颁发的政策107件,省级政府颁发的政策2400件。图1显示了乡村教师补充政策的年度及阶段分布情况,图2显示了乡村教师补充政策省级扩散的年度及阶段分布情况。

空间上的扩散,以2015年国家颁发《乡村教师支持计划(2015—2020年)》为例,2016年初,全国31个省级政府针对《乡村教师支持计划(2015—2020年)》发布相应政策。这是乡村教师补充政策自上而下覆盖式扩散。在地市级政府层面,政策扩散并没有一种顺畅的自上而下轨迹,同时,政策在全国七大行政地理区范围内扩散的比例存在差异,其中:华中88.60%,华东(不含台湾省)88.40%,西南76.30%,东北55.60%,华南(不含港澳地区)53.80%,华北50.00%,西北34.70%(见图3)。而在县级政府层面的扩散,由于乡村教师补充问题的直接性和紧迫性,存在着一种明显的覆盖式扩散现象。

图2显示的政策时间上的扩散,与公共政策扩散的"S形"曲线特征基本吻合。图3显示的是政策空间上的扩散,基本与一般公共政策扩散的空间

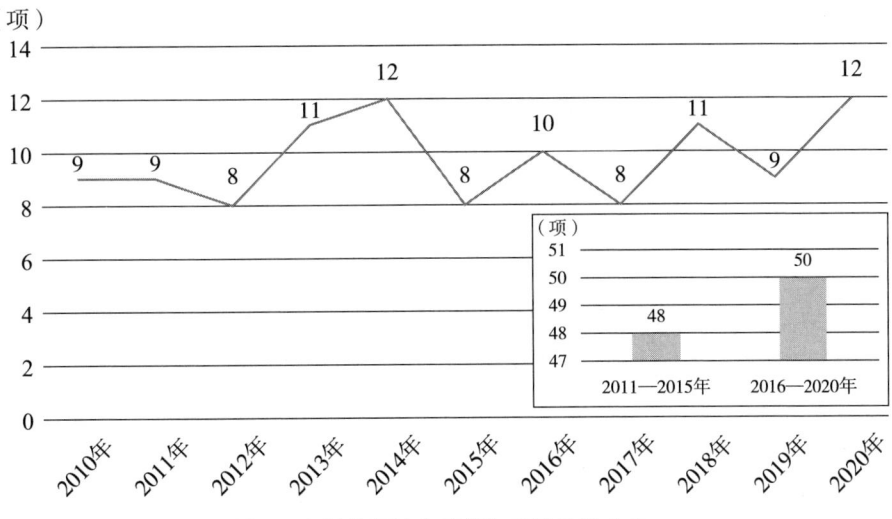

图 1　乡村教师补充政策年度及阶段分布

注：图中小图显示的是"十二五""十三五"时期的数量分布。

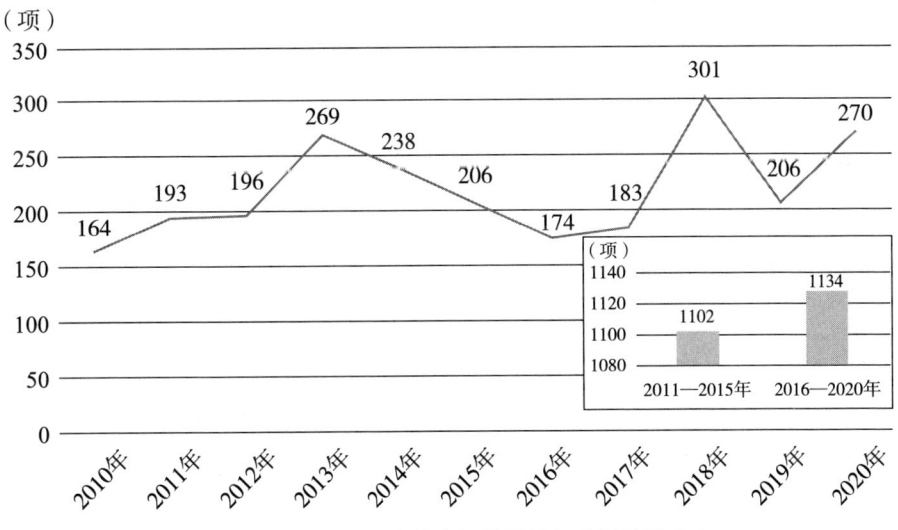

图 2　乡村教师补充政策省级扩散的年度及阶段分布

注：图中小图显示的是"十二五""十三五"时期的数量分布。

方式吻合，但也表现出多种不同形式的扩散。除了时间、空间这些自然因素外，推动乡村教师补充政策扩散的政治因素和行动主体因素，也具有特别重要的意义。也就是说，对我国乡村教师补充政策扩散过程，尤其要结合乡村教师补充政策的特定行动主体和政治因素来分析。

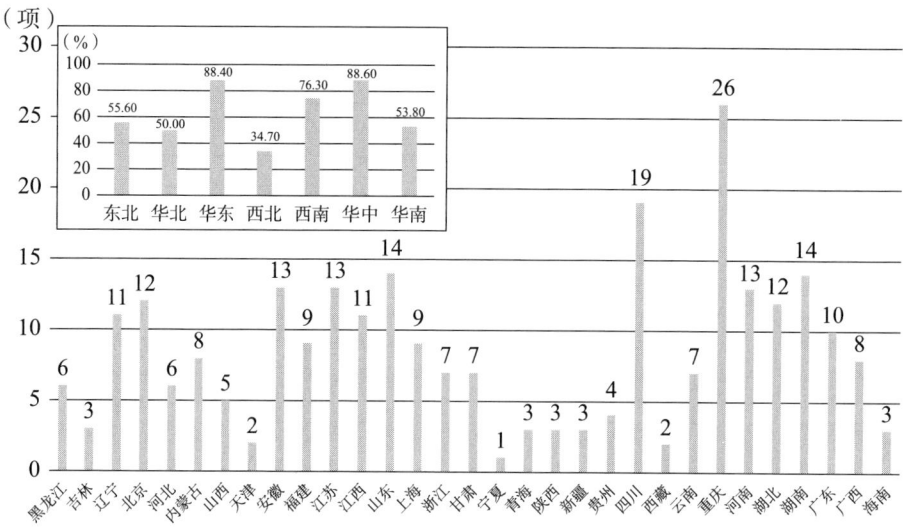

图 3 《乡村教师支持计划（2015—2020）》市级扩散地区分布

注：图中小图显示的是七大行政区范围内扩散的比例。

根据 2010—2020 年我国乡村教师补充政策在省、市、县三级政府层面实施的数据，本文提炼出 2010—2020 年我国乡村教师补充政策的三种扩散模式：层级型扩散、建构型扩散和创生型扩散。

（二）扩散模式具体分析

层级型扩散是在政府科层组织体系内部的扩散，存在三种形式。一是上级政府的政策行动者选择和采纳某项政策，通过行政指令要求下级接受和执行该项政策。这是一种自上而下的政策扩散模式，扩散路径是"政策铺开"或是"政策试点到全面推行"。如 2006 年我国启动农村义务教育阶段学校教师特设岗位计划，实施范围包括中西部 22 个省份和新疆生产建设兵团。二是下一级政府发挥自身的主动性和能动性，创新乡村教师补充的形式、手段和方法而被上级采纳并推广。这是一种自下而上的政策扩散。如 20 世纪 90 年代后期至 21 世纪初，中等师范学校在"撤并挂升"转型改制中逐渐退出了历史舞台，导致乡村学校教师补充严重不足，于是，许多被撤并的中等师范学校在转为县级中等职业学校后，通过开办"师范班"，从初中毕业生中招生的形式，承担了部分为本地乡村学校培养教师的职能。这一方式在一定程度上缓解了乡村教师补充不足的问题，也为我国乡村教师定向培养积累了经验。三是同一层级政府或区域（包括教育发展水平相同或不同的区域）间的政策扩散，主要是临近区域间的信息交流和政策位移以及教育发展水平不同的区域间的政策模仿。如 2012 年，湖北省实行的农村义务教育学校教师招聘"新机制"就引发了连锁反应，部分中西部省份开始模仿、借鉴湖北经验。

建构型扩散是政策扩散过程中，乡村教育行政机构、乡村学校和新补充教师等政策执行主体，与政策目标、内容、方法、政策执行方式等诸方面相互作用，相互调整、改变与适应的过程。建构型扩散把政策扩散视为一个复杂的、非线性的过程，其中，新补充教师成为政策扩散过程中的有机组成部分，并成为政策执行能否成功的关键。乡村教师补充政策扩散，不仅包括采纳、制定新的政策，更根本的是政策执行过程，政策扩散的最终完成是以政策对象和政策主体的政策经验及政策效果来判断的。以《乡村教师支持计划（2015—2020 年）》在全国 31 个省（自治区、直辖市）的扩散为例，各地方政策除基本宗旨、原则、任务和精神实质等与《乡村教师支持计划（2015—2020 年）》保持一致外，其他无论是政策风格、政策结构、政策措施、实施范围等，各省（自治区、直辖市）均有不同的表达，反映的是各省（自治区、直辖市）的政策制定是在遵循国家政策原则和精神的前提下，根据自身的实际所进行的调适与改变过程，这构成了政策扩散是否成功有效的关键。

创生型扩散是在政策执行层面的扩散模式。政策不仅是一个文本，更是一个过程，乡村教师补充政策是由乡村教育的问题确认、乡村教师补充政策目标的确立、政策方案的拟定和选择、政策执行、政策评估和终结等环节构成的。创生型的政策扩散，就是政策对象或政策主体，包括教育行政机构、乡村学校和新补充教师等，在具体的乡村教育情境中创生政策经验的过程，这是一个适应乡村教育环境需要并存在于整个乡村教师补充过程中的政策过程。这种政策扩散，是情境化和人格化的，其中的政策采纳和政策执行，不再是"按图索骥"，不存在技术化和程序化倾向，而是一个政策创新的过程。不仅如此，乡村教师补充政策的执行过程，建构并发展着新的乡村教师补充政策经验。这种经验的产生，因政策的强度、广度、方向和政策主体的价值理念、乡村教育思想及其所拥有的资本存量的不同而不同。

例如，2000—2010年，湖南第一师范学院实施初中起点五年制小学教师免费定向培养计划，创造性地积累了乡村小学教师按需招生、公费培养、定向就业的补充经验。21世纪初，我国义务教育资源城乡配置的不均衡状况已经从一般性的教育现象上升为政策问题，全国各地（特别是部分县级政府、乡镇级政府）为了解决乡村教师队伍的结构性失衡问题，依据党和国家相关政策法规的基本原则和基本精神，探索了一条在区域内合理调配教师资源、补充乡村教师的政策措施，即"教师走教"。"教师走教"包括学区间城市优秀校长"动态交流"、教师"流动走教"和乡镇范围内依托"中心学校"的"教师走教"。在不增加教师编制的情况下，"教师走教"无疑是一种行之有效的乡村教师补充方式，它在促进区域间教师教学改革交流、缓解农村薄弱学科教师资源缺乏问题方面发挥了重要的作用，成为我国乡村教师补充的一种特别形式。不仅如此，这种探索也推动了"城乡教育一体化"和"集团化办学"等政策的出台。

三、乡村教师补充政策扩散机制

乡村教师补充政策扩散机制是乡村教师补充政策模式内部的组成部分及其运行过程。根据我国乡村教师补充政策在时间和空间上的扩散特点，结合乡村教师补充政策行动者的实践经验，我国乡村教师补充政策扩散的主要机制包括：行政指令、政策学习和社会化等。

（一）行政指令机制

我国政府机构管理层级是中央、省、市、县和乡（镇）五级制，它们之间是领导和被领导、管理和被管理、命令和服从的关系。这种关系决定了从上级政府到下一级政府可以通过行政命令或政策激励的方式，推动政策的扩散。这种扩散具有强制性特征。这种机制具体体现在：第一，上级政府和相关部门通过政策文件的方式，直接嵌入下一级政府的决策议程和政策设置活动，推动政策扩散。例如《乡村教师支持计划（2015—2020年）》等政策，就是通过中央政府和相关部门的行政权力扩散的。第二,上级政府和相关部门直接影响下一级政府制定的政策内容,推动政策内容的直接扩散,这更多地表现为下一级政府对上级政府制定的政策的内容模仿。第三,通过督查等方式,上级政府与相关部门检查和督促政策的扩散,《教育督导条例》确定教育督导的宗旨之一就是"保证教育法律、法规、规章和国家教育方针、政策的贯彻执行"。第四,通过第三方机构对政策的实际成效进行评估。比如,受教育部委托,2016年12月,东北师范大学中国农村教育发展研究院提交《〈乡村教师支持计划(2015—2020年)〉实施评估报告》,2021年1月,中国教育科学研究院形成《〈中共中央国务院关于全面深化新时代教师队伍建设改革的意见〉实施评估报告》。这对强化和完善乡村教师补充政策扩散运行起到了非常重要的作用。

需要指出的是,我国改革开放进程中的简政放权,使得地方政府逐渐成为具有独立利益的制度实体,兼具代理者和自利者双重角色。这样,政策扩散就存在两种可能:一是指令性的政策扩散,将更多侧重于政策议程的介入,下一级政府在政策内容扩散上的自主性不断增强;二是在双方利益不一致时,地方政府意识到某一补充政策可能产生财政损耗又无法带来明显收益,而来自中央政府的压力又不足时,往往会采取观望等待的态度消极应对(吴宾 等,2020),表现为对国家政策的不采纳或延迟采纳。地方政府对政策"延迟采纳",在引发中央权威降低、地方自利行为扩大等负面效果的同时,可能影响政策的有效执行。这种政策扩散的阻滞,可通过加大政策支持力度以及政策学习和政策创新进行消解。

(二)政策学习机制

政策失败可能会触发政策学习,以降低政策失败再次发生的可能性(Bovens et al., 2016)。而政策学习就成为推动政策扩散创新的一种内在机制。豪利特(M. Howlett)和拉米什(M. Ramesh)区分了"内生性"和"外生性"这两种政策学习(豪利特 等,2006)[320-325]。无论是哪一类型的扩散,都存在这两种政策学习。萨巴蒂尔(P. A. Sabatier)和詹金斯-史密斯(H. C. Jenkins-Smith)的倡议联盟框架,特别关注以政策为取向的学习,主张政策核心信念的差异是政策子系统中不同倡议联盟分立的根源,而在政策信念体系指导下开展的政策取向的学习,决定了政策扩散和政策创新的根本属性(萨巴蒂尔 等,2011)[19]。

根据政策学习分类,我国乡村教师补充政策扩散,就是在中国共产党领导下的社会主义制度和具体国情的基础上展开的,是我国经济社会发展进程中的增量转移。中国的改革开放,就是在一个没有前人经验可以借鉴的前提下进行的一次伟大社会试验,因而"政策试错"或"政策学习"就成为政策扩散创新的"典型试验"与"形式逻辑"。当代中国乡村教育发展最重要的特征和最深刻的意义在于,它把中国农业现代化、农村城镇化和社会主义制度的改革浓缩在同一个历史时代,因而70多年来乡村教师补充政策扩散创新,不断创造着"中国经验",演绎着"中国特色",具有很深的"中国烙印"。

按照倡议联盟框架范式,公共政策扩散创新是由政策子系统内的政策学习与政策子系统外非认知性因素共同推动的结果。当前,我国乡村教师补充中的公开招考、专项项目和临时代课的政策倡议联盟,就是通过省、市、县等地方教育行政部门改革试点,并在操作层面产生政策扩散的后果。2004年,湖北省率先启动"农村教师资助计划",2012年3月颁发《湖北省人民政府关于创新农村中小学教师队伍建设机制的意见》,实行农村义务教育学校(不含县城)新录用教师"国标、省考、县聘、校用"新机制。这一政策极大地缓解了乡村教师不足的问题。另外,倡议联盟间的互动学习直接改变了占统治地位的联盟,即城乡二元结构下落后的农村教育信念体系的次要方面。社会公众对这一"信念"的改革诉求等非认知性因素的变化,又加快了乡村教师补充政策核心方面的转变或扩散创新的速度。虽然某些非认知性因素的变化导致乡村教师补充困难重重,但更多积极的非认知性因素变化仍不断促进着政策扩散创新能力的发展。

由此看来,政策创新能力的基础是学习,政策学习是政策扩散创新的核心机制,是推进政策可持续发展的基础。影响乡村教师补充政策学习的主要因素包括乡村教师补充政策的网络结构、政府间的模仿和竞争、政策执行者包括新补充教师的政策水平等。为此,有必要构建一个开放型乡村教师补充政策网络,激发政策学习动力,并通过各政策主体间的模仿和竞争,促进政策知识转移、吸收与内化,进而促进政策扩散创新。

（三）社会化机制

政策扩散创新，不只是权力运行和学习性技术使用的结果，还与特定的社会结构与社会过程相关，与人们的行为模式相关。社会建构理论认为，公共政策是社会建构的产物，是一项社会性变量参与的建构过程。在这一视角下，乡村教师补充政策扩散活动，就不只是政府的行为，更是来自社会的政治、经济、文化等领域内多种因素和政策行动多元主体的社会建构。或者，政策扩散过程，很大程度上依赖于我们参与其中的社会关系，是"我们"共同塑造了政策的扩散创新。基于这一逻辑，乡村教师补充政策扩散社会化机制在于，将扩散设置为一种自然发生的过程，在政府、专家学者、社会大众、媒体和乡村教育事件的相互作用下相关主体展开学习、模仿和竞争，形成政策的社会性建构。

一旦进入社会建构的逻辑，理论上的政策扩散过程就会发生改变。这种改变表现在：第一，对是否发生扩散以及扩散的广度、深度的社会判定。这种判定需要通过批评性审查，找寻影响政策扩散的社会过程、制度约束及其道德、法律、文化和社会心理等方面的证据。由此推断，要形成一个教师"下得去、留得住、教得好"的乡村教师补充政策扩散局面，更需要全社会高度重视和共同付出，而不单凭政府的行政指令和措施。第二，在社会判定的基础上，对政策扩散的社会场域的关注。政策扩散总是在社会场域内进行的。社会场域是一个隐喻，组合了复杂政策系统中的社会组织、环境因素和政治符号模式，用来描述政策扩散和政策创新中的社会动员。表面上，政策扩散的社会场域是由决策者、专家、教育行政人员、校长等共同构建的，但事实上，这些个体分属于不同的社会组织，其有关政策扩散的观念受到其所在组织的利益、权力和价值观的影响。因此，在国家意志、组织利益及深层社会结构和政策生产之间的多元场域关系，具体地再现了乡村教师补充政策在政治、制度、组织和社会心理层面的建构过程。第三，社会场域中行动者的互动导致的政策信仰内化。政策信仰内化后，转而促使行动者形成对政策的正当性与合理性感知，从而引致行动者特别是新补充乡村教师对自身身份及教育信念的重新定义，最终促成教师以社会认同的方式开展政策学习、思考和行动,这样政策阻滞的消解才有可能。

作为中介步骤,上述三种政策扩散机制对应于政策扩散的三大模式并自成一体。概言之,行政指令机制将上级政府的政策意志与下一级政府的政策采纳、执行相连接,下一级政府通过政策学习机制进行了政策的采纳、建构和创生,而政策扩散的社会化机制塑造了整个的政策扩散活动。这使得我国乡村教师补充政策扩散模式和扩散过程更为清晰,其中的因果关系进一步显现。

四、结语

"十二五"和"十三五"期间,我国乡村教师补充政策体系设计已基本完成,政策的指向目标和实施路径更加明了,意味着我国乡村教师补充进入新的历史时代。新时代乡村教师队伍建设有着新的方位、新的征程和新的使命,政策扩散创新,应在扩散深度、政策自觉和政策文化的时代呼唤中有所作为,并以这种精神和文化激活乡村教师和乡村教育的生命力。"十四五"期间,建设优质均衡高质量教育体系,需重塑乡村教育和乡村教师发展新生态,以"刚性"政策管控和"柔性"制度的自觉结合,撬动乡村教育治理的现代转型。也就是说,未来的政策发展,是在强化乡村教师补充问题的国家在场和社会治理政策风格的同时,充分发挥基层治理的主动和自觉,形成一个城乡学校、城乡教师共同进步、共同提升、优质均衡发展的整体格局,以彰显乡村教师补充政策扩散创新的中国意义。

参考文献

豪利特,拉米什,2006.公共政策研究:政策循环与政策子系统[M].北京:生活·读书·新知三联书店.

萨巴蒂尔,詹金斯-史密斯,2011.政策变迁与学习:一种倡议联盟途径[M].北京:北京大学出版社.

王浦劬,赖先进,2013.中国公共政策扩散的模式与机制分析[J].北京大学学报(哲学社会科学版)(6):14-23.

吴宾,齐昕,2020.政策扩散阻滞:何以发生又如何消解?:自2016—2019年中国住房租赁政策的观察［J］. 公共行政评论（5）：44-64, 205-206.

杨代福, 2016. 中国政策创新扩散：一个基本分析框架［J］. 地方治理研究（2）：3-11.

朱亚鹏, 丁淑娟, 2016. 政策属性与中国社会政策创新的扩散研究［J］. 社会学研究（5）：88-113, 243.

BOVENS M, HART P, 2016. Revisiting the study of policy failures [J]. Journal of European Public Policy, 23(5): 653–666.

TEWS K, 2005. The diffusion of environment policy innovations: cornerstones of an analytical framework [J]. European Environment, 15(2): 63–79.

Analysis on the Model and Mechanism of the Diffusion of Supplementary Policy for Rural Teachers: Based on the Observation of the Supplementary Policy for Rural Teachers from 2010 to 2020

Liu Zongnan

Abstract: Policy diffusion refers to the process in which a policy is transferred in time and space and is adopted and implemented by a subject or other members of the policy system. The diffusion of supplementary policy for rural teachers in China has created and accumulated a wealth of policy governance experience with distinctive Chinese characteristics. Through the application of the theory and analytical tools of public policy diffusion, combined with the characteristics of the temporal and spatial changes of policy diffusion and the interaction with subjects or members of the policy system from 2010 to 2020, the paper intends to develop the diffusion models including hierarchical diffusion, constructive diffusion and generative diffusion of rural teacher supplementary policy in China, and analyzes the mechanisms of diffusion innovation including administrative instructions, policy learning and socialization.

Key words: diffusion of supplementary policy for rural teachers　model　mechanism

作者简介

刘宗南，博士，湖北科技学院教育学院教授，研究方向为课程与教学论、教师发展、教育政策评估等。

□关志康

义务教育质量提高行动中省级政府的政策注意力配置[①]

【摘 要】 省级政府是义务教育质量提高行动的核心主体，其政策注意力配置结构决定着义务教育质量提高行动的方向和重点。本研究以18个省级政策文本为样本，借助扎根理论编码技术，运用Nvivo12质性分析软件对义务教育质量提高行动中省级政府的政策注意力配置情况进行分析，发现省级政府政策注意力形成三级配置结构，整体政策注意力配置结构失衡，区域政策注意力配置各有侧重。建议采取优化配置结构、实现政策注意力同步，关注被忽视维度、促进政策注意力汇聚，加强教师队伍建设、确保政策注意力持续等措施，改进义务教育质量提高政策的设计与制定，完善新时代义务教育质量政策体系。

【关键词】 义务教育质量 政策注意力 政策文本 扎根理论 省级政府

提高义务教育质量是教育公平发展的内在要求。作为连接中央和市县政府的中间枢纽，省级政府在国家义务教育质量提高行动中发挥着关键作用，其决策合理化程度直

---

① 本文系中央高校基本科研业务费专项资金资助项目"乡村振兴背景下农村义务教育质量研究"（2020TS074）的成果。

接关乎全国义务教育质量提高进程。本质上讲，政府行动必然源自决策主体特定意图（曾荣光，2014），而政策注意力恰恰表征着决策主体精神活动在公共政策上的集中程度（叶良海 等，2017）。决策主体的政策注意力分配倾向决定了政策工具选择标准，进而对政策目标实现产生影响。因此，在义务教育质量提高行动中，省级政府政策注意力的合理配置至关重要。政策文本是决策主体意志对象化的物理载体，潜藏着政策注意力分配规律。借助扎根理论编码技术，对省级义务教育质量提高政策文本进行分析，在全面揭示省级政府政策注意力配置特征的基础上，提出优化义务教育质量提高政策的建议，对于完善我国新时代义务教育质量政策体系和推动义务教育高质量公平发展具有重要价值和意义。

一、研究设计

（一）研究样本

代表性和精准性是对研究样本最根本的要求（胡中锋，2011）[75]。2019年6月23日中共中央、国务院印发的《关于深化教育教学改革全面提高义务教育质量的意见》是新中国成立以来第一个关于全面提高义务教育质量的纲领性中央文件，是新时代义务教育工作的行动指南，具有重要的里程碑意义（钟秉林，2019）。截至2021年8月1日，共有湖南、广西、甘肃、上海、北京、西藏、安徽、青海、河南、山东、黑龙江、江西、海南、四川、贵州、宁夏、福建和天津等18个省（自治区、直辖市）相继印发落实《关于深化教育教学改革全面提高义务教育质量的意见》的实施意见。从制定主体来看，实施意见均是以省（自治区、直辖市）党委、政府或其组成部门为发文单位，政策公信力较高；从功能角度来看，既是细化中央政府政策要求的具体方案，更是未来一个时期市县政府开展义务教育质量提高行动的基本遵循，政策指导性较强；从印发区域来看，既有东部地区，也有中西部地区，政策覆盖较为均衡。18个省份制定的实施意见在我国省级义务教育质量提高政策中具有较好的代表性和精准性,适合作为本研究的研究样本①。

(二)研究思路与方法

德国学者库卡茨(U. Kuckartz)认为,分析文本有两种方式:一是基于先验类目,自上而下对出现某主题的文本段编码;二是通过阅读文本识别重复出现的主题,自下而上界定符码,并将文本段与符码进行联系(库卡茨,2017)[43]。以往我国的政策注意力研究多采取第一种方式,即首先通过理论推演确定基本研究维度,继而借助分析软件筛选文本高频词汇,最后将研究维度与高频词汇匹配形成分析框架对政策文本进行编码分析(姜雅婷 等,2017)。从既有研究成果来看,尽管上述分析方式具备一定合理性,却存在明显缺陷:一是演绎推理过程植根于研究者思维逻辑,推理结果往往呈现强烈的个体化特征;二是高频词汇遴选囿于软件分词算法,软件未识别的高适切度词汇无法被纳入分析框架。基于规避前述缺陷和提高研究科学性的考量,本研究采取第二种分析方式,借助格拉斯(B. Glaser)和斯特劳斯(A. Strauss)提出的扎根理论编码技术开展政策注意力研究。扎根理论是质性研究核心方法之一,主要在系统收集资料的基础上,寻找反映社会现象的核心概念,通过在这些概念之间建立联系形成理论(陈向明,2000)[327]。规范的研究程序是扎根理论鲜明的方法特色,"不断比较"是扎根理论蕴蓄的方法内核,二者熔铸形成的编码技术为研究过程提供了追溯与检验的可能(贾旭东 等,2010)。本研究并不希冀以扎根理论为指导进行政策注意力理论建构,而是试图借助其科学的编码技术构建省级政府政策注意力配置分析框架,进而通过规范的量化方法对政策文本进行数据分析,以期超越政策文本表层逻辑探查潜藏在文本之中的政策注意力配置规律。

---

① 西藏、山东和四川三地制定的是基础教育综合改革方案,在政策对象上超出了义务教育范围。为保证研究信效度,参照《关于深化教育教学改革全面提高义务教育质量的意见》内容对三个省级政策文本进行适当删减,删减后的政策内容均指向义务教育领域。

(三)研究工具

为提高研究效率,使用 Nvivo12 对政策文本进行标记与数据分析。Nvivo 是一种质性研究工具软件,它能够帮助用户快速整理和分析非结构化数据,探索和发现数据中的模式,并对数据关系进行可视化展示。

二、研究过程与结果分析

(一)分析框架构建

秉承服务研究目的、满足研究需要的初衷,本研究在开放与互动理念指导下对政策文本进行编码,基于编码结果构建政策注意力配置分析框架。(1)开放编码。开放编码的核心在于识别和命名概念。概念是现象的标签(库卡茨,2017)[60]。尽管单个词语、完整句子、文本段落甚至所有文件均可以成为概念单元,但界定概念单元的标准是明确的语义范围,完整的句子结构更适宜成为编码单位(库卡茨,2017)[73]。因此,本研究选择以句子为单位进行概念提炼,最终提炼出德育体系、创新能力等 61 个核心概念。(2)轴心编码。轴心编码的核心在于将概念相互贯穿或联系(科宾 等,2015)[206]。根据属性和特征的相似程度,对 61 个核心概念进行聚类,得到课程建设、教师资源等 20 个互斥的范畴。(3)选择编码。选择编码旨在通过对轴心编码发现的范畴进行系统分析,提炼出统领性较强的核心类属(陈向明,2000)[334]。通过对 20 个范畴的含义和特征进行再比较,进一步归纳出素质教育、课程教学、教师队伍、学校办学、组织领导 5 个核心范畴。完成 14 个政策文本的编码后,利用预留的 4 个政策文本进行理论饱和度检验。经反复比对,发现即使新增概念单元,也可将其归并到已有概念和范畴中。由此可以推断,研究建立的范畴体系基本完善。根据编码结果,得到义务教育质量提高行动中省级政府的政策注意力配置分析框架(见表1)。

表 1 义务教育质量提高行动中省级政府的政策注意力配置分析框架

一级维度	二级维度	核心概念
素质教育	德育实效	德育体系、习惯养成、实践活动、价值引领
	智育水平	创新能力、教师主导、学生主体、科学素养
	体育锻炼	体质标准、健康保障、科学运动
	美育熏陶	艺术课程、艺术活动、艺术资源
	劳动教育	劳动体验、劳动课程、劳动基地
课程教学	课程建设	教材使用、课程实施
	教学管理	教学规范、作业考试
	教学方式	教学方法、学习指导
	信息技术	技术应用、平台建设、数字资源
教师队伍	教师资源	教师编制、教师资格、交流轮岗
	教师素质	师德师风、职后培训、教研体系、职前培养
	教师待遇	工资收入、补助优待、教师权益
	校长领导力	校长选任、校长培训、制度环境、校长责任
学校办学	办学机制	办学自主权、示范辐射
	教育机会	控辍保学、招生选拔、命题改革、困境儿童
	办学条件	学位供给、教学设施、经费投入
	安全保障	欺凌防治、保安配备、校车管理、防控体系
组织领导	教育生态	舆论宣传、协同育人、校外培训
	领导机制	党的领导、部门职责
	监测督导	质量监测、督导考核、科学评价

（二）配置数据统计

义务教育质量提高行动中省级政府的政策注意力配置分析框架全面反映了省级政府在义务教育质量提高行动中的聚焦维度和着力方向，但无法展现省级政府对各个维度的具体关注程度。为进一步揭示政策注意力分配规律，依据分析框架，借助 Nvivo12 统计省级政府政策注意力配置数据。在 Nvivo12 中将一级维度设置为父节点，将二级维度设置为子节点，将体现核心概念信息的句子标记为参考点。共标记 1922 次，形成 1922 个参考点。最终形成的"父节点—子节点—参考点"树形结构即是省级政府政策注意力配置导向的梯次性体现，各维度参考点数目占参考点总数的比例直接反映了省级政府在该维度的政策注意力聚焦度。

（三）研究结果分析

1. 整体层面

依据各维度参考点数目占参考点总数的比例，计算得到省级政府整体政策注意力配置情况表（见表2）。义务教育质量提高行动中，我国省级政府政策注意力呈现不均衡配置特征。教师队伍和组织领导得到最多关注，二者整体政策注意力比重分别为 23.99%、23.73%；课程教学同样得到政策注意力聚焦，该维度整体政策注意力比重为 18.78%；学校办学和素质教育受关注度相对较低，两维度分别占 16.91%、16.60%。从 5 个一级维度的整体政策注意力比重来看，我国省级政府高度重视教师队伍建设，并力图通过加强组织领导推动政策有效落地。

表2　省级政府整体政策注意力配置情况

一级维度	二级维度	参考点数目（个）	整体政策注意力比重（%）
素质教育	德育实效	85	4.42
	智育水平	52	2.71
	体育锻炼	67	3.49
	美育熏陶	56	2.91
	劳动教育	59	3.07
	合计		16.60

续表

一级维度	二级维度	参考点数目（个）	整体政策注意力比重（%）
课程教学	课程建设	140	7.28
	教学管理	105	5.46
	教学方式	45	2.34
	信息技术	71	3.69
	合计		18.78
教师队伍	教师资源	102	5.31
	教师素质	202	10.51
	教师待遇	96	4.99
	校长领导力	61	3.17
	合计		23.99
学校办学	办学机制	67	3.49
	教育机会	121	6.30
	办学条件	102	5.31
	安全保障	35	1.82
	合计		16.91
组织领导	教育生态	109	5.67
	领导机制	200	10.41
	监测督导	147	7.65
	合计		23.73

在素质教育维度，德育实效得到政策聚焦，整体政策注意力比重排在第一位，为4.42%；体育锻炼次之，为3.49%；劳动教育和美育熏陶获得的政策注意力大体相当，分别为3.07%、2.91%；智育水平占比相对较低，获得省级政府2.71%的政策注意力。可以看出，为解决当前义务教育发展中学校普遍重视智育，轻视德育、体育、美育，忽视劳动教育的问题，省级政府有

针对性地从加强品德修养、增强体育锻炼、提升审美情趣和开展劳动实践等方面进行政策引导。

课程教学4个子维度得到梯次关注，课程建设、教学管理、信息技术、教学方式整体政策注意力比重分别为7.28%、5.46%、3.69%、2.34%。精心选择和设计教育内容，是学校教育活动取得成效的重要保证（叶澜，2006）[19]，课程建设占比最高，说明省级政府致力于通过规范课程开设和强化教材管理为学生成长夯实基础。教学是学校工作最基本的构成，也是实现培养目标的基本途径（叶澜，2006）[30]，政策文本中对规范教学管理和变革教学方式的多次强调反映出省级政府优化教育教学秩序、提高教育教学效益的决心和趋向。与此同时，信息技术得到一定关注，说明省级政府意图利用现代教育技术突破教育信息传递时空限制，从而扩大优质教育资源受众面和促使学生开展个别化学习。

教师队伍维度中，教师素质的整体政策注意力比重位列20个二级维度之首，达10.51%。教师资源和教师待遇比重相对较低，分别为5.31%和4.99%。校长领导力则仅获得3.17%的整体政策注意力。教师素质的整体政策注意力比重最高，反映出提高教师专业能力是省级政府的决策共识。结构性缺编问题长期困扰着我国义务教育事业发展，教师待遇水平关涉教师职业吸引力，向二者投注政策注意力也是义务教育质量提高行动的应有之义。然而，文本中关于校长领导力的政策要求相对较少。教师主体能动性的发挥很大程度上依赖校长引领，对校长领导力重视不够可能会阻滞教师队伍水平提升进程，削弱政策目标达成度。

学校办学4个子维度的整体政策注意力比重呈现一定差距。教育机会、办学条件的整体政策注意力比重相对较高，分别为6.30%、5.31%。消除大班额、保障学位供给、加强乡村小规模学校和乡镇寄宿制学校建设等要求在文本中多有体现，改革招生选拔制度、关爱流动儿童等也被多次强调，上述政策措施反映出提升学生受教育权益得到省级政府一致关注。办学机制的整体政策注意力比重为3.49%，表明通过大幅度赋予学校办学自主权激发学校生机活力，以及开展学区化办学改革促进资源共享是省级政府提高义务教育质量的重要手段。而安全保障的整体政策注意力比重仅为1.82%，在所有二级维度中比重最低，反映出省级政府对学校安全工作存在一定程度的忽视。

在组织领导维度，领导机制、监测督导、教育生态的整体政策注意力比重分别为10.41%、7.65%、5.67%。从领导机制和监测督导的高比重可以看出，强化组织间纵横联动和督查考核是省级政府推动政策落实的核心手段。相比之下，教育生态的整体政策注意力比重较低，说明省级政府对家校合作、校外培训和政策宣传等关注较少，这一倾向或将不利于义务教育健康发展氛围的快速营造。

2. 区域层面

基于国家统计局对东、中、西部地区的划分，将北京、天津、上海、山东、海南、福建划分为东部地区，将湖南、安徽、河南、黑龙江、江西划分为中部地区，将广西、甘肃、西藏、青海、四川、贵州、宁夏划分为西部地区，形成东部地区样本6个，中部地区样本5个，西部地区样本7个。统计东中西部地区参考点总数分别为712、520、690，进而得出义务教育质量提高行动中不同区域省级政府政策注意力配置情况（见表3）。

表3 不同区域省级政府政策注意力配置情况

		素质教育	课程教学	教师队伍	学校办学	组织领导
东部地区	参考点数目（个）	128	138	153	122	171
	区域政策注意力比重（%）	17.98	19.38	21.49	17.13	24.02
中部地区	参考点数目（个）	83	89	121	88	139
	区域政策注意力比重（%）	15.96	17.12	23.27	16.92	26.73
西部地区	参考点数目（个）	108	134	187	115	146
	区域政策注意力比重（%）	15.65	19.42	27.10	16.67	21.16

由表3可知，不同区域省级政府的义务教育质量提高行动呈现出以下特点。

素质教育在东部地区政策注意力比重最高（17.98%），在西部地区最低（15.65%）。素质教育以促进学生全面发展为基本指向，素质教育的高水平就是学生发展的高质量。素质教育区域政策注意力比重差异，反映出东部地区较中西部地区更注重通过推进素质教育提高学生发展质量。

课程教学在东西部地区政策注意力比重相近（分别为19.38%、19.42%），且高于中部（17.12%）。开展课程教学改革的目的在于优化人才培养过程。东西部地区对课程教学的政策注意力高于中部，表明东西部地区更倾向于通过规范教材使用、优化课程实施和加强学习指导等措施提升人才培养过程效益。

教师队伍在西部地区政策注意力比重最高（27.10%）。与东中部地区相比，西部地区经济相对落后，文化事业存在许多短板，多种原因共同导致教育事业发展缓慢。高质量教师是高质量教育的前提和基础。教师队伍在西部地区获得较大比重的政策注意力，表明西部地区省级政府更加重视高质量教师队伍建设，倾向于通过优化编制供给、强化培养培训和提高经济补助等措施加快提高教师队伍水平，为义务教育质量提高提供人力资源支撑。

学校办学在东中西部地区政策注意力比重依次递减（分别为17.13%、16.92%、16.67%）。与中西部地区相比，东部地区经济发展水平较高，人口资源较为丰富，但区域社会迅猛发展的同时也存在公共教育资源失衡和不平等的问题。东部地区省级政府更加聚焦学校办学，体现出通过创新办学机制和优化教育资源配置等措施维护适龄儿童受教育权益，促进教育公平发展的倾向。

组织领导在东中部地区获得政策聚焦（分别为24.02%、26.73%）。表明东中部地区更加重视义务教育质量提高行动的现实推进。从文本内容来看，加强党的领导、压实部门责任是东中部地区省级政府的重要考量。

三、研究结论与政策建议

（一）研究结论

1. 政策注意力形成三级配置结构

通过对18个省级政策文本的编码分析，发现义务教育质量提高行动中省级政府政策注意力形成三级配置结构。具体来讲：一级结构是选择编码得到的5个核心范畴，即素质教育、课程教学、教师队伍、学校办学、组织领导，它们居于结构中心，对二、三级结构起着"提纲挈领"的作用；二级结构是轴心编码得到的20个范畴，即德育实效、课程建设等，它们与一、三级结构形成对应关系，发挥着连接上下的作用；三级结构是开放编码得到的61个概念，它们直接表明省级政府提高义务教育质量的具体着力点。三级配置结构体现了省级政府政策注意力分配导向，成为基层政府提高义务教育质量的行动指南。

2. 整体政策注意力配置结构失衡

在整体层面，省级政府政策注意力配置呈现结构失衡样态。就一级维度来讲，教师队伍、组织领导的整体政策注意力比重分别为23.99%、23.73%，是最受关注的两个维度；课程教学的整体政策注意力比重为18.78%，受关注度稍次；相比之下，学校办学、素质教育分别获得16.91%、16.60%的整体政策注意力，受关注度最低。在二级维度中，政策注意力异质化分配倾向更为突出。例如：同属教师队伍维度的校长领导力与教师素质的整体政策注意力比重相差7.34个百分点；比较所有二级维度，安全保障和教师素质的整体政策注意力比重差更是高达8.69个百分点。诚然，由于政策环境具有复杂性，省级政府在义务教育质量提高行动中的政策注意力配置必然存在差异。然而，当政策注意力分配差异过大，超出合理范围，势必不利于政府行动整体协调推进。

3. 区域政策注意力配置各有侧重

在区域层面，东中西部省级政府政策注意力配置侧重点并不相同。从同一维度在不同区域的政策注意力比重来看，素质教育和学校办学在东部地区比重最高，在西部地区最低；课程教学在西部地区比重最高，在中部地区最低；教师队伍在西部地区比重最高，在东部地区最低；组织领导在中部地区比重最高，在西部地区比重最低。从同一区域对不同维度的政策注意力配置来看，东中西部地区政策注意力分配序列均不一致。组织领导、教师队伍、课程教学、素质教育、学校办学在东部地区的政策注意力比重依次降低，中部地区从高到低依次向组织领导、教师队伍、课程教学、学校办学、素质教育倾注政策注意力，西部地区政策注意力则是按照教师队伍、组织领导、课程教学、学校办学、素质教育降序配置。各地区政策注意力分配与当地政治经济文化发展状况密切相关，不同配置结构既在一定程度上回应了区域教育发展需要，也不可避免地对区域义务教育发展和全国义务教育质量提高进程产生综合影响。

(二)政策建议

1. 优化配置结构,实现政策注意力同步

义务教育阶段是人生中具有最多可形成性和可变性的时期,这个阶段的教育质量是个体人生幸福的基础,也是中华民族整体质量提升的基础(叶澜,2006)[261]。作为系统工程的义务教育质量提高行动涉及教学改革、办学机制创新、教师队伍建设、组织实施等诸多方面,任何一个部分政策注意力缺失或滞后都可能阻滞义务教育整体发展,进而对个人成长和民族进步产生负面影响。因此,保持对各方面的均衡关注,促进改革要素补充与协调,可能更有助于高效使用政策资源,推动政策目标高质量达成。这体现在政策注意力上,就是优化配置结构,实现各维度政策注意力同步。当然,均衡关注并不是平均关注,政策注意力同步更不是要将政策注意力在各个维度上进行平均分配,而是适度调整并缩小政策注意力分配极差,将政策注意力分配差异保持在一个合理而适当的限度内,进而通过激发改革要素的价值累加效应,推动义务教育系统化高质量发展。

2. 关注被忽视维度,促进政策注意力汇聚

义务教育兼具非线性与不确定性,内部改革要素长期处于紧密结合和动态变化之中。在华盛顿大学政治学教授琼斯(B. D. Jones)看来,决策制定是一个权衡过程,只有数量有限的维度能被整合到选择中去。如果现实中问题联系在一起,但在选择中被分离,那么这个选择可能是错误的。更有可能的是,今天不相关的东西,明天可能就是高度相关的(琼斯,2010)[68]。当前义务教育质量提高行动中,决策者政策注意力表现为整体层面结构失衡和区域层面各有侧重。根据琼斯的观点,为避免决策的可能性失误,省级政府有必要考量义务教育内部改革要素之间的关联与互馈作用,向被忽视维度倾注适量政策注意力。例如:学生是受教育主体,提高学生发展质量是义务教育的核心追求和评判标准。但无论是整体层面,还是区域层面,直接指向学生发展质量的一级维度"素质教育"的政策注意力比重都处于落后位置,向"素质教育"汇聚政策注意力是后续制定义务教育质量提高政策的必然要求。同时,尽管个别一级维度受到了重点关注,但维度内部也存在政策注意力比

重两极分化现象,如同属"教师队伍"维度的"校长领导力"与"教师素质"比重差高达 7.34 个百分点。在未来义务教育质量提高政策中,"校长"这一引领学校变革和教师成长的关键要素理应得到更多政策注意力加持。

3. 加强教师队伍建设,确保政策注意力持续

教师是教育教学活动的基本要素和重要主体(余雅风 等,2021)。改革开放以来,我国教师培养培训制度逐步完善,教师队伍建设取得巨大成就。但城乡间、区域间、学科间教师队伍结构性失衡问题仍然十分突出,我国教师队伍尤其是乡村教师队伍的整体素质和编制结构依然具有优化的必要性与迫切性。作为支撑教育发展的首要资源,教师队伍水平极大影响着义务教育质量提高进程。今后制定义务教育质量提高政策,应继续保持对教师队伍的政策聚焦,在教师素质提升、教师待遇保障、教师治理体制机制创新等方面着紧用力、综合施策,进一步推动新时代义务教育教师队伍水平全方位提高。

参考文献

陈向明,2000. 质的研究方法与社会科学研究[M]. 北京:教育科学出版社.

胡中锋,2011. 教育科学研究方法[M]. 北京:清华大学出版社.

贾旭东,谭新辉,2010. 经典扎根理论及其精神对中国管理研究的现实价值[J]. 管理学报(5):656-665.

姜雅婷,柴国荣,2017. 安全生产问责制度的发展脉络与演进逻辑:基于 169 份政策文本的内容分析(2001—2015)[J]. 中国行政管理(5):126-133.

科宾,施特劳斯,2015. 质性研究的基础:形成扎根理论的程序与方法[M]. 3 版. 重庆:重庆大学出版社.

库卡茨,2017. 质性文本分析:方法、实践与软件使用指南[M]. 重庆:重庆大学出版社.

琼斯,2010. 再思民主政治中的决策制定:注意力、选择和公共政策[M]. 北京:北京大学出版社.

叶澜,2006. 教育概论[M]. 北京:人民教育出版社.

叶良海,吴湘玲,2017. 政策注意力争夺:一种减少地方政府政策执行失效的分析思路[J]. 青海社会科学(2):82-87.

余雅风,王祈然,2021. 教师的法律地位研究[J]. 华东师范大学学报(教育科学版)(1):49-58.

曾荣光,2014. 教育政策行动:解释与分析框架[J]. 北京大学教育评论(1):68-89,189-190.

钟秉林,2019. 新时代义务教育工作的根本遵循[N]. 光明日报,2019-07-10(8).

The Allocation of the Provincial Governments' Policy Attention in Improving the Quality of Compulsory Education

Guan Zhikang

Abstract: The provincial governments are the core bodies of the compulsory education quality improvement action. The allocation of their policy attention determines the direction and focus of the action. The study uses 18 provincial-level policy texts as samples, with the grounded-theory coding techniques and Nvivo12 qualitative analysis software to analyze the allocation of provincial government policy attention in the action. The finding is that the provincial governments' policy attention has formed a three-level allocation structure, the overall policy attention allocation structure is unbalanced, and the regional policy attention allocation has its own focus. It is suggested that the synchronization of policy attention should be achieved by optimizing the allocation structure. Meanwhile, pay attention to the neglected dimension and promote the convergence of policy attention, deepen the construction of teachers to ensure the sustainability of policy attention, besides ameliorating the design and formulation of policies to enhance the quality of compulsory education and improving the quality policy system of compulsory education in the new era.

Key words: quality of compulsory education policy attention policy text grounded theory provincial government

作者简介

关志康，陕西师范大学教育学部博士研究生，研究方向为教育基本理论、教育政策。

□陈园园　陈恩伦

高等教育自学考试社会助学的乱象与治理

【摘　要】近年来，高等教育自学考试社会助学活动中，违规办学、虚假宣传、考试舞弊等乱象屡禁不止，不仅阻滞了自学考试制度价值功能和制度优势的善态释放，更凸显了社会助学的法制建设和良善治理任重道远。回溯社会助学乱象根源，其主因在于办学理念背离自学考试制度初衷、法律规制体系建设滞后和政府监管效能不足。应当坚持系统观念和依法治考原则，运用法律规制、政府管制、专业自治等治理举措，推动新时代高等教育自学考试高质量发展。

【关键词】高等教育自学考试　社会助学　乱象表征　治理路径

创立于20世纪80年代初的高等教育自学考试为众多无法进入高等院校接受教育的求学者提供了学习机会和通道，在充分保障公民受教育权的同时，推动了国民素质提升和高等教育大众化进程，为我国经济社会文化的改革和发展贡献了巨大的人才红利。但近年来，高等教育自学考试的公信力、影响力和美誉度每况愈下，其可持续发展面临严峻挑战。究其原因，主要是自学考试社会助学中存在的诸多乱象频频暴露于公众视野，引发社会公众和用人单位的质疑。与此同时，我国高等教育大众化进程加快，职业教育、继续教育、网络教育等教育形式不断丰富和发展，自学考试制度正面临外部竞争和自我改革双重挑战。厘清自学考试社会助学乱象及其根源性成因，并据此提出具有针对性的治理方案，对推动新时代高等教育自学考试高质量发展具有重要的现实意义。

一、高等教育自学考试社会助学的乱象表征

自学考试是对自学者进行以学历考试为主的高等教育国家考试，包括个人自学、社会助学和国家考试三大核心要素。除个人自学归属于私人行为而不纳入公共评价范畴外，在高等教育自学考试运行实践中，社会助学和国家考试环节均存在违反法制规则、突破公序良俗以及背离制度初衷等乱象，当下，社会助学存在的问题尤为突出。

（一）持有行政许可不充分不全面

根据高等教育自学考试的有关规定，只有经教育行政部门批准并取得助学许可证的教育机构才可举办社会助学活动。但实践中，部分社会助学机构未经批准自行办学，或虽有助学许可但实际助学行为超出批复允许范围，或擅自将办学资格及应承担的教学任务转移给其他机构和个人，严重违背社会助学机构基本办学要求，扰乱了自学考试社会助学秩序。如，2013年"尚德"教育长沙分校因未在工商部门审批范围内经营被暂扣办公设备。随后，长沙市教育局确认该机构未履行备案手续，不具备教学资质（刘景丰，2013）。2017年深圳大学因发现不法机构冒用深圳大学名义进行虚假宣传和违规招生，发布保留追究其法律责任的权利声明，以维护学校办学声誉和广大考生的利益（深圳大学，2017）。

（二）招生宣传违背公序良俗及法律明文规定

部分高等教育自学考试社会助学机构未经审核即发布招生广告，虚假宣

传与知名高校存在合作关系,承诺"毕业发名牌大学文凭",但实际并未与该院校建立合作办学关系;宣称毕业可以取得与全日制教育同等的文凭,企图通过混淆视听的方式提高招生成功率;宣称有特殊渠道和手段通过考试;宣称"一年半即可取得大学本科文凭",与《高等教育自学考试暂行条例》第十八条"各专业考试计划的安排,专科(基础科)一般为三至四年,本科一般为四至五年"的规定大相径庭。

(三)利用优势地位违规与额外收费

高等教育自学考试社会助学的费用通常由省一级考办统一明确收费范围和收费标准,根据助学机构、助学专业、助学年限、收费方式的不同而不同,但均应符合当地教育事业领域的物价管理规定,收费必须合理、公开、透明。部分社会助学机构在收费过程中未严格执行财务管理规范,存在不开具收费发票、擅自提高收费标准、额外增设收费名目等问题。如,2022年6月,苏州新科教育因超出原定费用6900元,额外多收2100元被投诉[①],超额费用为助学过程中以"资料费""社会实践费"等另立名目违规收取。

(四)为谋求经济利益将助学异化为助考

高等教育自学考试是依托"考试"形式对"教育或学习成果"进行学历认证的一项重要制度,既具有考试属性,也具有教育属性,具有较强的社会服务性和公益性。但部分社会助学机构将自学考试助学作为"创收"手段,仅关切其提供助学服务所能获取的经济利益,把助学活动等同于"助考",以"提高考试合格率"为办学目标。据媒体公开报道和笔者实地调查,部分社会助学机构通过邀请主考单位出题教师进行考前辅导点题,贿赂考点监考人员获取考场舞弊默许,甚至通过提供"枪手"代考服务,组织考生通过易于作弊的异地参考等方式违规帮助自考学生通过考试(单颖文 等,2021)。

---

① 参见 https://tousu.sina.com.cn/complaint/view/17360099500/.

二、依法治考视域下高等教育自学考试社会助学乱象的成因透视

依法治考是治理高等教育自学考试的基本原则，透视自学考试社会助学的乱象成因亦应基于该原则限定的范畴。现代法治理念认为，行政主体"法无授权不可为"，民事主体"法无禁止即可为"。沿循该理念及自学考试实践，应在厘清社会助学参与主体法律性质的基础上，观测相关主体的事实行为及其法律结果，进而洞悉社会助学乱象的深层原因。

（一）社会助学参与主体的法律性质及规制原理

自学考试涉及的主体包括自考学生、考试管理机构（包括全国考委、省考委和地市考委）、主考学校、社会助学组织（各类高等学校、教育培训机构和其他社会力量）以及各级教育行政管理部门（省、市、区教育行政管理部门）等，具体可分为四大类，其法律性质分别如下。

1. 自考学生

自考学生是自学考试制度建立、运行和发展的核心主体，主要具有三种法律身份。一是依法享有受教育权的公民，可不受性别、年龄、民族、种族和已受教育程度的限制参加自学考试。二是行政相对人，具有行政法所规定或确认的权利和义务，在自学考试中接受考试管理机构及其他教育行政管理部门等行政主体提供的公共服务及监督管理。三是自然人，可与社会助学机构等民事主体依法缔约，以给付一定代价的方式获取自学考试助学服务等。基于上述法律身份产生的权利和责任，自考学生分别受宪法、行政法及民法等法律法规保障和约束。

2. 教育行政部门

教育行政部门主要包括自学考试管理机构、教育行政管理部门等行政机关，代表国家行使自学考试行政管理权，履行法律赋予的相关行政义务。如，出于完成自学考试行政行为的需要，教育行政部门委托研究机构、社会

组织及自然人协助开展市场调研，组织考试及学术研究等活动时，则属于行政协议或政府采购服务约束下的民事主体，其治理应根据具体行为之法律性质适用行政法或民法的相关约束准则。

3. 主考学校

自学考试主考学校承担了计划编制、专业开考停考转考论证、试题命制、论文答辩、附属盖章等大量基础性工作，是保障自学考试制度运行的重要主体。主考学校在与教育行政部门的法律关系中属于行政相对人，在与自考学生的法律关系中属于行政主体，在与社会助学机构的法律关系中属于民事主体。可见，主考学校因行为场景或对象的不同而具有多重法律身份，在治理中应根据具体行为确定权、责、利，进而施以相应规制举措。

4. 社会助学组织

自学考试社会助学主体的法定范围为各类高等学校、教育培训机构和其他社会力量，具有范围广、类型多的特点，其法律性质可从两个维度探讨。

（1）公法人与私法人。从社会助学主体构成看，高等院校是主力军，其次为以校外教育培训机构形式存在的助学组织。若仅从助学机构自身性质看，则社会助学机构既存在公法人（高等院校），也存在私法人（社会培训机构），且以公法人为主。但以此进行公私法人分类存在固化且偏离实践的情况，因为在助学活动中，高等院校并非履行公共服务职能，而是基于自身的人才优势和教育资源实施具有营利性质的社会助学行为。因此，根据"实质重于形式"原则，当前我国高等教育自学考试的社会助学组织应当划分为私法人，适用民事法律进行调整。

（2）营利法人与非营利法人。根据2020年5月颁布的《中华人民共和国民法典》的相关规定，高等院校和校外社会助学机构均具备法人主体资格，但是否具有营利性则存在争议，焦点在于营利的社会助学行为是否具有公益性。出于对教育发展和办学价值的认同和保护，教育学界倾向于将从事教育行为的法人划分为非营利法人。笔者赞同采取二元划分法，一是将校外教育培训机构类的社会助学机构划分为营利法人，保障举办者取得办学收益，并在学费收取、教师招聘、课程设置、教学方式、财产分配等方面享有自主权；二是将举办主体为高等院校（含民办）的社会助学机构划为非营利法人。鉴于高校类社会助学机构营利性通常弱于公益性，为彰显其公益性并提高社会助学的积极性和办学质量，可在税收、土地、政府补贴、捐资等方面给予其支持。

（二）社会助学的乱象成因及归责主体

如上所述，不同的参与主体，因法律性质不同而适用不同的规制方式，承担不同的法律责任；同一参与主体，若参与的法律关系不同也应适用不同的规制方式，承担不同的法律责任。具体到社会助学实践乱象，主要有三类根源性原因，其对应责任主体分别为助学机构、立法机关和行政部门。

1. 办学理念偏离自学考试制度设计初衷

我国建立高等教育自学考试制度的目的是要通过以考促学的方式，鼓励国民自学成才。为确保学历认证质量，自考学生须达到与高等院校在校大学生同等学力水平才能顺利通过考试。由此可见，自学考试本质上是有中国特色的开放与远程学习体系，核心功能是"教育"，"考试"仅是验证学习成果的方式和手段。但在自学考试实践中，或多或少存在围绕考试过关展开学习，甚至不惜采用考试作弊的方式提高考试合格率的情况。部分助学组织和高等院校忽视自学考试的教育属性和公益性，片面追求商业利益，甚至基于"经济创收"而未对合作机构进行必要的管理约束。部分自学考试管理机构为追求本地考生规模，或多收取"管理费"，对一些助学组织的违规行为或"擦边球"行为熟视无睹。产生上述问题的根源就在于自学考试参与主体在办学理念上从助学向助考倾斜，在办学目标上从公益向营利倾斜，严重背离自学考试制度设计初衷。

2. 法制建设滞后于自考制度运行实践

一是法律法规内容不完善造成规制空白。现行自学考试法律体系中，效力层级最高的规范性文件仍是1988年3月国务院颁布的《高等教育自学考试暂行条例》，其作为自学考试制度建立初期制定的法律，无论是立法的周延性、内容的完备性还是实践的操作性，都已无法适应社会的发展和自学考试的需要。二是相关规范性文件层级较低，约束力不强。以社会助学为例，自学考试制度建立以来，社会助学相关规范性文件主要以"意见""通知""试行办法"等形式出台，既没有形成系统全面的法律体系，又因受到众多上位法、新法的制约而产生执行难的问题。三是权责划分不明。现行自学考试规范性文件中，关于自学考试的招生行为、社会助学主体、助学内容及法律责任等均欠缺明确的责任划分。特别是对社会助学主客体的权利与义务关系的界定存有诸多疏漏，而行政法、民法以及刑法等法律法规中也缺乏对自学考试失范行为的惩戒。从某种程度上来说，自学考试乱象是由于法制不健全带来的"逆向选择"。

3. 自学考试监督管理不到位

一是社会助学监督管理不够。如，根据自学考试相关规定，对自学考试助学机构的指导、监督权由自学考试管理部门行使，助学审批权由省市教育行政管理部门行使，而社会助学机构的监督权与审批权分离则明显制约了有关部门对社会助学机构资格的监督和指导，从形式上的"多头管理"变成了实质上的"无头管理"，使得违规办学、委外招生、师资队伍混乱等不规范现象时有发生。二是自学考试的检查与评估手段缺失。对社会助学活动的管理应贯穿助学活动全过程，实现从招生到教学、从考试到毕业的无缝管理。据笔者走访及向自考学生发放问卷调查的结果，个别地区的省考委未对其辖内的社会助学组织进行指导和检查，甚至未督促助学组织履行招生前备案手续。部分自学考试高校对其合作助学机构疏于管理，未按规定进行监督和检查，个别高校甚至违规给合作助学机构下放招生权。针对此类现象，各地及国家曾多次出台政策予以规范。早在2005年，江苏省自考委就专门发文规定自考不能委托任何单位招生[①]，2021年11月，教育部办公厅印发《普通高等学校举办非学历教育管理规定（试行）》，针对高校与社会机构合作办学中存在的逐利倾向，规定严禁高校委托校外机构代理招生，严禁转移、下放、出让学校的招生权和教学权。

三、新时代高等教育自学考试社会助学的治理路径

基于高等教育自学考试的制度价值和时代使命，结合社会助学乱象及其

---

① 参见 https://www.51test.net/show/38437.html。

成因，在坚持依法治考、问题导向和系统思维三大原则下，自学考试乱象基本治理思路如下：治理主体方面，以承担公共事务管理职能的政府为主，但不局限于政府部门，可充分发挥自学考试相关方的功能和价值；治理方法方面，聚焦导致社会助学乱象的责任模糊点，构建一套清晰、完整、明确的约束规则；治理手段方面，综合运用理念引导、法律规制、政府管制、专业自治等现代化治理举措，重新激发高等教育自学考试制度活力，具体可从以下四个要点来整体实施。

（一）建立推动自学考试社会助学回归助学本源的考评体系

自学考试社会助学的初衷在于依托助学机构的专业优势为参考者提供辅导和帮助，具有事实上的公益性，本质上仍应归属于"教育业"而非普通商业活动。从事社会助学的各类主体应以助学为目标，克服逐利冲动，更不应将商务模式植根于教育领域。各级教育行政管理部门应加强对社会助学机构的理念引导，着力推进社会助学综合治理体系和治理能力现代化，敦促社会助学机构树立正确的助学观念，自觉矫正不当助学行为。同时，自学考试管理部门应坚持问题导向，加快制定可量化的考核评估方案。有学者指出，自学考试社会助学评估体系应该包括"助学方向、助学条件、助学管理、助学辅导、招生宣传、提供服务"六个具有导向性的一级指标（李华 等，2012）。笔者认为，除此之外，各地区还可根据实际情况制定更加细化的子指标，但尤其要注重"办学理念"偏离度的评价和考核，多措并举地释放自学考试"教育功能"和社会助学"公益性"。

（二）构建完备的自学考试社会助学法律规制体系

只有健全的法制体系才能使考试工作更加规范，才能有效地实现自学考试目的。应通过法律法规的修订完善，明确自学考试参与各方的责任、义务和行为准则，从单一行政管理向现代公共治理转型，推动形成自学考试参与各方共建共治共享的良性循环。

1. 加快推进《高等教育自学考试暂行条例》等现行法律法规的修订

《高等教育自学考试暂行条例》适用至今已超过30年，规范内容、方式等各方面都已无法适应自学考试的发展和需要，亟待与时俱进地加以修订。修订时应重点完善以下内容：一是进一步明确自学考试的性质和功能，对自学考试在高等教育体系、终身教育体系中的地位和作用予以明确，并以立法的形式树立"以自考学生为本"的自学考试思想，把助学教育与人才培养放在优先地位，坚决纠正片面追求经济效益的错误思想；二是细化主考学校的各项职责，对主考学校参与自学考试的保障条件做出明确要求，进一步完善主考学校工作制度；三是厘清自考学生的权利和义务，加强对其参考权、学习权、知情权、平等对待权等权利的保障，促进教育公平；四是加大对自学考试违法行为的处罚，对助学机构违法办学、虚假广告、误导考生，特别是欺诈学费等行为的处罚主体和方式加以明确，对考生舞弊行为等考试失信行为提高处罚力度，并完善考生申诉等权利救济渠道。

2. 加快自学考试社会助学法律治理体系建设

一是出台专门规范社会助学的法律。以法律的形式明确助学机构准入资质、服务内容、师资水平及责任追究，并通过设定具体评价标准来规范社会助学行为。二是建立健全社会助学监督机制。加快制定与办学体制相适应的政策法规，确保教育行政部门在管理与服务过程中依法行政。三是建立社会助学联合监管机制。社会助学监管涉及教育、工商、消费者权益保护等多个行政部门，应搭建助学行为"运营—监管—评估—反馈"全流程覆盖的多主体联动协商式监管治理体系，将社会助学机构、政府职能部门、消费者等利益协同方置于统一开放和权责明晰的全景式监管机制中，实现对助学机构及其行为的全方位监测和规制。

（三）提高自学考试社会助学政府管制现代化水平

在现代法学领域，"监管"是行政机关依据法律规定，利用公权力直接限制市场主体的权利或增加其义务的行为。政府监管不到位是导致自学考试社会助学乱象的重要原因，应通过创新政府监管方式等现代化社会治理模式建设，提升政府监管效能，进而促进自学考试制度价值和功能的回归。

1. 着力提升政府监管效能

一是深入推进"管办评分离",提升政府对社会助学机构监管的科学性和有效性。通过规范教育行政审批管理制度,提升社会助学机构满足消费者多元教育需求的能力,并以政府监管作为维护教育公平和市场稳定的坚实保障。二是建立多部门统一协调的联合监管体系。政府应对相关职能部门在不同类别社会助学机构的审批管理、税收征收、债务清偿等方面做出明确的权责区分,避免教育、工商、民政等部门间出现管理错位、越位和缺位的情况。三是明确社会助学监管职能与责任边界。一方面,明确相关部门管理职责,如教育行政部门侧重于对业务内容的监管,工商行政管理部门侧重于对市场行为的监管。另一方面,科学划分社会助学机构主管部门之间的权力,避免"多头管理""无头管理",提升政府监管准确性和有效性。

2. 加快创新政府监管方式

一是理顺政府与社会助学机构的关系,逐步实现政府监管向委托监测转型,形成"政府管,机构办,社会评"的政府监管新格局。二是建立社会助学机构"全要素认证＋全过程监控"制度。一方面,加强政府部门对社会助学机构运营的指导和管理;另一方面,效仿国外培训市场认证管理制度,由政府牵头设立第三方独立认证机构,由该机构在自学考试社会助学机构的准入标准、财务审核、资质审定、师资配比等方面提供独立、客观的调查结论和评价结果,为政府监管适时提供信息支撑。三是加强大数据、人工智能等信息技术的应用,创新监管手段,补齐在线培训市场监管短板。利用大数据在"数据录入—数据更新—数据分析—数据反馈"方面的独特优势,变革传统监管中实体档案抽查等陈旧低效的工作模式,构建"政府部门＋培训机构＋培训对象＋公众媒体"四位一体的信息化监控系统,破解监管时效性不强、监管空窗期过大、监管信息不透明等难题。

(四)完善自学考试委员会专业自治管理机制

高等教育自学考试委员会是专业性强、权威性高的专门委员会,具有统筹、规划、管理、监督等职能,可发挥该委员会的人才优势、平台优势、机制优势,建立一套完善的管理机制,加快推动自学考试管理机制迭代升级。

1. 设立自上而下的自学考试管理体系

形成"教育部教育考试院—省级教育考试院—高校自学考试管理机构"三级考试管理部门。其中，教育部教育考试院负责自学考试大纲制定和政策引导，规定省级教育考试院相应职权，定期抽查不同省份的自学考试情况，发现问题并提出纠正意见。省级教育考试院主要根据省内情况制定具体的管理条例和分类规定，承担监察和惩处社会助学机构违规办学行为的职责。高校自学考试管理机构则着力于校内自学考试管理工作，规避社会不良助学机构冒用高校招牌进行违法招生宣传的风险。

2. 建立自学考试社会助学督导评估机制

首先，各省应建立专门的自学考试督导机构，定期对社会助学机构的登记注册、助学资格、师资力量、硬件设施、教学资源等进行考察，并加强后续整改监督。其次，定期开展自学考试社会助学总体评估。由教育行政部门组织专家对自学考试社会助学进行数据记录与统计评估，对于反复出现问题且整改不到位的助学机构，要运用惩戒与退出机制严肃查处。

3. 加强自学考试诚信失范规制及惩罚体系建设

一是要加强监考管理制度建设，构建覆盖监考工作人员甄选、考生身份识别、监考技术应用、现场巡考和督导等自学考试全要素的管理规则体系，创造公平的考试环境。二是要加强诚信考试机制建设，通过社会舆论引导考生树立"以诚实守信为荣"的观念，自觉杜绝考试不诚信行为。同时，加大力度惩戒考试不诚信的个人和组织，营造风清气正的自学考试文化。

参考文献

李华，江万里，2012.高等教育自学考试社会助学存在的问题［J］.湖南科技学院学报（5）：185-187.

刘景丰，2013. 无办学资质"尚德"被查 [EB/OL]. (2013-02-05) [2021-11-23]. http://news.sina.com.cn/o/2013-02-05/033926204841.shtml.

单颖文，胡佳瑶，2021.组织40余名大学生做"枪手"替考，幸好考前一天发生了这件事 [EB/OL].（2021-08-27）[2021-11-23]. https://www.sohu.com/a/486129722_120244154.

深圳大学，2017. 关于防范社会培训机构冒用深圳大学名义进行自考招生的警示 [EB/OL].（2017-03-31）[2021-11-23]. https://cce.szu.edu.cn/info/1033/1734.htm.

The Chaos and Governance of Social Assistance Activities for Self-study Examination of Higher Education

Chen Yuanyuan　Chen Enlun

Abstract: In recent years, in the social assistance activities for self-study examination of higher education, chaos such as illegal school running, false propaganda, and cheating in examination have been repeatedly prohibited, which not only hinders the release of the value and advantages of the self-study examination system, but also highlights the long way to go for the legal system construction and good governance of social assistance activities. Looking back at the root cause of the chaos in social assistance activities, the main reason is that the school-running concept deviates from the original intention of the self-study examination system, the construction of the legal system is lagging behind, and the government's supervision efficiency is insufficient. We should adhere to the concept of system and the principle of governing examinations according to law, and use legal regulations, government control, professional autonomy and other governance measures to promote the high-quality development of self-study examination of higer education in the new era.

Key words: self-study examination of higher education　social assistance activities　representation of chaos　governance path

作者简介

陈园园，西南大学教育学部博士研究生，西南民族教育与心理研究中心/体育学院副教授，研究方向为教育法学。

陈恩伦，西南大学教师教育学院、西南民族教育与心理研究中心教授、博士生导师，研究方向为教育法学。

□李梦阳　杜佳欣

论我国高校学术评价法治化①

【摘　要】 在科研评价改革，尤其是"破五唯"的背景下，以量化制和代表作制为代表的传统学术评价已不能满足我国高校学术评价的客观需要，需要建立一套符合我国国情的学术评价制度，优化学术资源分配，纠正以论文评价代替学术评价的倾向，解决高校学术评价中存在的行政权力过分干预、程序性规则不足的问题。而随着高校内部"放管服"改革的深入，高校学术评价也应与法治理念相适应，从程序性和实体性两方面建立和完善高校学术评价制度，以司法手段保障学术评价的公信力，以协议或法律保障研究者的合法权利，促进学术成果在学术市场内由应然层面向实然层面转变。

【关键词】 学术评价　法治化　学术公信力

科学研究是高校的重要职责，是提升我国高等教育现代化水平的关键。我国学术界高度重视学术评价，并已经形成一套能够基本满足教育现代化发展要求的学术评价体系，但这一学术评价体系也存在一些问题。针对现实中存在的如何"破五唯"、如何深化评价体系改革、如何激发

---

① 本文系新疆维吾尔自治区研究生教育教学改革项目"法律硕士研究生产教融合、协同育人实践研究"（XJ2020GY07）、新疆未成年人权利保障与救济研究（XJEDU2022P025）成果。

科研工作者的科研热情等问题，自 2018 年起，多部门出台一系列政策和法律，对我国高校学术评价活动加以规制，包括《关于深化项目评审、人才评价、机构评估改革的意见》《关于开展清理"唯论文、唯帽子、唯职称、唯学历、唯奖项"专项行动的通知》《关于规范高等学校 SCI 论文相关指标使用树立正确评价导向的若干意见》《科学技术活动违规行为处理暂行规定》《深化新时代教育评价改革总体方案》等。

长期以来，我国学术评价受外国影响较多，但在新形势下，更需要建立一套适合我国国情的学术评价制度（张洋 等，2020）。一个运行良好的学术评价制度不仅是提高我国学术研究水平，加快提升教育治理体系和治理能力现代化水平的重要途径，也是提高中文学术研究国际话语权的重要方式。伴随着我国科研水平的提高，学术评价方面也出现了不少争议，尤其是在职称评定、科研成果评价、日常教学等关系到研究者切身利益的方面，甚至出现过由于严重学术造假而损害国家利益的事件（刘效仁，2006），但因为当时相关法律尚不健全，难以进一步追究相关责任人的责任。故在科学研究和学术评价这一专业性要求较强的领域，有必要从法治角度开展研究和思考。

一、我国高校学术评价问题概述

所谓学术评价，即一个权威学术主体按照一定程序，依其专业性和科学性，对评价对象进行客观评价并得出结论的过程。而在构建良好的学术生态的过程中，学术评价的作用至关重要，在高等教育领域更是如此，它直接关乎研究者或研究团队的切身利益，因此有必要建立一套公平公正、高效完备的高校学术评价制度。当前，学术界关于学术评价的争议主要集中在量化制和代表作制这两种评价方式上。

（一）量化制评价与学术成果质量的关系不明显

量化制评价在我国学术评价中长期占据主导地位，其具有高效、直观、公平等特点，但也存在问题。第一，量化制评价并不能保证学者的学术成果质量。学术活动是一种创造性活动，而量化评价方式往往不能对刚出现不久的创新型成果进行及时评价，同时也不易解决手握自由裁量权的评委可能如何对待比自己水平高的同行申请者的问题（刘益东，2018）。第二，量化制评价也容易导致对学术成果"重量轻质"的倾向。量化制评价过分强调学术成果的数量，而不能准确反映学术成果的创造性，例如出现了简单以论文发表数量、论文引用榜单和影响因子排名等为主要标准，而忽视代表作的质量、贡献、影响的问题，或"重国外期刊、轻国内期刊"等问题。

（二）代表作制与程序正义的疏离

相比于量化制，代表作制更加注重学术成果的影响与质量，能在一定程度上避免量化制的唯数量论、唯外文期刊论等问题。可以说代表作制本质是对学术内容的关照，是对学术质量加以评价的制度（张曙光，2016），但代表作制也面临一些问题。第一，评价程序公平保障存在困难。代表作制将评价拉回学术质量这个核心命题，更具复杂性和系统性，评价过程不仅涉及对学术作品的事实判断，也涉及程序公平保障。如评价过程涉及评价专家的选择、评价标准的认定以及内部评价与外部评价等，这些方面都可能引发争议（杜学亮，2019）。第二，评价者或评价机构的权威性困境。即如何确认申请者的代表作真正具有超常的学术价值，是代表作制面临的重大难题（莫伟民，2016）。代表作制能够有效避免以量化制为主导的学术评价制度的一系列弊端，但学术活动作为一种专业性较强的活动，学者的学术视野与专业积累也是有限的，并不一定能挑选到符合标准的评价专家。第三，我国学术共同体的评价机制和学术环境尚不健全（石晶 等，2014）。代表作制评价的核心问题在于按照学科的内在逻辑，建立学术共同体内在的价值标准。学术评价理应属于学术自治的范畴，但在我国现行的高等教育管理体制下，学术共同体的力量仍显弱势。第四，配套改革有待深化。代表作制是对原有评价制度的突破，但与之相匹配的学术资源分配制度还需要进一步完善。学术资源一般是指能够提高学者或学术组织的学术竞争力，让学者进行科学研究并产生学术成果的资源（冯向东，2010）。

学术资源不仅是建设一流学科的重要根基,也是建设高水平大学的研究基础(尤莉,2016)。

(三)学术评价制度对科研过程的异化

除了量化制和代表作制存在的问题外,当前的学术评价制度在其他方面也存在一些问题。首先是科研过程异化问题。由于我国当前的学术评价关系到个人职称评定、绩效考核、资源配置等,评价的价值导向易使科研过程发生异化。其次,对于学术评价标准的探讨,除了对论文数量和质量的探讨以及对质量评定标准的探讨外,还要考虑教师的教学,因为一些高校存在教学与科研两分的情况。同时,由于学术资源分配不合理以及学术权力较为集中,我国高校学术评价制度存在显著的单向控制特征。自上而下的单向控制模式侧重权力集中型领导,适用绝对服从原则。这一过程中教师身份被工具化,管理过程基本遵循"控制—执行—生产"这样的单向指令。

二、制约我国高校学术评价的内部根源与外部因素

针对当前我国高校学术评价问题产生的原因,有学者认为行政化是导致学术评价诸多问题的重要原因(余三定,2013)。有学者则提出,以绩效逻辑代替知识逻辑是导致学术评价乱象的原因,即长期以来的量化式积累导致了效率崇拜倾向与逻辑话语,使得学术评价的本质"学术质量"与"学术发展"被轻视(张曙光,2016)。也有学者认为,学术评价机构缺乏有效的公信力以及由诸多因素共同作用形成的不合理科研体制是导致学术评价混乱的根本原因(张耀铭,2015)。还有学者认为学术共同体发展不利也是导致学术评价困境的原因。这些观点与学术评价活动各个环节直接相关,显示了造成学术评价乱象的复杂原因。以上与高校学术评价直接相关的原因属于内部根源,除此之外,还应考虑外部因素,例如我国学术市场的发展情况、相关管理和监督制度的完善等。

(一)制约我国高校学术评价发展的内部根源

1. 高校学术评价过程中过多的行政干预

高校行政权力介入学术评价和学术资源分配有着深刻的历史原因,改革开放后,随着国家综合实力的提高,学术研究的基础性投入和重大的或国家急需的科研任务以及与国家战略相关的科研建设的投入不断增加,而这些投入多是以项目和工程的形式体现的(朱剑,2015),这些学术资源主要集中在各级行政部门手中,学术研究的方向也不断向国家急需解决的问题倾斜。行政权力的介入对国家建设和学术生态发展有着积极意义,但在一定程度上也使学术研究主体同学术评价主体相分离,行政部门成为学术评价的重要一方。

2. 量化制的非知识逻辑导致高校功能异化

量化制在一段时间内使我国学术研究水平得到很大的提高,但也在一定程度上影响了学术生态的健康发展(田贤鹏,2020)。虽然有代表作制发挥辅助作用,但在长期量化制评价主导下,高校逐渐形成了过分强调科研效率和科研成果的绩效逻辑,尤其在教师聘任、教师年度考核、教师科研管理、教师职称评定等活动中,科研成果数量居决定性地位,这不仅使得教学、管理等高校日常性教育活动在评价中的比重降低,可能影响高校办学质量,也使得学术评价同质于论文评价、项目评价,将学术评价制度简单化。此外,学术评价机构或组织仅用单一的量化方式对各学科进行学术评价与资源分配,有学者认为这种脱离学科认识的量化背后,反映了急功近利和重理轻文的倾向(张福贵,2010)。

3. 学术共同体发展不完善

随着代表作制的评价方式在我国高校学术评价中比重增加,学术共同体在学术评价中的地位也在不断提高。有学者认为现代意义上的学术评价,即由学术共同体主持,以学术水准为对象,以推动学术的继承与创新为目的,与资源配置相联系,与物质-精神激励相结合,与学者学衔-地位挂钩的学术评价(钟兴永 等,2013)。由此可见学术共同体在学术评价中的重要地位。但长期以来,由于量化制居于主导地位,学术评价机构分化为以计量为工作内容的评价机构和以定性为目的的学术共同体,使得学术共同体在发挥评价作用时受到限制。同时,学术共同体的权威性也来自组织的公信力,这与学术共同体及其成员的学术伦理和学术道德密切相关,而偶有发生的学术造假事件却会削弱学术共同体的公信力与社会信用。目前国内虽然有对学术伦理和学术道德的研究,但仍缺乏制度性和概括性的归纳与规范。

(二)限制我国高校学术评价发展的外部因素

1. 学术市场发展不规范

生产者、消费者、产品是构成市场的必不可少的三要素。在学术场域中,学者同时具有生产者和消费者的属性,学术成果转换单位、第三方评价机构具有消费者的属性,学术成果具有产品的属性,实际上这些学术要素也营造出了一个学术市场。与市场不同的是,在学术市场中,学者同时作为学术成果的生产者和消费者,但学术成果的好坏主要由学术成果转换单位、第三方评价机构来鉴别,而同为消费者的学者却很难参与其中。我国的学术市场起步较晚,国际学术市场的话语权掌握在西方发达国家手中,在学术市场规则制定过程中,我国仍处在跟跑和参与阶段。同时,在学术资源分配过程中,学术市场过多受到外部因素影响,学术共同体在学术市场中的评价地位并不明确,而一般的研究者也往往只作为学术成果的生产者,因此本应在学术市场中居于核心地位的研究者并不能通过学术评价有效参与学术资源的分配。学术市场自身并不能通过一般的市场规则去解决高校学术评价中的学术资源分配问题。此外,市场具有盲目性和急功近利的特征,学术市场也不例外,如果没有科学的外部监管制度和法律法规来规范学术市场,单凭学术市场自身的力量很难扭转现在的局面。

2. 配套监督和管理制度不完善

我国的学术评价制度起步较晚,相关配套制度还存在不足。第一,学术规范制度。尽管国家法律与政策都为树立正确的职称评价价值导向做出了努力,但具有操作性的法律规范较少。如教育部、科技部印发的《关于规范高等学校 SCI 论文相关指标使用树立正确评价导向的若干意见》已较为详细地规定了"准确理解SCI论文及相关指标""深刻认识论文'SCI至上'的影响""建立健全分类评价体系"等十项导向要求，然而没有在操作层面上规定如何"改进学科和学校评估"，如何"优化职称（职务）评聘办法"，实质规范不足。第二，学术自治制度。高校的学术自治是其管理上的一项重要权利，也是建设现代大学的重要理念，当前学术共同体存在力量较弱的情况，同时也缺乏相关法律与政策的引导和规范。第三，学术监督制度。由目前已发布的各层级规范文件可见，我国高校学术监督方面的制度和规范尚不完善。另外，我国高校学术奖励机制不完备，不能有效发挥优秀学者的教育、引领作用，《关于深化项目评审、人才评价、机构评估改革的意见》中提及"落实国家科技奖励改革方案"，此后应出台更加细化的政策文件对其进行回应和进一步落实。高校学术惩处机制亦不完备，目前我国高校学术惩处方面只有科学技术部印发的《科学技术活动违规行为处理暂行规定》有相关规定，教育部等其他部门尚无相应制度规范，形式和内容上的不完备导致学术违规行为可能无法及时、准确地被处理。

（三）学术评价内部要求与外部环境间需要法治化的链接

从应然和实然的关系上看，学术评价是一个将应然的理论成果导入实然层面评价的过程，为了保证该过程的有效性与科学性，需要学术评价内部和外部的共同作用，但通过对限制学术评价的外部因素与内部根源的分析，无论是学术市场的进一步规范，还是加强学术评价监管制度的建设，都离不开更加法治化的链接来协调高校学术评价内部与外部间的关系。

学术市场是现代学术生态中的重要一环，是推动学术创造性产生和激励研究者学术活动的重要场所，作为市场，其不能脱离市场规律的调节与限制。如果忽视市场规律的调节作用，盲目地以行政权力分配学术资源和干预学术评价，有可能打击研究者的学术热情，甚至限制学术共同体的自然形成。市场本身也有盲目性与滞后性，即使是学术领域也不能免俗，行政权力的干预和引导是克服市场自身不足的重要途径，况且在现代社会，重要的科学问题和基础研究如果没有国家力量的介入是很难有效进行的。无论从学术市场规范的建立还是学术活动自身的需要上看，政府的干预与引导都是必要的,由此也引出另一个问题,在学术评价中应该如何协调行政权力与学术活动内部要求的关系。

目前来看,关于我国高校学术评价活动中如何协调双方关系的研究与规范较少,尚不能满足学术评价的实际需要。而当前政府提倡的"放管服",为协调双方关系提供了新的解决办法,即通过法治化方式加强学术评价内部要求和外部环境的配合与衔接,从程序法和实体法两个方面更好地促进学术成果从应然层面向实然层面的转化。

三、法治化路径下的高校学术评价

学术评价法治化的核心在于建立一套符合法律程序性和学术科学性的规范性学术评价制度,这套制度表面上看是由一系列的文件规定、操作规则、实施办法等共同构成的,但其内里则是由学术标准、价值、方向和期望所组成,它的核心是决策者意志和现行价值观结合的一种浓缩体现(蔡毅,2003)。如何保证学术评价制度公正、客观、科学与合理,不仅需要从程序和实体两方面入手,也需要将学术伦理、学术道德等学术生态中的必然考量纳入学术评价法治化过程,如《科学技术活动违规行为处理暂行规定》的颁布就是一次很好的尝试,以法治方式治理我国高校学术评价活动。法治化路径下的高校学术评价制度不仅包括事后惩戒制度,还应包括以提高学术公信力为目标的学术信用制度、以加强管理和拓展评价方式为主的学术评价管理制度以及具有增益性功能的高校内部监管制度。

(一)加强学术道德与伦理评价,建立和完善学术失信责任制度,提高学术公信力

在学术评价制度法治化过程中,学术道德与伦理也应该是考察的对象之一,应将其纳入法律化、制度化的范畴。

完善高校学术评价制度的关键在于如何产生一个具有权威性、公信力的评价机构,并以此为核心建立一套能够持续保障学术公信力不受到损害的

程序体系。从这点上看，作为最终要将学术成果反馈到整个社会和学术市场中去的制度体系，单纯依靠学术界或高校自身的力量显然是无法达成的，只有通过强有力的外部支持才能完成这一目标，要避免研究者或学术团体"裁判员"与"运动员"身份的重合，有必要将司法手段作为学术评价的最终手段。

虽然学术评价本身具有极强的专业性与科学性，但学术活动一旦进入学术市场，其法律关系就是相对明确的。就评价过程本身而言，无论是评价主体还是其他参与主体，各主体的权利义务是比较容易确定的，这与学术活动本身牵扯不大，因此以司法手段保证学术评价的公信力是可以实现的。例如韩国的黄禹锡案，2009年10月，首尔中央地方法院认定黄禹锡在美国《科学》杂志上发表的有关人体干细胞的研究论文部分造假事实成立，并对其做出一审判决，以侵吞研究经费等罪名，判处黄禹锡有期徒刑2年，缓期3年执行。从现有的经验和程序要求上看，推进学术评价法治化在以下方面已经具备了条件，如将既有学术评价政策法律化、提高现行评价制度法律位阶、对违反学术评价制度行为的责任追究以及将不诚信的学术活动纳入全国性征信系统等。

（二）强调分类管理，建立学术评价多元标准，创新评价方式，发挥多元主体评价作用

除了通过司法保障提高学术评价的学术公信力外，也可以通过程序性或增益性的规范促进学术评价方式多元化和学术活动创新，避免学术评价中出现学术资源垄断或行政力量过分干预的情形。

目前，量化制和代表作制的评价方式已经不能完全满足学术评价的客观需要，虽然已出现了其他评价办法或建议，如开放式评价（刘益东，2020）、网络评价（徐菁 等，2021），但短时间内还无法与前两种方式相抗衡，故可以通过协议或立法的方式规范新的评价办法，打破原有格局，如将分类评价体系指导意见或文件以法律方式加以表达，针对如基础研究、应用研究和技术创新、国防科研和成果转化等不同类型的科研工作，分别建立侧重点不同的评价路径，注重关键性成果的质量、贡献和影响，客观衡量论文或其他成

果在评价中的权重。

此外，规范制定教师职称（职务）评聘分类评价标准也是有利于高校学术评价制度良性发展的重要保证，通过量化制、代表作制、开放式评价、网络评价等多种方式确定教师职称标准，合理进行学术资源分配。

（三）强化过程监管，完善高校内部学术评价监督机制

高校学术监管是近些年来高校工作的重点，高校学术评价既是高校学术监管的重要组成部分，也是高校学术监管的重要对象，有必要从高校学术评价的角度进一步加强监督和管理。除了之前提到的司法途径外，加强高校内部学术监管也是十分必要的，其重点在于加强学术道德的培养与监督，引导和促进学术共同体的良性发展。同时要注意高校内部学术监管机构自身素质的加强，避免出现因为落后的监管方式而导致的学术资源分配不合理以及优秀学者流失，加强高校内部法治化建设，使学术评价监督制度在程序正义和实质正义间取得平衡。

参考文献

蔡毅, 2003. 建立一套良好的学术评价体系 [J]. 学术界（6）: 58-72.
杜学亮, 2019. 代表作评价制度的困境与出路 [J]. 中国政法大学学报（2）: 74-79, 207.
冯向东, 2010. 大学学术权力的实践逻辑 [J]. 高等教育研究（4）: 28-34.
刘效仁, 2006. 汉芯事件无人担责是对学术腐败的纵容 [N]. 中国青年报, 2006-12-28（2）.
刘益东, 2018. 开放式评价与学术市场: 彻底解放学者的创造力 [J]. 北京师范大学学报（社会科学版）（1）: 17-26.
刘益东, 2020. 用"互联网 + 代表作"落实代表作评价制度: 并论开放评价引发的开放教育革命 [J]. 情报资料工作（3）: 14-19.
莫伟民, 2016. 高校学术评价"代表作制"怎样实行 [J]. 中国高等教育（8）: 31-33.
石晶, 李晓彤, 2014. 热与冷: 高校学术代表作评价制度的思考 [J]. 甘肃社会科学（6）: 73-75.
田贤鹏, 2020. 高校教师学术代表作制评价实施: 动因、挑战与路径 [J]. 中国高教研究（2）: 85-91.
徐菁, 程冕, 王绍兰, 等, 2021. 一种基于网络分析的学者学术影响力计算方法 [J]. 情报科学（3）: 101-106.
尤莉, 2016. 利益相关者视角下大学学术资源权力制衡机制研究 [J]. 国家教育行政学院学报（7）:

21-26, 60.

余三定, 2013. 关于当今学术管理所存在问题讨论的评述 [J]. 云梦学刊 (3): 5-11.

张福贵, 2010. 当下中国学术危机的三大症候 [J]. 学术界 (11): 51-57, 284-285.

张曙光, 2016. 学术评价乱象: 表征、诱因与治理: 基于量化评价的视角 [J]. 湖南师范大学社会科学学报 (3): 154-160.

张洋, 庞进京, 侯剑华, 2020. 学术评价的关键问题与未来发展对策研究 [J]. 情报杂志 (11): 181-185, 194.

张耀铭, 2015. 学术评价存在的问题、成因及其治理 [J]. 清华大学学报 (哲学社会科学版) (6): 73-88, 190-191.

钟兴永, 杨年保, 2013. 建立多元、开放、严肃、包容的学术评价体系: "学术评价与当代学术发展论坛"综述 [J]. 湖南社会科学 (5): 64-68.

朱剑, 2015. 科研体制与学术评价之关系: 从"学术乱象"根源问题说起 [J]. 清华大学学报 (哲学社会科学版) (1): 5-15, 180.

On the Legalization of Academic Evaluation in Colleges and Universities in China

Li Mengyang   Du Jiaxin

Abstract: Under the background of scientific research evaluation reform, especially the "breaking five only", the traditional academic evaluation represented by the quantitative system and representative work system can no longer meet the objective needs of academic evaluation in colleges and universities. Therefore, it is necessary to establish a set of academic evaluation system in line with China's national conditions to optimize the allocation of academic resources, correct the tendency of replacing academic evaluation with paper evaluation, and solve the problems of excessive intervention of administrative power and insufficient procedural rules in academic evaluation in colleges and universities. However, with the deepening of the reform of "streamline administration and delegate power, improve regulation, and upgrade services" in colleges and universities, the academic evaluation should also be compatible with the concept of rule of law, establish and improve the academic evaluation system in colleges and universities from procedural and substantive aspects, guarantee the credibility of academic evaluation by judicial means, and protect the legal rights of researchers by agreement or law, so as to promote the transformation of academic achievements from the ought-to-be level to the actual level in the academic market.

Key words: academic evaluation　legalization　academic credibility

作者简介

李梦阳，新疆大学法学院讲师，研究方向为法理学、教育法学。

杜佳欣，北京师范大学教育学部硕士研究生，研究方向为教育法学。

□陈全真

高校二级学院自治权的运行机制及行使限度
——兼评"柴丽杰诉上海大学不授予博士学位案"

【摘　要】最高人民法院以指导性案例的形式明确了学位授予纠纷的司法审查限度,当前司法实践也以此为基准,对纠纷中的学位授予标准奉行学术标准有限审查和非学术标准全面审查的原则。和目前已决的学位授予纠纷存在明显不同,"柴丽杰案"涉及高校二级学院的自治权与司法审查权之间的冲突。高校学术自治具有必要性和正当性,二级学院可在获得学校授权的情况下,设定严于校规的学术标准,这仍属于学术自治范畴。对此,司法机关应当保持足够的谦抑和尊重,只要不违反比例原则和正当程序原则,即可肯定二级学院规则具有完备的法律效力。

【关键词】司法审查权　二级学院　学术自治　比例原则　正当程序原则

一、问题的提出：司法可否介入高校二级学院自治？

近年来,越来越多的教育行政纠纷诉诸司法程序,教育行政诉讼案件数量持续增长,司法实践中甚至出现了公民通过公益诉讼方式维护受教育权的案例（崔玲玲,

2019）。综合已决案件来看，对于高校事务管理，司法审查权是全面介入还是保持一定的谦抑性，司法实践中存在着同案不同判的现象（魏海深，2018），一定程度上反映了司法审查权与高校自治权之间的紧张关系。司法机关在何种条件下可以介入高校内部事务、如何介入以及介入的限度或强度等均未有法律明确规定。鉴于此，最高人民法院2014年发布指导性案例，以一般性裁判规则指导各地教育行政诉讼实践，意图在教育行政诉讼中发挥"准法源"的作用。

2017年12月，通过博士论文答辩的柴丽杰获得了学校颁发的毕业证，但上海大学却因其发表的核心期刊论文数量虽达到校级指标，但未达到经济学院的指标，拒绝授予其博士学位，柴丽杰遂将上海大学诉至浦东新区人民法院。2020年3月，浦东新区人民法院对"柴丽杰诉上海大学不授予博士学位案"（以下简称"柴丽杰案"）做出一审判决，确认上海大学未及时履行学位评定职责。和目前已决的学位纠纷案存在不同，该案涉及高校二级学院的自治权与司法审查权之间的冲突，在司法审查权与高校自治权之间尚未形成协调统一的行使规则的情况下，案件审理中面临的二级学院自治权来源、运行机制、行使限度及其与司法审查权之间的协调等问题亟待明确。本文通过对现行法律规范和学位纠纷裁判规则进行梳理和解释，试图形成更加科学合理的裁判理念和规则，以期达到学位诉讼中同案同判之效果。

二、司法审查权介入高校自治的裁判立场考察

最高人民法院于2014年公布的第九批指导性案例中，第38号"田永案"和第39号"何小强案"不但明确高校可以成为行政诉讼的适格被告以及高校做出不授予学位的决定属于行政诉讼的受案范围，还确认了不同类型学位纠纷的司法审查限度（耿宝建，2013），即未达到学术标准引起的学位纠纷，司法机关实行有限审查，未达到非学术标准引起的学位纠纷，司法机关实行全面审查。这在一定程度上可视为司法机关处理高校学位授予纠纷的权威标准。

（一）学术标准有限审查

在"何小强案"中，因何小强未通过全国大学英语四级考试，华中科技大学武昌分校认为其未达到校规中的学士学位授予标准，从而拒绝授予其学士学位，故何小强诉至法院。法院经审查认为，该校校规将大学英语四级成绩作为学士学位授予标准之一，并未违反上位法《中华人民共和国学位条例》第四条和《中华人民共和国学位条例暂行实施办法》第二十五条的规定，而是对上位法中学士学位授予标准的细化，属于高校学术自治和教学自主权的范畴。① 法院最终判决被告华中科技大学胜诉。在潘某诉广东海洋大学不授予学士学位案中，因潘某被学业警告，并进行了重考，广东海洋大学校规将学业警告、重考和补考学分超过一定分值作为对学术水平的不利评价，从而未授予其学士学位，法院认为此种校规是该校行使教育自主权的体现，符合《中华人民共和国学位条例》的相关规定，应认定合法有效。即便潘某认为其经过重考后所有缺考科目已合格且通过论文答辩，已达到授予学士学位的学术水平，但广东海洋大学制定的关于重考学分超过一定分值就不授予学士学位的规定，实际上是对重考合格者和正常考核合格者的学术水平做出区分，并无不当。② 上述案例表明法院针对高校学术标准、学术水平等有关学术事项，只要未明显违反上位法的规定，一般不做过多审查，充分尊重高校的学术自治。

在"何小强案"中，法院认为，高校将全国大学英语四级考试成绩作为衡量学生学术水平的标准之一，是学术自治权和教学自主权的体现，司法权应当对此保持必要的谦抑态度，不宜过度介入高校学术自治（杨艳飞，2015）。换句话说，法院对于高校校规中的学术标准，只进行合法性审查，而对于此种学术自治权或学术标准的合理性，法院并未进一步阐明。而在"于艳茹案"中，针对于艳茹是否存在抄袭以及抄袭是否导致学位撤销的后果，因涉及学术判断和学位管理问题，法院也是充分尊重了学术自治，未

---

① 湖北省武汉市洪山区人民法院（2008）洪行初字第 81 号行政判决书。
② 广东省湛江市中级人民法院（2020）粤 08 行终 151 号行政判决书。

做出明确认定和判断。最终法院将正当程序原则适用于该案并指出，虽然学位撤销程序并未由《中华人民共和国学位条例》明确规定，但并不意味着所有程序均为法律所认可，行政机关也不能认为自己不受程序限制，撤销博士学位关涉当事人重大切身利益，应当允许当事人陈述和申辩，保障其应有的权利。①

（二）非学术标准全面审查

在"田永案"中，北京科技大学因田永考试违纪而对其做出退学处理，并拒绝为其颁发毕业证和学位证。一、二审法院均认为，针对原告田永违反考场纪律的行为，被告北京科技大学虽然具有自治权，但做出退学处理决定所依据的校规《关于严格考试管理的紧急通知》，明显与上位法《普通高等学校学生管理规定》第二十九条规定的法定退学条件相抵触，因此北京科技大学做出的退学处理决定违法。②对于该案，法院对田永考试违纪行为的客观事实、行为性质、做出退学处理决定的实体依据以及程序合法性进行了全面审查。其中，法院对作为退学处理决定做出的实体依据的《关于严格考试管理的紧急通知》进行了严格审查，最终得出校规违反上位法的结论。就程序的合法性而言，在"田永案"发生之前，高校对学生做出处理决定并无明确的程序可循，然而"田永案"终审法院判决指出，退学处理决定关涉原告的受教育权能否实现，与其重大切身利益密切相关，被告做出退学处理决定应以正当程序送达、宣布，并允许当事人陈述和申辩。③在随后发生的"刘燕文案"中，正当程序原则更是被深入运用到案件审理中，法院强调高校决定不授予学位，关系到学生的重大切身利益，应当向学位申请人说明理由④，听取申请人的意见，为其提供陈述和申辩的机会。⑤

综合既有的学位纠纷裁判规则来看，最高人民法院先是以指导性案例的

---

① 北京市第一中级人民法院（2017）京01行终277号行政判决书。
② 北京市海淀区人民法院（1998）海行初字第00142号行政判决书。
③ 北京市第一中级人民法院（1999）一中行终字第73号行政判决书。
④ 北京市海淀区人民法院（1999）海行初字第104号行政判决书。
⑤ 湖北省武汉市武昌区人民法院（2015）鄂武昌行重字第00002号行政判决书。

形式构建了一套学术标准有限审查与非学术标准全面审查（严格审查）的双重审查模式（周佑勇，2019）。其后各地法院在此种审查模式下结合具体案情，将纠纷进行分类，涉及学术事项的，以必要且有限的实体审查为基本原则，重在审查相关校规是否与上位法相抵触，以尊重和维护学术自治为基本遵循，对于学术标准本身是否合理、适当，法院一般保持谦抑态度，而着重判断高校做出教育管理行为的实体依据和诸如撤销学位、不授予学位等行为的程序合法性；而涉及非学术事项的，以全面审查为基本原则，不但审查教育管理行为的实体依据和程序的合法性，还会审查教育管理行为本身是否合理、适当。上述指导性案例及其后的司法实践已然形成了教育行政诉讼尤其是学位诉讼领域较为稳定且通用的裁判规则。

综合比较而言，"柴丽杰案"与此前已决的学位纠纷案件的最大区别在于，上海大学拒绝授予柴丽杰博士学位的核心依据并不是校规中的学术标准，而是二级学院另行制定的学术标准。在此种情形下，上位法《中华人民共和国学位条例》相关规则的解释路径以及司法审查权介入高校自治的既有裁判规则，明显不能全盘适用于本案，但在对高校二级学院自治权运行机制进行分析后，此前的一系列审查模式对于本案争议焦点的解决，仍具有十分重要的借鉴意义。

三、二级学院学术自治权的运行机制

与以往的学位纠纷不同，上海大学不授予柴丽杰博士学位的依据并不是校级规范性文件，而是二级学院制定的规则。如此一来，司法介入高校自治、对校级规范性文件进行审查的既有裁判规则，是否可以进一步适用于对二级学院规则的审查，仍然存在疑问。"柴丽杰案"之所以能够引起舆论广泛关注，一个很重要的原因在于，高校以发表一定数量、一定级别的论文作为衡量博士研究生学术水平的标准，进而决定其能否被授予博士学位，此种学术评价机制是否必要和正当。

（一）高校学术自治的必要性与正当性

硕士、博士研究生作为社会高素质人才，高校要保证其将来有能力为社会发展做出自己的科研贡献，须秉持一种高度负责的态度进行人才培养，对学生尤其是博士学位申请人的学术水平提出更高的标准和期待（任海涛，2020）。当前，国内绝大多数高校均在培养方案中自主设定一定的科研量化指标，作为博士研究生申请学位的基本条件。有学者质疑该种评价机制的合理性，认为学位申请中资格论文要件的存在使得高校将学术评价权转交给第三方，实属推卸学术监督责任，而且第三方评审机制并不完善，容易滋生学术腐败等，并不利于博士研究生发表论文（张颂昀 等，2019）。但从该种学术评价机制的实际效果来看，高校自主设定学位授予的科研指标总体上仍是利大于弊。换言之，只要申请学位的资格论文要求适度、合乎理性，不但不会损害学生包括受教育权在内的合法权益，还能有效提升学生的学术素养和科研能力，最终实现公正评价学位申请人学术水平的目的。正如有论者所言，学位授予标准中所规定的科研量化指标，只要符合比例原则的适当性要求，以一定数量、一定级别的学术论文来衡量学位申请人的学术水平，仍是十分必要的（黄厚明，2017）。

《中华人民共和国教育法》第二十九条和《中华人民共和国高等教育法》第十一条均规定，高等学校有权按照章程自主管理和依法自主办学。结合两部法律的规范意旨来看，高校自治主要体现在自主办学，但自主办学的前提是不能违反法律规定。另外，两部法律均规定，国家实行学位制度，学生只有达到一定的学术水平，方可向学位授予单位申请授予相应的学位。至于学术水平如何衡量，《中华人民共和国学位条例》第四、第五、第六条虽然分别对授予相应学位所要求达到的学术标准进行了细化规定，但相关表述仍然过于抽象，不具有可操作性。因此，法律法规层面并未提供一个明确的指引，用以判断学位申请人的学术水平是否达到授予学位的标准。显然，作为一个颇为专业的学术评价问题，高校内部专业人员对此应当更具发言权，即应由高校在法律授权范围内自行衡量学位申请人的学术水平，这也是高校学术自治的必然要求。对此，《中华人民共和国学位条例暂行实施办法》第二十五条也明确规定培养单位在不违反上位法规定的前提下可以制定本单位的学位授予实施细则。鉴于此，高校在上位法授权范围内，自行设定学术评价标准，如将发表一定数量、一定级别的学术论文作为授予学位的条件，是法律授权下的高校学术自治的体现，具有正当性（石磊，2016）。

（二）源于校级授权的学术自治权

《中华人民共和国学位条例》第四、第五、第六条分别针对学士、硕士和博士学位的授予做出了资格限制。尤其是博士学位申请人，除了应具备较为坚实的基础理论、系统深入的学科知识以及独立进行科学研究的能力外，还要在科学研究或专门技术上完成创造性的成果。这种更为苛刻的学术衡量标准，一方面反映出国家对于博士研究生这种高质量人才的特别期许，另一方面也对申请学位的博士研究生的学术水平提出了更高的要求。然而，博士研究生应达到的学术标准应当由谁来制定或衡量？显而易见，学术水平的判断涉及对专业技术知识的理解，只有交由相同或近似专业的教师进行鉴别，才能服众。作为学位授予单位，高校校级层面的自治仅仅停留在形式层面，且更多地体现于管理自治，而不同学科的专业性学术问题，显然无法一刀切地交由学校制定同样的标准进行衡量和鉴别，而是应交由二级学院的学位评定委员会进行判断。简言之，学术水平的衡量，应当确保专业的人做专业的事，避免外行评价内行（王春业，2019）。

《国家中长期教育改革和发展规划纲要（2010—2020年）》提出完善大学内部治理结构。在此背景下，高校内部管理模式不断创新，将学术自治权下放至二级学院成为大势所趋，二级学院开始具体负责教师职称评审、学生学术评价等事项，其办学的自主性不断得到强化（商筱辉，2013）。鉴于此，各二级学院根据其办学水平、科研实力以及科研评价机制，在不违反上位法的前提下，制定严于校规的学术标准，符合高等教育规律，这也是高校二级学院学术自治正当化的前提。正如有论者所言，学位的本质即学术评价，而学术评价事项属于高校自治范畴，认定学位申请人是否达到授予某种学位的学术水平，应当由各二级学院相关学科的专家、教师来评判（杨艳飞，2015）。从这个意义上讲，高等院校的学术自治限于形式层面，实质层面的学术自治应由二级学院享有（龙宝新，2019）。就实体层面而言，教育部发布的《高等学校学术委员会规程》明确规定，学术委员会作为高校的最高学术机构，统筹行使学术事务的决策、审议、评定和咨询等职权。① 倘若校学术委员会认为校内各学院、各学科甚至各专业之间差异较大，共用一套学术评价机制有失公允，便可授权二级学院学术委员会制定仅在本学院或本学科内部适用的学术评价机制。对此，司法审查权不宜过度干预。

在程序方面，二级学院规则的制定必须遵循正当程序，才能具备法律效力。换言之，高校学术委员会将某一学科的学术评价权授权给二级学院学术委员会，二级学院学术委员会负责起草一个适用于本学院的学术评价方案，至于该方案能否生效，由校学术委员会最终拍板决定。一旦二级学院的学术评价方案经校学术委员会审核通过并保证学生知悉，那么就可以认为程序正当，二级学院规则也就具备了校级规范的法律效力。在"柴丽杰案"中，上海大学并未将应用经济学专业纳入另行制定科研指标的学科范围，即经济学院未经学校授权而超越校级规范，擅自增加了科研量化指标。对此法院指出，在不违反上位法的前提下，高校可以自行制定学术评价标准来衡量博士学位申请人的学术水平，也可以做出授权性规范，将学术评价权下放至二级学院，各学院或各学科的科研量化指标高于或低于学校标准，应在校级规范中予以体现。② 但上海大学经济学院增加科研指标并非对校级规范的简单细化，而是另行做出规定，此举关涉学生重大切身利益，未经正当程序不能上升为校级规定。

四、二级学院学术自治权的行使限度

从校规的内容来看，其合法性来源包含两部分：一部分来源于国家法律的有限授权，如学籍管理、纪律处分方面的管理规则，遵循法律保留原则；另一部分来源于宪法位阶的基本权利——学术自由权，典型的如学位授予、

---

① 参见《高等学校学术委员会规程》第二条。
② 上海市浦东新区人民法院（2019）沪 0115 行初 362 号行政判决书。

职称评审等学术事项的相关规定，不与上位法相抵触即是合法的（黄厚明，2016），但这并不意味着高校二级学院学术自治权的行使完全不受司法审查。

（一）学术自治应遵守比例原则

对于二级学院学位授予的学术标准，司法审查权应当秉持尊重和维护学术自治的态度，不再进行合法性审查，而是重点审查其是否符合比例原则。

比例原则经过一百多年的发展已有较为明确的内涵，具体包括适当性、必要性和狭义比例性。适当性是指采取的措施要有助于目的的实现，即二级学院设定的学术标准必须有助于实现学术目的。根据学术的特性，学术论文的发表确实可以体现一定的科研水平，二级学院根据学科特点和培养方案，在学位授予标准中规定发表一定数量、一定级别的学术论文，符合教育规律，也符合社会观念中一般的学术标准，有助于提高学位申请人的学术水平，因而符合比例原则的适当性要求。必要性原则即二级学院在达成学术目的的手段中选择对学生权益侵害最小的手段。近年来各高校及其二级学院规定学位申请人需要发表一定数量、一定级别的学术论文，倘若设定的论文指标超出了学位申请人的学术能力或者超出了学术期刊的承载范围，达不到论文指标即不授予学位或者撤销学位是对学生受教育权的剥夺，因此学位授予标准的设定应考虑是否具有必要性。狭义比例原则也称"相当性原则"，是指采取的措施与所要达到的目标具有相当性。比如在最高人民法院第 38 号指导性案例"田永案"中，田永因考试作弊而被开除学籍，不被授予学位，这种剥夺学生受教育权的重罚虽然实现了严肃考纪和端正校风的目的，但明显过罚失当，违背了狭义比例原则（戴国立，2021）。

综上所述，对于与学术目的相关的实体问题，司法审查权既要足够尊重二级学院制定的严于校规的学术标准，又要防止二级学院滥用学术评价权，以比例原则为基准对学术自治进行实体审查。高校学位授予的本质是一种学术评价行为，高校可以在不与上位法相抵触的前提下设定学位授予学术标准（张显伟，2019）。同样，二级学院作为学术自治理念的践行者，可在获得校规授权的前提下，设定合理、适当的科研指标来衡量学生的学术水平。在"柴丽杰案"中，法院并未对经济学院另行制定的学术标准进行合法性判断，而是保持了中立态度，仅仅指出高校在学位授予方面的程序规制并不禁止各院系以及各学科根据学科特点，制定严于校规的学术标准。从这个层面来讲，上海大学经济学院另行增加科研指标的自治性规范并未违反比例原则。

（二）学术自治应符合正当程序原则

当然，二级学院学术性自治规范符合比例原则并不意味着其就具有完备的法律效力，相关规范性文件从制定到实施，还要符合正当程序原则。早在"刘燕文案"中，学位授予的程序正当性问题就成为我国学位纠纷司法实践中的焦点。对于学术自治权，司法审查权一般表现出足够的尊重，审查的重点被转移至学位授予程序是否具有正当性（张航，2020）。正当程序原则的内涵包括参与、中立、及时和确定等。就"柴丽杰案"而言，判断《上海大学经济学院研究生学位授予科研量化指标》是否具有完备的法律效力，须审查其制定程序是否合法、是否获得校级规范的授权、是否经过校学术委员会的审核批准以及是否经过公示程序以使本院学生充分知悉。只有符合上述程序性要件，才能认可经济学院学位授予科研量化指标的合法性。然而本案中，被告上海大学似乎并未证明该二级学院规则制定程序的合法性，甚至也未充分告知原告柴丽杰，并听取其陈述和申辩。正如一审法院所指出的那样，学位授予关涉学生重大切身利益，经济学院的相关规定作为二级学院规则，未获得校级授权的情况下并不能通过微信事先告知的方式，当然上升为校级规定。[①] 可见，二级学院规则从制定到实施必须遵守正当程序原则，才能获得完备的法律效力。

五、余论

就"柴丽杰案"而言，一审判决并未对高校二级学院规则的合理性进行实质性审查，仅仅得出学院规则未得到校级授权，进而在程序上确认违法

---

① 上海市浦东新区人民法院（2019）沪 0115 行初 362 号行政判决书。

的结论。但案件所涉及的二级学院学术自治权如何行使，或者司法审查权能够在多大程度上介入二级学院规则，成为法学界关注的焦点。本文对上述问题做出分析的同时，最终一并明确了二级学院学术自治权行使的限度。值得思考的是，二级学院自治是否仅局限于学术层面？是否能够获得校级授权进行有限的管理自治，以保障教学和学术活动的正常开展？这些问题仍值得研究，限于文章篇幅，以上问题将另撰文探讨。

参考文献

崔玲玲, 2019. 教育公益诉讼：受教育权司法保护的新途径 [J]. 东方法学（4）：138-149.

戴国立, 2021. 高校学位撤销权的法律规制 [J]. 东方法学（2）：178-188.

耿宝建, 2013. 高校行政案件中的司法谦抑与自制 [J]. 行政法学研究（1）：93-98.

黄厚明, 2016. 高校校规的创制研究：基于两种权力观的考察 [J]. 教育科学（4）：52-55.

黄厚明, 2017. 高校学位授予案件司法审查进路研究：基于两种法律性质定位的考察 [J]. 高教探索（6）：24-28.

龙宝新, 2019. "双一流"建设背景下二级学院内部治理的机制与架构 [J]. 高校教育管理（4）：18-26.

任海涛, 2020. 高校二级学院"规则"的法律效力研究：从"柴丽杰诉上海大学不履行法定职责案"谈起 [J]. 教育发展研究（7）：48-55.

商筱辉, 2013. 现代大学制度下二级学院运行机制研究 [J]. 首都经济贸易大学学报（5）：122-123, 126.

石磊, 2016. 《何小强诉华中科技大学拒绝授予学位案》的理解与参照：高等学校在学术自治范围内有依法制定学术评价标准职权 [J]. 人民司法（案例）（20）：22-26.

王春业, 2019. 论法治视野下学位评定委员会职责的变革：兼论《学位条例》的修改 [J]. 东方法学（6）：132-141.

魏海深, 2018. 司法权介入高校内部治理的类型与强度 [J]. 河北法学（12）：114-125.

杨艳飞, 2015. 司法介入高校学位授予纠纷之模式探析：以"田永案"与"何小强案"为分析视角 [J]. 学位与研究生教育（8）：36-40.

张航, 2020. 学位撤销期间程序制度研究：以《学位条例》第17条的修订为中心 [J]. 中国高教研究（11）：91-97.

张颂昀, 龚向和, 2019. 博士学位授予资格论文要求的法理分析：以40所法学一级学科博士点院校为例 [J]. 学位与研究生教育（8）：28-35.

张显伟, 2019. 高校规范性文件法治化的诉求 [J]. 政治与法律（11）：81-89.

周佑勇, 2019. 高校惩戒学生行为的司法审查：基于最高人民法院相关指导性案例的观察 [J]. 南京师大学报（社会科学版）（3）：5-15.

The Operating Mechanism and Exercising Limits of the Autonomy of Secondary Colleges in Universities: Concurrently Comment on "Chai Lijie v. Shanghai University for Not Conferring a Doctorate Degree Case"

Chen Quanzhen

Abstract: The Supreme People's Court clarified the limits of judicial review for degree-granting disputes in the form of guiding cases, and the current judicial practice also serves the rules as a benchmark. For the degree-granting standards in disputes, it pursues a limited review of academic standards and a comprehensive review of non-academic standards. It is obviously different from the disputes about degree awarding that have been settled so far, the "Chai Lijie Case" involves a conflict between the autonomy of secondary colleges and judicial review. Academic autonomy of colleges and universities is necessary and legitimate. Secondary colleges can set academic standards that are stricter than school regulations when they are authorized by the school level. This still belongs to the category of academic autonomy. In this regard, the judiciary should maintain sufficient humility and respect. As long as the principle of proportionality and the principle of due process are not violated, it can be affirmed that the rules of the secondary colleges have complete legal effects.

Key words: power of judicial review secondary colleges academic autonomy the principle of proportionality the principle of due process

作者简介

陈全真，南京大学法学院博士研究生，研究方向为经济法、高等教育法。

□王重文

我国地方教育立法的回顾与展望①

【摘　要】 自1962年以来，我国地方教育立法总共制定1265件，其中地方性法规815件，地方政府规章450件。地方教育立法的实践与探索，为地方教育事业的发展提供了强有力的制度保障。地方教育立法经历了起步探索、持续发展、快速发展和精细化发展四个阶段，呈现出回应性、执行性、探索性、多样性、地方性五个方面的特征。同时，也存在滞后于教育实践、重复现象严重及公众参与不够的问题。未来地方教育立法精细化的发展与"真善美"的实现，需要在立法时回应时代诉求、完善立法技术、强化立法评估及促进公众参与。

【关键词】 地方教育立法　教育法治　立法展望

"在我国，地方立法种类繁多、层次丰富，具有特定的指称，通常是指相对于中央立法的立法形式，其外延至少包括一般地方立法、民族区域自治区立法和经济特区立法等。"（谢勇，2019）³地方教育立法是相对于中央教育立法而言的，它是指享有地方立法权的主体，根据法定或

---

① 本文系2019年度教育部人文社会科学研究青年基金项目"高校教育纠纷硬法与软法的综合治理研究"（19YJC880091）、2020年度三峡文化与经济社会发展研究中心湖北省高校人文社科重点研究基地开放基金项目"宜昌市家庭教育地方立法研究"（SXKF202006）的阶段性成果。

授权的立法权限，经由特定的程序，制定、认可或变动本区域内教育规范性法律文件的活动。本文试图对 1962 年以来的地方教育立法文本进行分析，进而勾勒出地方教育立法的样态与图景，总结地方教育立法的实践经验，为未来地方教育立法提供有益的借鉴。

一、我国地方教育立法的回顾

（一）我国地方教育立法的样态

本文以"教育条例""教育管理规定""教育管理办法""教师""学生""幼儿园""校车"等为关键词，通过北大法宝进行法律法规检索，对重复与无关内容进行删除后，共收集到 1265 个规范性法律文件（截止到 2021 年 8 月 1 日）。从数量上看，1962 年以来，我国制定的 1265 件地方教育立法文件中，包含地方性法规 815 件和地方政府规章 450 件。各年度的具体分布情况见图 1，这 1265 件规范性法律文件中，包括制定 909 件、修改 319 件和废止 37 件。

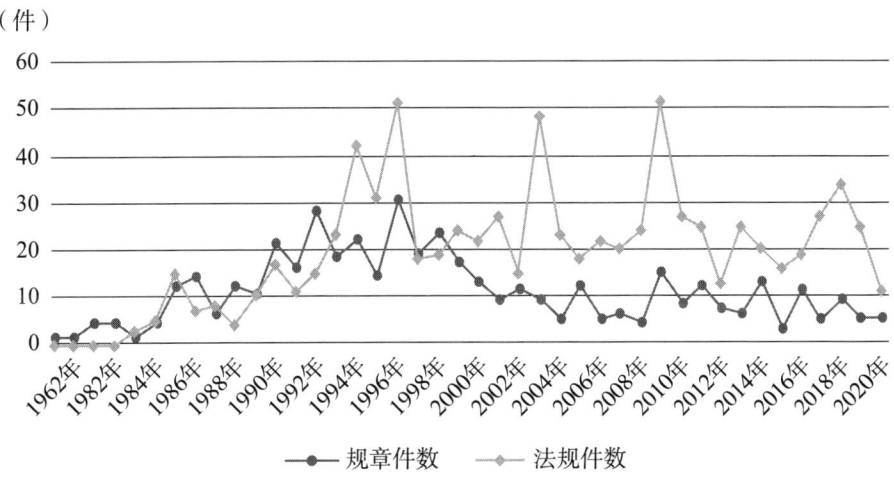

图 1 1962—2021 年我国地方教育立法情况

从内容上看，我国地方教育立法的内容具体包括义务教育、学前教育、高等教育、家庭教育、国防教育、职工教育、民族教育、法制（治）宣传教育、终身教育、校园安全、学生人身伤害事故处理等近80项内容。地方教育法规和地方教育规章的内容侧重有所不同，地方教育法规内容侧重于义务教育，总共立法173件，占地方教育法规总数的21.2%，如表1所示。地方教育规章内容侧重于校园管理，总共立法90件，如果将与学生、教师相关的事务也纳入宏观的校园管理的话，则总共立法123件，占地方教育规章总数的27.3%，如表2所示。

表1 1962—2021年我国地方教育法规的类型

类型	高等教育	帮扶教育	成人教育	教育督导	环境教育	继续教育	国防教育	教育条例	民办教育	民族教育	农民教育	学前教育	教育经费
件数	11	3	5	28	6	25	58	18	51	32	2	21	6

类型	教育考试	学生体质	社区教育	义务教育	中等教育	老年教育	校园安全	职业教育	终身教育	法治教育	校园管理	教师条例	其他
件数	2	3	2	173	1	3	49	77	6	41	88	54	50

表2 1962—2021年我国地方教育规章的类型

类型	继续教育	高等教育	教学奖励	教育督导	教育管理	民办教育	勤工俭学	校园安全	扫除文盲	社区教育	素质教育	特殊教育	收容教育
件数	44	18	13	34	19	45	2	11	1	1	3	4	5

类型	义务教育	院校体育	职业教育	合作办学	学校保护	助学贷款	学生管理	校园管理	教师管理	教育经费	教育综合	学前教育	其他
件数	23	5	3	1	2	2	7	90	13	20	37	9	38

从地域上看，广东省地方教育立法件数最多，有97件（规章49件，法规48件），其次是山东省（82件）和辽宁省（82件）。地方教育立法件数最少的是西藏自治区，仅10件（规章3件，法规7件）。整体上看，西部地区的地方教育立法数量少于东部地区，如图2所示。

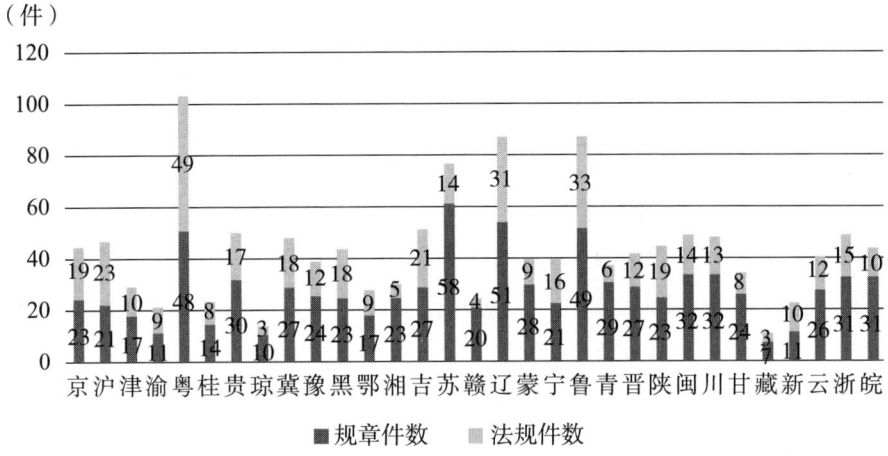

图 2　1962—2021 年我国地方教育立法的地域分布

（二）我国地方教育立法的发展历程

1. 起步探索时期（1962—1985 年）

这一时期地方教育立法数量较少，总共制定 23 件，其中法规 8 件，规章 15 件。1962 年《四川省人民委员会关于人民办学的试行办法》的出台，标志着我国地方教育立法探索的开始。1984 年 6 月颁布的《江苏省普及初等义务教育暂行条例》是我国第一部地方教育法规，它共有二十一条，是在上位法尚未出台的背景下制定的，对推动义务教育的发展意义重大。在制定依据上，因我国第一部教育法律《中华人民共和国学位条例》（1980 年）针对的是高等教育，这一时期地方教育法规的制定依据是《中华人民共和国宪法》第十九条和第四十六条。在立法内容上，地方教育法规的内容以义务教育为主，主要是为了解决义务教育发展过程中面临的问题。地方教育规章的内容较法规丰富，包括社会力量办学、教育经费、高等教育等七方面的内容，其中有 7 件与社会力量办学有关。

2. 持续发展时期（1986—1996 年）

这一时期地方教育立法数量持续增长，总共立法 356 件，其中地方性法规 183 件，地方政府规章 173 件。随着 1986 年《中华人民共和国义务教育法》的颁布，各地结合自身实际情况陆续制定义务教育实施条例，如《黑龙江省实施〈中华人民共和国义务教育法〉条例》(1986年)、《江西省实行九年制义务教育条例》(1986年)、《辽宁省九年制义务教育条例》(1986年),从此地方教育立法有了直接的上位法依据,不再单纯以宪法作为立法依据,如《辽宁省九年制义务教育条例》第一条规定:"为了实施《中华人民共和国义务教育法》,结合本省实际,制定本条例。"本时期地方教育立法除了数量持续增长外,在立法内容上也更加多元化,除了义务教育外,还涉及职业教育、幼儿教育、职工教育、国防教育、民族教育、高等教育、成人教育、帮助教育、法制教育。在立法形式上,"立"与"改"和"废"并存。该时期"修法"17件,废止1件。

3. 快速发展时期(1997—2010年)

这一时期地方教育立法得到快速发展,总共立法560件,包括地方性法规382件,地方政府规章178件。尤其是1997年、2004年、2010年,分别立法81件、57件和66件。在立法内容上,1995年《中华人民共和国教育法》的颁布和实施意味着我国的教育立法进入一个繁荣发展时期(申素平,2018)[25],促进了地方教育立法内容的丰富,民办教育、中小学生人身伤害事故预防与处理、教育督导、农民教育等领域的立法纷纷出台。这一时期,《中华人民共和国高等教育法》《中华人民共和国民办教育促进法》出台,为地方教育立法提供了上位法依据,如《陕西省民办教育促进条例》(2004年)是我国第一部名称中包含"促进"的地方教育立法。在立法形式上,为适应教育发展的需要,"改"与"废"是该时期重要的立法形式,该时期总共修法184件,废止28件。

4. 精细化发展时期(2011年至今)

随着2011年中国特色社会主义法律体系的形成,"我国教育立法的重心逐渐从立法向修法、释法方向发展,以使其更能适应时代的发展和满足人民群众的需求"(申素平,2018)[27],教育立法领域研究日益深入,地方教育立法朝着更加精细化的方向发展。在立法内容上,聚焦教育热点问题,在中央层面尚未出台相关立法的情况下,各地纷纷开始探索,主要体现在学前教育、家庭教育、校园安全方面,这三个方面的地方教育法规共有55件。在立法形式上,该阶段"修法"活动也较频繁,总共"修法"117件。

二、我国地方教育立法的特征

(一) 回应性

"法的本质由特定社会的物质生活条件决定"(张文显，2018)[71]，从这个角度看，地方教育立法必定是对现实社会的回应。地方教育立法的出台，是为了解决地方在教育发展过程中面临的问题。回顾我国地方教育立法的发展历程，可发现地方教育立法对社会经济生活变迁和教育发展改革需求做出了回应。我国第一部地方教育法规《江苏省普及初等义务教育暂行条例》就是为了回应人民群众对教育最迫切的需求，保障学龄儿童的受教育权，尤其是在上位法尚未出台的背景下。教育事业在发展过程中面临的问题多种多样，但并非都需要或适合由立法解决，特别是在立法资源十分有限的情况下，只有那些问题特别突出、对社会影响比较大、对该问题的看法各方意见比较一致的，才适合通过立法予以规范。如在校园安全方面，由于一些社会影响十分恶劣的案件频发，引起了社会各界对校园安全的担忧。为了加强学校安全管理，维护学校教育教学秩序，保障学生和教职工的合法权益，各地纷纷就校园安全问题立法，2020年出台了4件校园安全条例。

(二) 执行性

国家立法往往原则化且抽象，这也是考虑到各地实际情况存在差异，如果规定得过于具体细致，不利于发挥各地的主观能动性。但与此同时，由于国家立法过于原则化，地方在实际执行法律的过程中，往往难以适用。这就为地方制定执行性立法留下了空间。从宏观层面看，宪法是其他法律的"母法"，其他立法皆源于宪法，均是对宪法精神的贯彻。这里所探讨的执行性，是指有直接上位法依据的地方立法的执行性特点，如各地制定的义务教育条例，是为了更好地执行《中华人民共和国义务教育法》。地方教育法规文本标题中，包含"实施"的有179件，包含"施行"的有3件，包含"实行"

的有3件。地方教育规章文本标题中,包含"实施"的有93件。当然,在文本标题中不包含"实施""施行""实行"的,并非就不是执行性立法。有些立法文本标题中虽然不包含"实施""施行""实行",但仍然属于执行性立法,如《陕西省民办教育促进条例》,可以理解为对《中华人民共和国民办教育促进法》的执行。

（三）探索性

探索性是地方立法中自主原则的体现,"相比于执行或落实上位法的实施性立法,自主性立法和先行性立法更能体现地方立法的自主性"（谢勇,2019）[55]。探索性主要表现在无直接上位法依据的情况下,地方教育立法先试先行。我国第一部地方教育立法的诞生,就表现出强烈的探索性。近几年有关学前教育、家庭教育、学校安全的地方教育立法纷纷出台,充分展现出地方教育立法的探索性,这些尝试与探索,为国家层面的立法积累了实践经验,如《中华人民共和国家庭教育促进法》。相比执行性地方教育立法,先行立法探索是从无到有,在没有参考依据和借鉴模板的情况下,如何谋篇布局确定体系结构,存在更大难度,所需投入的立法资源更多。为提高立法质量,各地一般通过加强与高校或其他研究机构的合作,借助立法专家的研究成果,并将其融入地方教育立法之中。

（四）多样性

地方教育立法的多样性,是指地方教育立法内容丰富、形式多样。在内容上,地方教育立法比国家层面的教育立法更加丰富,涵盖从学前教育到高等教育、从普通教育到特殊教育、从学校教育到家庭教育等多方面的内容。815件地方教育法规涉及义务教育、学前教育、中等职业技术教育、学生人身伤害事故处理等53项内容。450件地方教育规章涉及学前教育、义务教育、职业教育、特级教师评选、助学贷款等近80项内容。相比地方教育法规,地方教育规章内容更广且具体,它通常就某一特定事项进行立法。当前地方教育法规都是实体性规范,地方教育规章有专门的程序性规范,如《重庆市学生申诉办法》(2008年)。在形式上，地方教育立法以"管理型"为主。最近几年"促进型"立法①有逐渐增多的趋势，如各地制定的家庭教育促进条例。

(五)地方性

地方教育立法的地方性，又可称为地方教育立法的地方特色。地方特色在地方立法中最常被提及，同时又极富争议（谢勇，2019）[52]。地方教育立法的地方性表现在以下三个方面：就执行性立法而言，它是根据地方具体情况而执行或实施法律、行政法规；就自主性而言，其目的是管理地方性事务，各地教育法规与规章的制定和实施，都是为了对本辖区的教育事务进行管理，如《黑龙江省实施〈中华人民共和国义务教育法〉条例》第七条的规定，这些目标的设定是在考虑本地实际状况后，因地制宜的体现；就先行性而言，它弥补了国家立法之欠缺，具有典型的试验性，如《北京市学前教育条例》(2001年)、《天津市农民教育培训条例》(2010年)、《重庆市家庭教育促进条例》(2016年)、《成都市社区教育促进条例》(2016年)、《安徽省老年教育条例》(2020年)等，都是在中央立法尚未出台的背景下制定的。

三、我国地方教育立法存在的问题

(一)滞后于教育实践

地方教育立法滞后于教育实践，是指未充分彰显立法的回应性，未能及时制定相关立法，回应教育改革和发展过程中的难点与热点问题。1984年

---

① "促进型"立法是以提倡和促进某项事业发展为基本宗旨的专门立法形式。相对于"管理型"立法，其立法侧重由秩序到意义、由管理到治理、由管制到引导的转变。(江国华 等，2021) 当然，"促进型"立法与"管理型"立法的划分是相对的。一般而言，"促进型"立法主要不以法律责任的承担去强制行为人从事相应的行为，而以倡导为主。

我国第一部地方教育法规（《江苏省普及初等义务教育暂行条例》）才出台。相比其他部门立法，教育立法具有明显的滞后性。立法的滞后，并不代表教育事业的发展无章可循。在相当长的一段时间里，我国教育事业的发展倚重于政策和红头文件。福建省直到2016年才制定《福建省义务教育条例》，相比江苏省晚了30多年。2015年《中华人民共和国立法法》修订，赋予设区市地方立法权，之后地方立法如雨后春笋，呈喷井式发展。但这并未促进地方教育立法数量的明显增长，2016年到2020年制定的地方教育法规共121件，平均每年约24件，明显滞后于其他领域立法。这可能是因为设区市立法者的谨慎立场，对授权立法事项"等内等"的理解，仅限于法条所规定的"城乡建设与管理、环境保护、历史文化保护"事项，而不包括教育事务。我国地方教育立法供给整体上呈滞后状态。

（二）重复现象严重

当前，各地教育立法文本有大量内容高度类似，个别条款表述完全一样，重复现象严重。以地方家庭教育立法为例，在家庭教育工作实施机制方面，各地都从家庭、政府、学校、社会四个方面进行制度设计，虽然条文的表述并不完全相同，但核心内容基本相当，如果改变适用地域范围，几乎可以替换使用（王重文，2020）[31]。地方教育立法重复现象泛滥，会大大消解地方教育立法的价值。"地方重复立法使地方立法丧失了地方特色，丧失了对于本地区实际问题的针对性，无法反映地方多样化的实际情况，阻碍了社会主义法治的实现。"（任尔昕 等，2010）当然，要求地方教育立法完全创新，没有一点重复的内容是不现实的。正如有学者认为的，在地方立法中"必要重复"是可以的，例如对部分总则性条款的重复、对说明性和限制性条款的重复、对行为模式条款的重复（黄锴，2017）。地方教育立法重复的危害主要是由"不必要重复"导致的，有学者将这种"不必要重复"视为惰性地方立法，"惰性地方立法重复属于滥用立法权力，是对《立法法》的违背"（程波 等，2017）。地方教育立法大量重复，除了会消解其立法价值外，也是对投入到立法活动中的人力、物力、财力的浪费。

（三）公众参与不够

《中华人民共和国立法法》第五条规定："立法应当体现人民的意志，发扬社会主义民主，坚持立法公开，保障人民通过多种途径参与立法活动。"从笔者近三年参与的设区市地方立法座谈看，参与者绝大多数来自政府部门，仅有少数是来自高校的研究人员和律师代表。公众参与地方教育立法的情况不容乐观，"由于公众的参与意识弱，加之集体行动的困境，激励机制的缺乏，公众参与立法目前仍处于象征性参与阶段"（郭晓燕 等，2021）。地方教育立法的出台，是为了解决地方教育问题，促进地方教育事业的发展。立法条文通常涉及利益分配和调整、利益相关者诉求的回应。缺少公众参与，利益相关者表达诉求的渠道不畅通，地方教育立法就会忽略一些本应考量的因素，以至于立法内容不周延，其解决地方教育发展中实际问题的能力将大打折扣，这种民主性的缺失，实际上影响到了地方教育立法的科学性。"立法活动和过程的民主性，是立法成果内容具有民主性的重要保证。只有通过民主的程序及活动过程，人民的意愿及要求才可能得到集中，人民的统一意志才能形成和最终得以表达。"（黄建武，2020）

四、我国地方教育立法的展望

（一）回应时代诉求

回应时代诉求是地方教育立法的生命线。"法律必须以切实可行的、符合法律系统性的方式回应大量的、不断变化的问题与冲突"（魏德士，2013）[95]，检验地方立法质量的唯一标准，就是看地方立法能否关照当地群众的切身利益追求，能否回应当地经济社会发展的需求，能否解决当地的热点与焦点问题，在保证所立法规"实效""管用"的同时，对国家立法和上位法的"短板""漏洞"进行必要的修补（宋才发，2021）。针对地方教育活动中的问题立法，要求谨慎确定立法主题，在确定立法主题之前做好扎实的立法调研工作，经过科学论证和充分研讨后，再决定纳入年度立法计划。避免"长官意志"对立法的不当干预，为了立法而立法，出现以追求立法为政绩的"景观立法"。回应时代诉求不应忽视对教育政策的关切，教育政策往往是现实中教育热点与焦点问题的集中体现，"教育政策立法的主要目的是指引教育政策运作"（张芳全，2000）[12]。"法律并非'一次性的（aus einem Guss）'锻造物，而是充满了紧张对立和不能解决的矛盾"（魏德士，2013）[121]，回应时代诉求除了"立新法"外，还应及时对不合时宜的立法进行修订或废止。

（二）完善立法技术

立法技术是在立法过程中遵循和运用的方法与技巧，它主要体现为结构构造技术和语言表达技术。完善立法技术是地方教育立法生命力的保障。针对现实问题立了法，并不必然保证所立之法能切实解决实际问题。地方教育立法的"真管用"，需要完善的立法技术保障。科学合理地运用立法技术，确保地方立法的宗旨明确，指导思想、基本原则和内容表达准确，内部结构科学合理，有助于法的实施和监督，有助于全社会良好法治氛围的形成（胡戎恩，2018）[248]。在未来的地方教育立法中，在形式结构和内容结构上，要做到形式规范、逻辑完整清晰。在立法文本的体系结构上，应包括总则、分则和附则。总则是对立法目的、调整范围、基本原则、主要职责等所做的概括性规定。分则是对总则内容的具体化，明确行为主体的权利与义务或权力与职责，以及行为模式与相应的法律后果，它是地方教育立法的核心内容。附则是对非规范性内容的规定，一般是施行日期和解释权的归属。在逻辑结构上，各章节之间，以及法条内的款、项之间，要保持逻辑上的一致，不能随意排列。如前面采用多个条款对不同行为模式进行了列举，后面法律责任部分的规定，应与前文一一对应。在语言表达上，要简洁、清晰、通俗易懂。

（三）强化立法评估

强化立法评估是提升地方教育立法的良善品质、实现善治的重要途径。立法评估包括正式起草之前的立项评估和立法后的效果评估两个方面。地方立法立项评估是地方立法立项中的重要程序制度，是推动地方科学立法、民主立法、依法立法的切入点（朱最新，2021）。强化立法立项评估，首先要明确立法范围，无论是争议较大的重要立法建设项目，还是领导建议项目，都应纳入立法立项评估范围。其次要细化立法立项评估制度，如参与评估的主体与条件、评估的程序与标准等。立法后的效果评估是地方教育立法后的阶段性诊断，是对其本身的良善程度与善治效果的评价，它也是地方教育立法进行修改、废止的重要依据。强化立法后的效果评估，设置科学合理的评估体系是关键。学界的研究成果为实务提供了若干借鉴，如"国家－社会－公民"分析框架下的良法善治型评估体系（秦前红 等，2015）、二维多级指标评估体系（李店标 等，2020）等，具体评估指标的设定不应千篇一律，应选择并制定适合本地的评估指标。但一些共性的评估指标不可缺失，如文本的合法性、规范性、合理性、特色性及法规实施的效果。

（四）促进公众参与

"广泛的民众参与是立法民主的重要体现，是法律获得正当性的源泉，亦是提高立法质量、增强法律实效的根本保障。"（王春光，2002）促进公众参与是地方教育立法民主性的要求。让人民群众参与地方立法，能有效地汇聚民意、反映客观规律的要求（谢勇，2019）[49]，促进公众对法律的信任与认同。同时，也能尽量避免因信息不对称导致的立法失当，以立法民主化推进立法科学化（冯玉军，2018）。公众参与地方教育立法应涵盖整个立法过程，包括参与立法调研、立法立项评估、法规起草、立法后的效果评估。在参与主体上，应尽可能广泛，不应局限于立法机构、行政机关、司法机关和专家学者，也要给予普通民众、利益相关者参与的机会，尤其是"有必要赋予利益群体或集团提案权，他们代表着一个群体的共同利益，在社会中的作用越来越突出，同时政治诉求也越来越强烈，如果不赋予他们一定程度上的提案权，可能会导致社会矛盾的激化"（王子正 等，2018）。如在"双减"背景下，地方在制定有关校外教育培训机构法规的过程中，应听取校外培训机构代表的呼声，并予以回应。

参考文献

程波，吴玉姣，2017.认真对待地方立法重复［N］.中国社会科学报，2017-08-09（5）.

冯玉军，2018.立法参与的制度设计与实施效果评估［J］.河北法学（3）：2-11.

郭晓燕，李拥军，2021.公众参与立法的功能异化与矫正路径［J］.齐鲁学刊（2）：112-121.

胡戎恩，2018.中国地方立法研究［M］.北京：法律出版社.

黄建武，2020.科学立法与民主立法的潜在张力及化解［J］.地方立法研究（2）：1-13.

黄锴，2017.地方立法"不重复上位法"原则及其限度：以浙江省设区的市市容环卫立法为例［J］.浙江社会科学（12）：35-41，81，156.

江国华，童丽，2021.反思、拨正与建构：促进型立法之法理阐释［J］.华侨大学学报（哲学社会科学版）（5）：102-112.

李店标，冯向辉，2020.地方立法评估指标体系研究［J］.求是学刊（4）：112-119.

秦前红，底高扬，2015.在规范与现实之间：我国地方立法质量评价标准体系的重构［J］.宏观质量研究（3）：89-99.

任尔昕，宋鹏，2010.关于地方重复立法问题的思考：正确理解并遵循立法的科学原则［J］.法学杂志（9）：90-93.

申素平，2018.从法制到法治：教育法治建设之路［M］.上海：华东师范大学出版社.

宋才发，2021.地方立法的基本程序及功能研究［J］.河北法学（3）：2-16.

王春光，2002.民众参与立法是法的正当性之基础［J］.法学杂志（2）：41-43.

王重文，2020.家庭教育地方立法研究：基于对六个省级法规文本的分析［M］//劳凯声，余雅风，陈鹏.中国教育法制评论：第19辑.北京：教育科学出版社.

王子正，赵佳丽，2018.地方立法的公众参与问题研究［J］.河北法学（3）：19-32.

魏德士，2013.法理学［M］.北京：法律出版社.

谢勇，2019.地方立法学［M］.北京：法律出版社.

张文显，2018.法理学［M］.5版.北京：高等教育出版社.

张芳全，2000.教育政策立法［M］.台北：五南图书出版公司.

朱最新，2021.论证抑或评估：地方立法立项的程序选择［J］.地方立法研究（2）：27-37.

Review and Prospect of Local Education Legislation in China

Wang Zhongwen

Abstract: Since 1962, China has enacted a total of 1265 local education legislation, including 815 local laws and regulations and 450 local government regulations. The practice and exploration of local education legislation provides a strong institutional guarantee for the development of local education. Local education legislation has gone through four stages: initial exploration, sustainable development, rapid development and refined development, showing the characteristics of responsiveness, enforcement, exploration, diversity and locality. Meanwhile, there are some problems such as lagging behind educational practice, serious repetition and insufficient public participation. In the future, the refined development of local education legislation and the realization of "truth, goodness and beauty" need to respond to the demands of the times, improve legislative technology, strengthen legislative evaluation and promote public participation.

Key words: local education legislation   educational rule of law   legislative prospect

作者简介

王重文，博士，三峡大学法学与公共管理学院讲师、硕士生导师，宜昌市人大暨三峡大学地方立法研究院研究员，主要研究方向为教育政策与法律。

□余冬生

营利性民办学校破产退出的法律适用①

【摘　要】 如何解决营利性民办学校破产退出中的法律适用问题是我国学界尚未给予充分回答的问题。2016年修订的《中华人民共和国民办教育促进法》首次确立了民办学校"营利性/非营利性"二元分类管理体制，但该法对营利性民办学校破产退出的法律适用规范未予明晰，应当通过法律推理与论证，明确相关问题的法律适用标准。具体而言，应以《中华人民共和国企业破产法》确立的"不能清偿到期债务，并且资产不足以清偿全部债务或明显缺乏清偿能力"为营利性民办学校破产退出事由。破产申请主体包括营利性民办学校、债权人以及依法负清算责任的人。营利性民办学校既可以适用破产清算程序，也可以适用破产重整制度与和解制度。破产债权清偿应遵循担保物权、破产费用、共益债务、受教育者债权、教职工债权、税收债权、普通债权的清偿次序。

【关键词】 营利性民办学校　法律适用　破产原因　破产申请　破产程序　清偿顺位

---

① 本文系湖南省2021年新文科研究与改革实践项目"法学实践教学新文科转向的理论创新与实现路径研究"成果。

一、问题的提出

近年来,随着民办教育机构分类管理制度的实施,民办学校获得了重要的发展机遇。但民办学校数量和规模的扩张,不可避免地使行业市场竞争日趋激烈,受生源减少、资金不足、教学质量不佳等因素的综合影响,部分民办学校相继破产。在优胜劣汰的市场竞争环境下,民办学校破产退出是正常现象和必然趋势,对此应当有正确的认知和理性的对待。但民办学校提供的教育服务毕竟属于公共产品,具有公益属性;加之法律主体地位的复杂性,与普通商事主体适用破产规范相比,民办学校破产退出有其独特性和差异性。通过文献研究发现,既有关于民办学校破产退出法律适用问题的研究多停留在旧法语境下,2016 年修订的《中华人民共和国民办教育促进法》首次确立了民办学校"营利性/非营利性"二元分类管理体制,但民办学校特别是营利性民办学校破产退出的法律适用规范仍不明确。本文拟在新法背景下通过法律推理与论证,对营利性民办学校破产退出事由、破产申请主体、破产适用程序以及破产债权清偿顺位等展开深入研究和讨论,明确法律适用标准,澄清一些学理上的误解,以期为助力民办教育健康、稳定、可持续发展提供参考。

二、营利性民办学校的破产退出事由

在现行法人分类体系下,营利性民办学校应属于营利法人,其破产退出过程中的系列行为自应受到《中华人民共和国企业破产法》的规范和调整。然而,《中华人民共和国民办教育促进法》第五十八条和《中华人民共和国企业破产法》第二条对破产原因的规定不尽一致,前者仅将资不抵债列为破产事由,后者还包括不能清偿和明显缺乏清偿能力要件,由此带来规范适用上的竞合和冲突。笔者认为,营利性民办学校适用《中华人民共和国企业破产法》的规定显然更为妥帖和适当,理由如下:

首先，较《中华人民共和国民办教育促进法》而言，《中华人民共和国企业破产法》的相关规定在立法理念与立法技术上更具合理性和可操作性。《中华人民共和国企业破产法》规定的破产原因包括两种情形。其一，不能清偿到期债务且资不抵债。资不抵债考察落脚点在于资产负债比，在统计债务数额时，不论债务是否到期均应纳入；对于债务人偿还能力的考察，也仅以实有财产为限，不考虑信用、能力等其他偿还因素。因此，资不抵债仅表明营利性民办学校在特定时间点上出现资产与负债比例失调、陷入危险境地，但并不意味着其丧失对到期债务的偿还能力。故而，营利性民办学校破产既不应以暂时不能清偿为判定标准，也不能仅以资产负债表上的资不抵债作为认定依据。其二，不能清偿到期债务且明显缺乏清偿能力。企业经营过程中，难免会发生暂时资金周转困难，不能清偿到期债务的情形，这种状况下不宜轻易宣告其破产。但若实际已丧失清偿可能，即便账面资产略大于负债，也可提出破产申请。实践中，在债权已届清偿期，经债权人催告，债务人在合理期限内仍未能清偿，即可推定债务人明显缺乏清偿能力。

其次，《中华人民共和国民办教育促进法》采用"资不抵债"破产标准难以有效保障相关人利益。营利性民办学校破产，仅以其有限财产为清偿限额，无人对其债务承担无限责任。立法者将资不抵债设置为破产原因，主要是为了防范债务人在已经资不抵债的情况下，仍然不适当地增加债务，进而损害债权人的利益。但实践中外部债权人较难知晓债务人资产负债情况，资不抵债常适用于债务人自愿申请破产。这导致债权人申请强制破产的权利受限，无论是对受教育者还是对其他外部债权人来说都难言有益。另外，考虑到资产负债表反映的债务人资产状况具有期限性和不确定性，为防止债务人只要出现资不抵债情形，便申请破产以逃避债务履行，损害债权人利益，《中华人民共和国民办教育促进法》第五十八条采用"无法继续办学"的用语，似乎是对资不抵债程度做出的限制性规定，但该表达过于抽象和模糊，导致实践中认定困难，也难以发挥应有的效果。

最后，从实践看，适用《中华人民共和国企业破产法》破产原因规定具有丰富判例支撑。在"董秋月申请温州市鹿城区乐哈哈幼儿园破产清算案"中，申请人董秋月以"不能清偿到期债务，并且资不抵债或明显缺乏清偿能力为由，申请对乐哈哈幼儿园进行破产清算"。法院审理认为：乐哈哈幼儿园对董秋月的债务由生效判决确认,且经人民法院强制执行程序,因无可供执行财产导致未能履行支付相应执行款义务,故被申请人已明显缺乏清偿能力,不能清偿到期债务。①据此,裁定受理债权人破产清算申请。此外,在重庆市第五中级人民法院审理的一个判例中,债务人重庆南岸快乐摇篮幼儿园受新冠肺炎疫情影响延迟开学,无法承担高额房屋租金等债务,以相同破产事由向法院申请破产清算②,法院依据《中华人民共和国企业破产法》相关规定裁定予以受理。由此可见,无论是债权人还是债务人,均以《中华人民共和国企业破产法》第二条规定的破产事由作为提起破产申请的法律依据。

需进一步说明的是,《中华人民共和国民办教育促进法》对营利性民办学校的破产原因采用特别标准,看似是虑及其不同于普通商事主体的特殊性(任海涛 等,2018),实则更可能是立法技术瑕疵所致。据中国人大网载《中华人民共和国民办教育促进法释义》,"所谓资不抵债,是指债务人不能清偿到期债务,也就是学校破产"。如前文所述,"资不抵债"与"不能清偿"是两个显著不同的法律概念,两者在内涵和外延上存在一定差异,立法者因立法用语偏差、立法逻辑不严密,将"资不抵债"与"不能清偿"混淆使用,从而引发了学界对民办学校破产原因的诸多误解和争议。实际上,立法者的本意是将不能清偿到期债务作为破产的一般原因,同时辅之以资不抵债,这与《中华人民共和国企业破产法》规定的第一种破产原因相一致,建议《中华人民共和国民办教育促进法》日后修订时,对营利性民办学校的破产原因明确采用《中华人民共和国企业破产法》的规定。

三、营利性民办学校的破产申请主体

破产申请是启动破产程序的动因。《中华人民共和国民办教育促进法》对破产程序的启动主体未予明确规定,但结合《中华人民共和国企业破产法》第七条,营利性民办学校破产申请主体包括债务人、债权人以及依法负

---

① 浙江省温州市中级人民法院(2020)浙03破申126号民事裁定书。
② 重庆市第五中级人民法院(2020)渝05破申190号民事裁定书。

清算责任的人。

（一）债务人即营利性民办学校自愿提起破产申请

一方面，有权提出破产申请的人应当是与破产程序启动及破产后果有利害关系的人，毋庸置疑，营利性民办学校属于利害关系人，应允许其启动破产程序；另一方面，营利性民办学校作为独立民事权利主体，享有完全自由处分权，向法院申请破产是其行使财产处分权的一种表现。《中华人民共和国企业破产法》第七条第一款规定，达到破产界限的债务人可以向法院申请破产。值得注意的是，并非所有与破产案件有利害关系的人都具有破产申请资格，学校的举办者或股东、董事等虽与破产案件具有利害关系，但现行法律规范并未赋予股东、董事以其自身名义申请学校破产的主体资格。

（二）债权人提出强制破产申请

债权人提出破产申请，是在债务人丧失清偿能力的情况下主张自己民事权利的方式，因此，债权人应享有破产申请权。对于营利性民办学校的债权人主体范围应如何确定，目前学界存在争议。一种观点坚持宽泛立场，认为凡是对民办学校享有债权的人都具有破产申请权（董圣足，2008）；另一种观点持审慎态度，认为民办学校破产涉及公共利益，不宜扩大债权人范围（张利国，2011）。笔者赞同第一种观点。营利性民办学校以取得办学收益为主旨，完全按照市场化运作，参与市场经营和竞争，其特殊性并不影响其作为独立市场主体，其所具有的公益性也不影响其享有民事权利和承担民事责任的完整性（雷震 等，2009），更不应牵连到对其债权人民事权利的限制。有学者认为，作为营利性民办学校主要债权人的银行、建筑商，往往只关注自身利益的实现，却对学生受教育权和社会公共利益有所忽视，如果允许其申请破产可能会产生意想不到的问题（张利国，2012）。这种观点值得商榷。维护和保障学生受教育权应当通过其他层面的制度设计予以实现，借由牺牲债权人破产申请权达到此目的并无合法、正当的根据。申言之，如果遵循这一逻辑，也会带来新的问题：该以何种标准判定哪些债权人享有破产申请权,哪些债权人不应享有?这种差别化对待又是否违反法律面前人人平等原则?总而言之,对这种错位逻辑应予纠正。

(三)依法负清算责任的人提出破产申请

对于解散后或者清算中的债务人企业,发现其存在破产原因,若不及时启动破产程序,就可能在企业退出市场的最后环节丧失保障债权人获得公平清偿的机会。为破解这一难题,《中华人民共和国企业破产法》第七条第三款赋予依法负清算责任的人在此种情况下的破产申请义务。《中华人民共和国公司法》第一百八十八条第一款对此也做了相应规定。根据《最高人民法院关于适用〈中华人民共和国公司法〉若干问题的规定(二)》的规定,依法负有清算责任的人,包括未清算完毕情形下已经成立的清算组,以及应清算未清算情形下依法负有启动清算程序的清算义务人,即有限责任公司全体股东,或者股份有限公司董事和控股股东。然而,《中华人民共和国民办教育促进法》并未沿用《中华人民共和国公司法》上的"解散"概念,而是采取了"终止"提法,在概念范畴上"终止"包括了"解散"与"破产"。《中华人民共和国民办教育促进法》第五十六条列举了三种终止事由,即依学校章程终止(主动终止)、被吊销办学许可证终止(被动终止)、资不抵债无法继续办学终止(破产终止)。据此,该法第五十八条相应规定了民办学校终止清算的三种方式,即自行清算、撤销清算和破产清算。对应的组织清算主体分别是民办学校、审批机关即教育行政部门以及人民法院。对于营利性民办学校而言,如果其自己要求终止或者被审批机关依法撤销而终止,在解散后或清算中发现学校资不抵债的,依据《中华人民共和国企业破产法》的规定,负有清算责任的人包括清算组织,应当向法院申请破产清算,以及时启动破产程序,维护相关人合法权益。

四、营利性民办学校的破产适用程序

破产重整、破产和解与破产清算是现代破产制度的三大基石。对于营利性民办学校适用破产清算程序，学术界已有定论。至于是否适用破产重整与和解制度，因《中华人民共和国民办教育促进法》未明确提及，目前学界聚讼纷纭。有学者认为营利性民办学校不应适用破产重整与和解制度，理由在于：其一，作为普通商事主体的企业可通过发行新股、引进战略投资人等方式筹措资金，帮助困境企业重获新生，而营利性民办学校发展资金主要来源于银行等金融机构，筹资渠道单一，适用破产重整或和解制度难以达到立法目的和实施效果；其二，在进入破产程序时，民办学校已被终止，其主体资格已然丧失，缺乏适用破产重整或和解的法律要件（张利国，2011）。也有学者认为，营利性民办学校作为独立市场主体，应具备完全破产能力，适用破产重整与和解程序也有助于维护受教育者的受教育权和地区社会稳定（赵小芹，2013）。笔者赞同后者观点，理由如下。

首先，在现代市场经济体制下，营利性民办学校融资具有更多可能性。近年来，政府逐渐放松对教育资本市场的管制，为教育资产拥抱资本市场提供了更多空间。除常规银行贷款、融资租赁、股权融资等传统融资手段外，伴随2016年《中华人民共和国民办教育促进法》的第二次重大修正，教育资产证券化逐渐成为解决营利性民办学校融资困难的重要方案，进一步拓宽了民办教育融资渠道。教育资产证券化的融资优势体现在，既可避免贷款融资存在的抵押问题，又能降低综合融资成本（张银华，2017）。另外，国家近年来出台了系列鼓励社会力量兴办教育的政策，也有助于吸纳更多民间资本投入营利性民办教育领域。令人欣喜的是，2021年4月7日修订通过的《中华人民共和国民办教育促进法实施条例》第六十条第二款明确肯认了"民办学校可以以未来经营收入、知识产权等进行融资"，这一规定又进一步丰富和发展了营利性民办学校的融资手段与方式。因此，在新的形势下，营利性民办学校通过融资实现破产重整或和解已不无可能。

其次，营利性民办学校适用破产重整与和解程序并不存在制度落实的现实障碍。《中华人民共和国民办教育促进法》第五十六条第三款规定，民办学校因资不抵债无法继续办学时应当终止。此处"终止"并非指营利性民办学校法人资格的消灭，而是指丧失继续从事教育教学活动的资格，其法人资格依然存在，依然具有民事权利能力和民事行为能力。因此，那种认为具备破产原因的营利性民办学校在进入破产程序时，其主体资格已经消灭，进而认为不满足破产重整与和解适用条件的观点，是对法律规范的错误认识和理解。《中华人民共和国民法典》第五十九条规定，法人的民事权利能力和民事行为能力，自法人成立时产生，至法人终止时消灭。法人成立需要登记的，自登记时产生；不需要登记的，自主管机关批准成立时产生。一般而言，无论因何种原因终止，法人都应依法完成清算、注销登记。法人在依法完成清算、注销登记后终止，即原则上，法人须经注销程序，由登记机关将其营业执照注销并登记，其法人资格才宣告消灭。据此可知，营利性民办学校在发生破产原因的情形下，其终止时间为完成破产清算、注销登记时。故而，与普通商事企业一样，营利性民办学校也可根据实际情况选择适用破产重整、和解或清算程序。

再次，营利性民办学校适用破产重整与和解程序有利于充分保障相关人利益，实现多方共赢。重整制度的正当化依据是：对于纯因财务问题而非市场竞争本身而陷入困境的企业，最好的解决办法不是以分拆为主要手段的破产清算，而是通过重新调整公司债务结构，减轻其债务负担，进而维持公司的生存和发展（许德风，2015）[472]。如果一味实行"一刀切"式的破产清算，对尚有挽救价值与可能的营利性民办学校而言显然不利，也与最高人民法院倡导的"多破产重整，少破产清算"的政策精神相悖。完善的市场化退出制度应当兼具挽救与退出功能，破产重整与和解程序的适用能避免单一化的破产清算路径剥夺具有挽救价值的营利性民办学校获得重生的可能性，也利于实现多方共赢的局面。对于营利性民办学校自身而言，在破产重整或和解程序下，倘若重整计划或和解协议能够顺利执行完毕，营利性民办学校便能免于破产宣告，继续维持法人人格，摆脱原有债务桎梏，重获健全的营运能力，实现新的发展。对于债权人来讲，通过破产重整或和解程序能够获得比破产清算更高数额的清偿，尤其是普通债权在重整、和解条件下的清偿率远高于破产清算的清偿率。于学生而言，也能避免出现因学校破产而不得不转入其他学校就读等影响其学习和生活的系列现实问题，从而保障学生的受教育权（周瑞平，2021）。此外，破产重整与和解制度的适用也符合促进社会福利增长的基本要求，对防止出现群体性、突发性事件，维护地方社会稳定亦具有重要意义和价值。

最后，民办学校适用破产重整与和解程序有司法案例印证。在"安徽汽车专修学院合并破产重整案"中，法院认为，"在民办学校办学资源尚有重整价值的情况下，从避免社会资源浪费及维护众多师生合法权益的角度出发，《中华人民共和国企业破产法》所规定的重整制度，理应适用于民办学校"①。此外，在"金华市江南中学破产重整案"中，法院认为，"若该重整计划不予批准，江南中学将依法宣告破产进行清算，将导致对学校教学产生重大影响。并且，破产清算程序下的不动产处置也会增加更多的税费等交易成本，江南中学用于清偿的资产总体价值明显减少，普通债权所获得的清偿比例也会降低"②。据此，法院依职权强制批准通过了该重整方案。由此可见，在司法实务中，法院也是支持和认可对民办学校进行破产重整的。

五、营利性民办学校的破产债权清偿顺位

　　破产债权清偿顺位是营利性民办学校破产退出程序中又一颇具争议性的话题。《中华人民共和国企业破产法》第一百零九条、第一百一十三条规定在债务人破产清算时依照担保物权、劳动债权、税收债权和普通债权依次受偿。《中华人民共和国民办教育促进法》第五十九条则将营利性民办学校破产清算时的清偿顺序规定为受教育者债权、教职工债权、其他债权。由于不同的立法价值取向，以及立法规定宽泛，上述两部法律在优先权问题上产生规范竞合，由此带来法律适用上的难题。一直以来，学界对此也未形成共识。

　　应当首先予以承认的是，作为市场主体，营利性民办学校参与市场竞争，就应当遵循市场经济规律和相关法律规范。《中华人民共和国企业破产法》是专门规范市场主体退出的法律，在其他法律没有规定或未明确规定的情况下，应当参照适用。《中华人民共和国民办教育促进法》在确定清偿顺序时未考虑担保物权和税收债权，对此应参照《中华人民共和国企业破产法》规定的清偿顺位。遵循这一逻辑，需要回答的问题是：其一，担保物权

---

① 安徽省合肥市中级人民法院（2019）皖 01 破申 37-4 号民事裁定书。
② 浙江省金华市中级人民法院（2015）浙金破字第 2、3 号之三民事裁定书。

是否存在于营利性民办学校破产中，即有无规范基础？其二，担保物权与受教育者债权在清偿顺位上孰先孰后？其三，税收债权清偿居于何种顺位？后文将具体论述。

担保物权在营利性民办学校中存在适用空间。在2016年《中华人民共和国民办教育促进法》修订之前，并不存在营利性民办学校，所有学校不论是公办还是民办，都是为公益目的而设立的，学校举办者不得取得办学收益。因此，《中华人民共和国担保法》《中华人民共和国物权法》均禁止学校以教育设施设定抵押担保。但这一情形随2016年《中华人民共和国民办教育促进法》的修订而发生改变。为配合营利性民办学校融资需求，《中华人民共和国民法典》第三百九十九条第三项仅规定非营利法人学校不得以教育设施设定抵押，也即意味着作为营利法人的营利性民办学校，为融资需要以自身教育设施为债权人提供抵押担保，自此有了规范基础。

紧接着需要考虑的是，担保物权与受教育者债权在清偿顺位上孰先孰后的问题。有学者认为，应当优先保护受教育者权益（张利国，2012）。笔者不赞同该观点。在发达的市场经济国家，几乎都是担保物权绝对优先，这也符合市场经济内在发展规律。在提供信贷之前，债权人会预判款项贷出后的结果，评估风险和收益，债权人有了合理稳定的预期，才会产生理性决断的信心，将市场的不稳定性和风险减少到最低程度。也正是因为这种预期，市场上的各方当事人才可以进行持续、反复且可靠的商业交易（张钦昱，2016）[46]。应当说明的是，在清偿顺位中，受教育者债权始终处于重要排位，但并非处于最优先级。受教育者相较于市场经济交易秩序与交易费用及预期的重要性而言，是次于担保物权人的，担保物权人是市场经济中最应受到保护的主体。对受教育者权益全面且彻底的保护，或许可以通过设立民办教育风险基金的方式实现，要求营利性民办学校按照学费的一定比例缴存，形成风险共担资产池；或者依《中华人民共和国民办教育促进法实施条例》第六十条第一款规定，借助保险产品为民办学校终止善后事项提供风险保障。这些措施均可在相当程度上消减和降低营利性民办学校破产对学生产生的不利影响。因此，受教育者债权优先权不应过度干涉市场在资源配置中的作用。

《中华人民共和国民办教育促进法》对税收债权应如何清偿未予明确，

对此可依《中华人民共和国企业破产法》的规定，营利性民办学校所欠税款在清偿顺序上应劣后于教职工债权，但优先于其他普通债权。此外，还需讨论的是破产费用和共益债务的清偿问题。破产费用和共益债务均是为了保障破产程序的顺利推进和维护债权人的共同利益而必须支出的费用。根据《中华人民共和国企业破产法》第一百一十三条，破产费用和共益债务于一般优先债权和普通债权之前受偿。破产财产若不足以支付破产费用和共益债务的，破产费用优于共益债务受偿。值得注意的是，对破产费用和共益债务的清偿不得损害担保物权人的利益。破产费用和共益债务在性质上属于债权范畴，而担保物权在破产程序中具有优先于债权的地位，因此，破产费用和共益债务不得优先于担保物权。综上，营利性民办学校破产债权的清偿次序为担保物权、破产费用、共益债务、受教育者债权、教职工债权、税收债权、普通债权。

参考文献

董圣足，2008.民办学校破产清算若干问题探析［J］.复旦教育论坛（2）：57-60.

雷震，帅晓东，2009.民办学校破产清算法律适用问题研究［J］.人民司法（15）：49-57.

任海涛，徐涛，2018.营利性民办学校终止的法律适用研究：以《民促法》与《公司法》《破产法》的比较为进路［J］.教育学报（4）：39-46.

许德风，2015.破产法论：解释与功能比较的视角［M］.北京：北京大学出版社.

张利国，2011.民办学校破产退出的若干法律问题［J］.现代教育管理（11）：56-59.

张利国，2012.民办学校破产清算若干法律问题探究［J］.武汉理工大学学报（社会科学版）（1）：110-113.

张钦昱，2016.破产优先权之限制理论研究［M］.北京：法律出版社.

张银华，2017.资产证券化在民办高校融资中的应用［J］.财会通讯（32）：11-15.

赵小芹，2013.中国民办学校破产能力研究［J］.社会科学战线（5）：281-282.

周瑞平，2021.破产"名校"引来"金凤凰"［N］.人民法院报，2021-02-23（7）.

Application of Law of Bankruptcy and Withdrawal of For-profit Private Schools

Yu Dongsheng

Abstract: How to solve the application of law in the bankruptcy and withdrawal of for-profit private schools is a question that has not been fully answered by the academic circles in our country under the background of the new law. The Private Education Promotion Law revised in 2016 established a dual classification management system of "for-profit/non-profit" for private schools for the first time, but the law is still unclear on the legal application of the bankruptcy and withdrawal of for-profit private schools and should be passed legal reasoning and argumentation to clarify the applicable standards of laws on related issues. Specifically, the "unable to pay off due debts and the assets are insufficient to pay off all debts or obviously lack of solvency" established by the Enterprise Bankruptcy Law should be the cause of bankruptcy and withdrawal of for-profit private schools. The subjects of bankruptcy applications include for-profit private schools, creditors, and persons who are responsible for liquidation in accordance with the law. For-profit private schools can apply not only the bankruptcy liquidation procedure, but also the bankruptcy reorganization system and the reconciliation system. The repayment of bankruptcy creditor's rights should follow the order of repayment of property rights, bankruptcy expenses, common debt, educated claims, faculty's rights, tax claims, and ordinary claims.

Key words: for-profit private schools   application of law   reasons for bankruptcy   bankruptcy applications   bankruptcy procedures   order of repayment

作者简介

余冬生，安徽大学法学院博士研究生，研究方向为教育法、破产法。

□ 余 晖

理解教育政策变迁中的"短时突变":
一个政策社会学的解释框架[①]

【摘 要】聚焦流动儿童入学政策"短时突变"现象,基于布迪厄、福柯和鲍尔的理论资源建构出一个政策社会学解释框架。考察教育政策轨迹内外部因素,特别是"跨场域效应"下政治、经济和公共政策因素对教育政策变迁的形塑,以及"教育政策环"中的话语生成及其内部张力。实证分析显示:公众对于流动儿童入学问题的态度受"教育质量"与"外地人"话语形塑,部分教育者认为本地学校大量招收流动儿童可能导致教学质量下滑;2013年以来,教育政策场域中的经济逻辑成为重要实践逻辑,"社会福利"话语强化了公立学校服务于本地居民的基本定位,这些因素共同推动了流动儿童入学门槛的提高。

【关键词】政策变迁 短时突变 政策社会学 跨场域效应 话语实践 政策环

[①] 本文系教育部人文社会科学研究一般项目"香港中小学生国家认同的系统性学校培育路径研究"(21YJCGAT002)、国家社科基金2022年度教育学国家青年项目"'双减'背景下学科类家教的治理路径研究"(CFA220312)成果。

一、教育政策变迁中的"短时突变"现象

近十余年来,在一系列中央文件的推动下,我国的教育体系经历了系统性、持续性的变革,其间部分重大政策的"短时突变"现象引发普遍关注。就时间维度而言,"短时"是指新政策从进入政策议程到文本颁布均发生于一个较短的时间段内(如一年内)。在内容维度上,"质变"主要体现在政策延续性、政策目标和政策工具方面的重大转变。短时突变作为一种客观存在的政策现象,其本质到底是实践中的偶然还是必然?其对政策的发展演变有何积极与消极影响?相关部门又应如何应对?以上成为本研究试图回应的问题。

在我国,大规模的城乡人口流动始于20世纪90年代,由此产生的流动儿童入学问题引起了各级政府的高度重视。国家统计局《2019年农民工监测调查报告》数据显示,全国农民工总量达到2.9亿人,《2019年全国教育事业发展统计公报》显示,义务教育阶段在校生中进城务工人员随迁子女达到1426.96万人。我国流动儿童入学政策的发展经历了三个阶段:1996—2001年,流动儿童入读公立学校存在较大困难;2001—2013年,流入地政府为流动儿童设定了较为宽松的入学条件;自2013年以来,流入地相关部门提高了流动儿童入学门槛。其中,最近的一次政策变动较为突然,且属于方向性转变,因而被称为"史上最严"入学政策(王羚,2014),是典型的"短时突变"型政策。2013年,京沪等地开始提高流动儿童的入学门槛,如上海市将入学条件与居住证挂钩,北京市若干区县开始对就业证明、暂住证和居住证明等入学材料做进一步要求。2014年教育部颁布《关于进一步做好小学升入初中免试就近入学工作的实施意见》,流动儿童入学条件开始与城市发展规划、人口调控目标和教育承载能力挂钩,使得提高流动儿童入学门槛的地方性探索成为全国性实践。受入学门槛提升的影响,部分流动儿童返回户籍所在地就读,或留在城市就读未注册的打工子弟学校。

本研究以流动儿童入学政策的"短时突变"现象为研究案例,在北京、上海和珠三角地区(广州、深圳和佛山)开展了为期4个月的实地调研,并

对 1996 年以来的中央、省级和县级流动人口政策与义务教育入学政策进行了内容分析,在掌握翔实一手资料的基础上形成了研究发现。

二、政策社会学的解释框架:跨场域效应、话语实践和政策环

针对教育政策变迁中的"短时突变"现象,已有研究多借助传统公共政策学理论模型进行分析。传统公共政策研究注重服务决策部门实际需求,立足于政策周期理论框架构建起理论大厦,通过模型建构将政策活动简化为政策制定—政策执行—政策评价的线性过程。其理论局限性源自实证主义的本体论预设,即将政策现象视为一种既定的社会现实、一种自上而下的线性过程,而忽视了政策现象作为一种社会权力建构的本体论可能。

政策社会学(policy sociology)是当代教育政策研究的重要流派(翁福元,2007)[1-2],基于社会建构主义的本体论预设和批判理论的价值立场,超越了传统公共政策学的经验—技术研究视域(曾荣光,2007),跳脱线性思维和政策周期框架,运用质化和阐释方法进行批判性和历史性分析(Ozga,1987)[26]。政策社会学强调政策并不是一个阶段分明、清晰完整的线性过程,其演进、发展和消逝深受地方条件、政策资源、历史状况和主体意愿的影响,因此政策研究应正视政策活动的复杂性、冲突性与不完备性(Bowe et al.,1992)[56-60]。本文将政策社会学理论视域引入对流动儿童入学政策变迁的考察,整合布迪厄(P. Bourdieu)、福柯(M. Foucault)和鲍尔(S. J. Ball)等学者的理论,构建出一个包含跨场域效应、话语实践和政策环等概念在内的解释框架,剖析教育政策"短时突变"现象的外部动因和内部张力。

(一)跨场域效应

跨场域效应(cross-field effects)的概念源自布迪厄的场域理论。跨场域效应理论将教育政策视为社会空间中一个相对独立的场域(Ladwig,1994),进而考察其与权力场域、政治场域、经济场域和公共政策场域之间的交互影

响（Lingard et al., 2004）。在布迪厄的场域理论中，不同行动者在场域中处于不同的"位置"，行动者之间也存在着不对等的权力关系，其资本运用及博弈深受该场域运行逻辑的影响（Bourdieu, 1996）[270]。在两个或多个场域之间同样存在着不对等的权力关系，一些场域（如经济场域）相对其他场域（如艺术场域或教育场域）处于更有利的地位。

在跨场域效应的理论分析框架下，场域分析应包含三个层次：一是分析该场域相对于权力场域的位置，二是勾勒出行动者在场域中的相对位置，三是分析行动者的生存心态及其资本运用方式（Yu, 2018）。具体而言：第一步，框定与流动儿童入学政策相关的场域，勾勒出它们在权力场域中的分布状况，梳理出各场域的实践逻辑和共同行动者；第二步，考察场域 A 如何通过主导性行动者将自身的实践逻辑"输出"到场域 B；第三步，考察场域 B 中变化了的实践逻辑如何改变其各类资本的相对价值、行动者的相对地位及其资本运用方式，并最终带来政策变动。

（二）话语实践和政策环

福柯的话语理论为重新审视教育实践及政策背后的权力关系提供了独特视角。政策社会学将福柯的知识考古学和系谱学方法引入教育政策研究，形成了独特的政策话语分析路径（Scheurich, 1994）。福柯式话语分析不同于诠释学导向的偏重文本/语言的话语分析，而是聚焦于话语形成的历史、政治与社会脉络，指向根植于社会实践的"知识/权力型构"，力图解构"特定政策议论所可能合理化以至制度化的意识形态及结构性偏向与扭曲"（曾荣光，2007）。在教育政策研究中，这一分析路径聚焦于文化教育领域的主导性话语体系，考察隐藏其间的话语形成策略（如控制、筛选、组织与再分配等），揭示话语实践对"好学生""好教师""教育目的""教育问题""解决方案"的建构。将其运用于本研究，分析的焦点在于政策轨迹背后的"知识/权力型构"：为何部分城市教师对学校招收流动儿童持担忧态度？做出这一判断的依据是什么？作为问题解决方案的"后 2013 入学政策"又是基于什么样的原则和标准而建构的？

政策环（policy cycle）是政策轨迹分析的重要概念框架，采用截面而不是单一水平的分析方法,从而"追溯政策的形成过程,……来自政策内部及不同政策接纳者的回应",由此可以"联系和追踪政策各种无序的源头、可能性及政策意图、回应及效力"。(鲍尔,2002)[42] 政策环的概念为福柯式政策话语分析提供了独特视角,聚焦于影响力情境和文本形成情境下的话语实践:影响力情境指向政策议程的设定,聚焦于社会问题及理想方案的话语建构;文本形成情境指向政策文本的建构,聚焦于多方利益诉求在文本中的整合。而福柯的知识考古学亦为政策环概念的完善提供了重要补充:"社会规制"(social regularities)作为前置于影响力情境和文本形成情境的"预情境",指向政策话语的陈述对象、陈述类型和概念及主题选择。

将上述理论资源进行整合,可形成三层级政策话语分析框架(Yu,2021):第一步,考察流动儿童入学政策的预情境、影响力情境和文本形成情境中的陈述对象和有效陈述;第二步,揭示政策话语实践背后的社会权力关系维度;第三步,考察上述话语实践在三类政策脉络情境中的实际效应。

三、跨场域效应与政策变迁的外部动因

本文对2013年流动儿童入学政策变迁的外部动因的分析采用跨场域效应视角,聚焦于事件效应和系统效应两种机制:国家人口政策的变动(作为一个重要事件)在一定程度上改变了公共政策场域的运行逻辑,由此,教育政策场域的主导性行动者从公共政策场域引入了新的行动逻辑,推动了流动儿童入学政策的变动;与此同时,受政治场域和经济场域运行逻辑的影响,教育政策场域中的新变化在系统效应作用下得到巩固。

(一)社会空间中的多重相关场域

与流动儿童入学政策相关的场域包括政治场域、经济场域、公共政策场域及其教育政策子场域。政治场域包括个人(政治家、社会组织领导人、官员、国家雇员)和机构(政府部门、智库、半官方机构)等行动者,主要资本形态为组织资源,即来自国家部门的政治和社会资源。经济场域的行动者

则包括国家组织、私营部门、管理人员、劳动者和消费者，其主要资本形态为经济资源。公共政策场域的行动者包括国家部门、私营部门和个人，其资本形态不仅包括经济、文化、组织（政治）等资源，也包括以"权威性"方式配置价值观的权力。教育政策场域作为公共政策场域的子场域，以教育相关部门和人员为主要行动者，以教育系统中的文化资源和经济资源为主要资本形态。

组织资源决定了场域中各类资本间的"兑换汇率"，使得政治场域的主导性行动者在权力场域占据有利地位（Bourdieu, 1996）[25]。经济场域的主导性行动者拥有强大的经济资源，因而同样在权力场域中占据有利地位。教育政策场域作为公共政策场域的子场域，其行动者所具有的组织和经济资源较为有限，处于从属地位。上述场域之间的共同行动者包括各级教育行政部门及其人员，在公共政策场域及教育政策场域中占据有利地位，并扮演着场域间的枢纽性角色。

（二）事件效应：公共政策对教育政策的形塑

2001年，《国务院关于基础教育改革与发展的决定》提出，以流入地区政府管理为主、以全日制公办中小学为主解决流动人口子女接受义务教育问题，"两为主"政策应运而生。2003年，国务院总理温家宝曾为北京市专收流动儿童的玉泉路小学（公立）题词"同在蓝天下，共同成长进步"，这实际上隐含了一种社会正义逻辑。在这一政策逻辑下，北京和上海等地的教育部门为推动流动儿童平等接受义务教育付出了大量努力。例如，2008—2010年，上海市将打工子弟学校纳入民办教育管理体系，投入专项资金帮扶162所学校转制成为"纳民学校"，接收的学生总数达到13.2万人，占全市流动儿童总数的28%。

2013年，国家人口政策的变动带来了公共政策场域运行逻辑的改变。自20世纪80年代以来，调控特大城市人口规模始终是国家人口政策的主题。在2013年前，人口调控力度始终较为温和，如2011年国务院印发的《国家人口发展"十二五"规划》中提出"特大城市要合理控制人口规模"。而到了2013年，《中共中央关于全面深化改革若干重大问题的决定》提出了

"严格控制特大城市人口规模",将"合理控制"提升为"严格控制"。同时,社会福利准入逐渐成为人口调控的政策工具之一,并在一定程度上与城市的经济社会发展需要相挂钩。随着国家人口政策的逻辑向"社会福利逻辑"逐步过渡,医疗和教育等社会福利的准入门槛开始与城市对理想化居民的需求度挂钩。

此后,教育政策场域的主导性行动者开始将社会福利逻辑引入这一场域,使之成为"后 2013"流动儿童教育政策的基本逻辑。尽管国家人口调控政策并未将义务教育入学条件作为调控工具,但其所蕴含的社会福利逻辑为长期面临外来人口激增、公立学校学位紧张的特大城市教育部门提供了一条新的思路。在入学门槛的设定方面,北京市的判定标准包含在本地稳定就业、纳税和居住的人员,上海市的判定标准则包含从事本市发展急需行业或在正规单位稳定就业的人员。

(三)系统效应:政治逻辑与经济逻辑的交叠

2012 年以来,在新时代的话语体系下,追求国家富强、民族复兴、人民幸福成为政治场域的重要实践逻辑,在强调社会正义逻辑的同时凸显了国力提升的重要性。与此相应,促进经济社会快速发展成为社会治理的重要价值导向,社会主义市场经济逻辑成为公共政策场域中的重要实践逻辑。由此,政治逻辑与经济逻辑在权力场域实现了交叠,并不断地向公共政策场域施加系统性影响。在这一系统效应之下,能够满足城市发展需要的劳动力的重要性得到提升,并能够优先享有社会福利保障。

在 2013 年之前,公共政策场域中并未形成"严格控制"特大城市人口规模的实践逻辑,如受访的教育部官员 A 所言:随迁子女教育问题"是大的民生问题,大的教育问题,直接关系到稳定,关系到和谐,关系到城市的建设和城市的素质、品质,以及关系到咱们事业的未来"。其将流动儿童入学保障与更广泛的议程进行关联,即社会稳定、社会和谐、社会主义事业的未来。2013 年后,减轻特大城市人口负担、优化劳动力市场配置、推动经济繁荣发展等逐渐成为政策议程焦点,使得借助社会福利杠杆进行人口规模调控的政策思路日益清晰。正如受访的北京市教委官员 D 所言:"你可能也注意到了，2013年以后'两为主'政策就提得少了，当然偶尔也会被提及，但与以前相比提得少了很多。"

综上，2012—2013年，在事件效应的作用下，公共政策场域中新生的社会福利逻辑"输出"到了教育政策场域，并在系统效应的作用下得到权力场域中新的政治与经济逻辑的不断强化。

四、话语实践、政策环与政策轨迹的内部张力

本文对2013年流动儿童入学政策变迁的内部动因的考察采用政策话语分析，围绕"政策环"中的三大情境展开：在预情境下，"教育质量＝学业成绩"的应试主义观念和户籍本位的"本地人/外地人"区隔观念在社会中普遍存在；在影响力情境下，流动儿童被部分教育者认为可能影响学校常规教学秩序及教育质量；在文本形成情境下，公立学校学位被视为主要面向本地户籍居民开放的社会福利，而对于非本地户籍居民实施有限度的供给。

（一）预情境："教育质量"与"外地人"的话语规制

长期以来，在流动儿童入学政策的预情境中存在着两类话语规制情形：第一，受应试主义观念影响，社会、教师和家长形成了"教育质量＝学业成绩"的认识，将追求学业成绩作为学校教育的中心任务。此种去情境化的教育目的观将教师的关注点限定在教育教学的技术层面，而隔绝于教育公平的话语体系之外。正如受访教师K所言："我搞不清楚谁是本地的、谁是外地的，而且我也不去关心谁是本地的、谁是外地的……。对我来说就是，你学习认真吗？你学习有困难吗？你学习需要帮助吗？"在这一话语陈述的规制之下，学校不会因为学生身份而对其有所歧视，同时也不认为保障流动儿童入学权益是自身的职责。第二，受户籍制度影响，长期以来社会大众观念中存在"本地人/外地人"的分野，并形成了地方公共服务主要保障本地户籍居民的观念联结。在这一话语陈述的规制之下，社会大众及决策部门

普遍认为,在公立学校学位紧张的情况下,应优先保障本地户籍居民的公共服务需求,在有条件的情况下方可满足在本地工作的非本地户籍居民的需求。

(二)影响力情境:"教育质量下滑"的话语形成

随着2001年"两为主"政策的推行,京沪等地教育部门大力推动公立学校招收流动儿童,使得大量公立学校中的流动儿童比重过半甚至占到绝大多数。上述局面导致部分学校教学资源紧张、班额普遍超容、教师负担加重以及学业成绩下滑。由此,一种"教育质量下滑"的话语陈述开始形成:在调研所涉及的学校中,一些受访教师认为招收流动儿童导致了学校教育质量的下滑。如一位受访校长所言:"教委指派给我们的这些孩子(流动儿童),情况非常不乐观,所以现在影响到学校办学质量。我们原来从没出现过这种情况:今年第一学期期末考试成绩统计出来以后,语文、数学成绩甚至连区里的平均线都没达到!"在"教育质量=学业成绩"和"本地人/外地人"的话语规制下,部分教师对"教育质量下滑"的担忧使得学校对招收流动儿童的影响多了几分忧虑。

(三)文本形成情境:"社会福利"话语与公立教育属性的再定义

2013年,"严格控制特大城市人口规模"这一人口政策议程迅速转化为教育政策议程,公立学校教育的属性被定义为主要面向本地户籍居民以及城市发展所需的外地户籍居民的"社会福利"。由此,在特大城市外来人口激增、公立学校学位供给有限的情况下,流动儿童只有在其父母"对城市有贡献的前提下才有条件享受教育服务"(受访的教育行政部门人员B语)。随着教育场域中"社会福利"话语的形成,话语背后的实践逻辑逐渐内化进2013年以来的入学政策文本。以北京市"五证"中的就业证明为例,某区域教委在市教委入学门槛的基础上细化了具体要求:父母双方均需在北京就业且持有本区暂住证,父母至少一方在本区就业,且最近三个月需在本区缴纳社保。上海市则向从事四类急需工种(医院护工、农业从业人员、家政从业人员和个体工商户）的外来人员开具灵活就业登记，用于优先办理其子女入学。此外，部分区县在符合入学条件的人员中进一步划分出四个入学等级顺位：本地户籍居民，满足120积分的外地户籍居民，在本区购房的外地户籍居民，仅达到基本入学条件的外地户籍居民。上述等级划分综合考虑了户籍、贡献度、稳定居住等与对城市贡献相关的基本指标。

五、结论与讨论

（一）解构教育政策轨迹中的权力与规制

本文基于布迪厄、福柯和鲍尔等的理论资源，扎根于本土流动儿童入学政策案例进行分析，为理解教育政策变迁中的"短时突变"现象提供了一个政策社会学解释框架：通过跨场域效应分析，考察政治、经济和人口政策等外部动因对教育政策变迁的形塑；通过政策话语分析，考察预情境、影响力情境和文本形成情境中的话语实践，揭示教育政策轨迹的内部张力。通过内外部两个层面的分析，力图揭示隐藏于各部门、学校、教师、家长等主体互动博弈中的社会权力结构。

实证分析显示："教育质量＝学业成绩"的应试主义观念和户籍本位的"本地人/外地人"区隔观念客观存在。社会大众及部分教育者对本地学校大量招收流动儿童存在一定担忧，认为公立学校应优先服务于本地户籍儿童，在学位供给有盈余的条件下再考虑流动儿童。2013年以来，教育政策场域中经济逻辑的重要性逐渐上升。在国家人口政策变动的条件下，教育政策在一定程度上成为人口调控的政策工具。由此，教育政策场域中的"社会福利"话语强化了公立学校教育主要面向本地户籍居民以及城市发展所需的外地户籍居民的基本定位，使得入学条件与人口调控政策实现对接。教育政策轨迹内外部张力的共同作用推动了流动儿童入学门槛的提高。

（二）扎根本土情境的分析对政策社会学的理论贡献

本文整合不同的理论视角对教育政策变迁进行全方位考察，在深度剖析政策"短时突变"现象的同时反哺政策社会学理论的发展，形成了以下理论贡献。

第一，发展了教育政策"跨场域效应"理论框架，将场域中的实践逻辑作为跨场域效应分析的关键要素，将场域间的共同行动者作为联结点，并添加了一级场域分析维度，从而实现对跨场域效应的方向、范围和动力的全方位分析。基于理论导向的经验研究，发现：跨场域效应中的"事件效应"以一种积极的方式发挥作用，从公共政策场域向教育政策场域"输出"实践逻辑；而"系统效应"则呈现出被动和静态的作用方式，由政治场域、经济场域借助权力场域对公共政策场域及教育政策场域产生间接影响；此外，上述两种效应的影响是同步的。对系统效应的分析还揭示了单个场域和权力场域之间功能一致性的运行机制，即单个场域的实践逻辑通过主导性行动者与权力场域逻辑保持一致，同时，特定场域的主导性行动者可将该场域实践逻辑的变化转化为权力场域逻辑的变化。

第二，发展了福柯式教育政策话语分析和"政策环"的概念框架，并将二者进行整合，形成了一个考察政策轨迹内部张力的分析框架。具体而言，将鲍尔"作为话语的政策"和"作为文本的政策"概念引入"政策环"分析框架，进而将福柯式话语分析引入教育政策轨迹分析。需要注意的是，本文并非简单地将这一理论框架用于分析中国问题，而是扎根于本土情境，基于坚实的实证资料对其进行了发展。例如，基于对应试主义传统和户籍本位区隔观念的考察，对经典"政策环"框架中的五类政策脉络情境进行了拓展和提炼，补充了"社会规制"的概念作为政策环中的一个预情境。

参考文献

鲍尔, 2002. 教育改革：批判和后结构主义的视角 [M]. 上海：华东师范大学出版社.
王羚, 2014. 北京史上最严入学年："奥运宝宝"冲击乍现 [EB/OL]. (2014-07-09) [2022-04-08]. http://

www.yicai.com/news/3990489.html.

翁福元, 2007. 教育政策社会学: 教育政策与当代社会思潮之对话 [M]. 台北: 五南图书出版股份有限公司.

曾荣光, 2007. 教育政策研究: 议论批判的视域 [J]. 北京大学教育评论 (4): 2–30, 184.

BOURDIEU P, 1996. The state nobility: elite schools in the field of power [M]. Cambridge: Polity Press.

BOWE R, BALL S J, GOLD A, 1992. Reforming education and changing schools [M]. London: Routledge.

LADWIG J G, 1994. For whom this reform?: outlining educational policy as a social field [J]. British Journal of Sociology of Education, 15(3): 341–363.

LINGARD B, RAWOLLE S, 2004. Mediatizing educational policy: the journalistic field, science policy, and cross-field effects [J]. Journal of Education Policy, 19(3): 361–380.

OZGA J, 1987. Studying education policy through the lives of the policymakers: an attempt to close the macro-micro gap [M]//WALKER S, BARTON L.Changing policies, changing teachers: new directions for schooling?. Milton Keynes: Open University Press.

SCHEURICH J J, 1994. Policy archaeology: a new policy studies methodology [J]. Journal of Education Policy, 9(4): 297–316.

YU H, 2018. Shaping the educational policy field: "cross-field effects" in the Chinese context [J]. Journal of Education Policy, 33(1): 43–61.

YU H, 2021. Making restrictive schooling policies for rural migrants: discourse, power, and policy cycle in the Chinese context [J]. Asia Pacific Journal of Education, 41(3): 440–453.

Understanding "Short-term Drastic Change" in Educational Policy Trajectory: A Policy Sociological Analytical Framework

Yu Hui

Abstract: Focusing on the phenomenon of "short-term drastic change" of schooling policy of migrant children, a policy sociological analytical framework is constructed based on the theoretical resources of Bourdieu, Foucault and Bowe. This paper investigates the internal and external factors of educational policy trajectory, especially the changes of eductional policy caused by political, economic and public policy wrestling under the "cross-field effect", as well as the discourse generation and its internal tension in the "educational policy circle". The empirical analysis shows that the public's attitude towards the schooling policy of migrant children is shaped by the discourse of "education quality" and "outsiders", and some educators think that the large number of migrant children enrolled in local schools leads to the decline of teaching quality. Since 2013, the economic logic in the field of education policy has become an important practical logic. The discourse of "social welfare" has strengthened the basic orientation of public schools serving local residents, and jointly promoted the entrance threshold of migrant children.

Key words: policy change　short-term drastic change　policy sociology　cross-field effect　discourse practice　policy cycle

作者简介

余晖，博士，华南师范大学教育科学学院副教授、基础教育治理与创新研究中心研究部主任，研究方向为教育政策分析、政策社会学。

□谭敏达　徐继存

家庭和学校对学生学业成绩的影响力比较

——基于实证研究对《中华人民共和国家庭教育促进法》的思考①

【摘　要】 家庭教育与学校教育共同影响学生的学业。在公共资源有限的前提下，如果不考虑二者影响力的相对重要性，不仅会造成资源的浪费，也不利于实现有质量的教育公平。本研究使用加入固定效应项的线性回归模型对中国教育追踪调查数据进行分析后发现：(1)家庭影响在经济发达的区域更为突出；(2)学校影响在受教育程度达到国家平均水平的区域更为重要；(3)在具有教育和经济资源双重优势的地区，学校的教育影响力强于家庭。因此，在制定《中华人民共和国家庭教育促进法》的配套措施时，要兼顾地方经济与教育发展水平，以提高教育政策干预的效率。

【关键词】 家庭教育　海内曼-洛克斯利效应　教育公平　学业成绩

第十三届全国人民代表大会常务委员会第三十一次会议通过了《中华人民共和国家庭教育促进法》，家庭教育再次成为社会关注的议题。学生发展同时受到家庭、学校

---

① 本文系全国教育科学规划课题一般项目"面向2035年的大城市人民群众教育新需求及其应对政策研究"（BGA200059）的阶段性成果。

的影响，二者的相对重要性处在动态变化的过程中。对家校相对重要性的后知后觉会降低教育目标实现的效率。《中华人民共和国家庭教育促进法》的颁布为国家和社会指导、支持家庭教育提供了法律依据，但是县级以上政府如何权衡对学校教育和家庭教育的支持力度，又当如何选择政策工具落实新法，仍有待深入研究。

一、研究背景

《国家中长期教育改革和发展规划纲要（2010—2020年）》实施以来，我国在促进教育公平方面取得了卓越成绩。《2019年全国教育事业发展统计公报》显示：我国九年义务教育普及率已经达到94.8%，初中阶段学校各项基础设施达标率均在95%以上。但是，学校教育资源配置的大致均衡并不等同于教育的实质公平。家庭教育的差异可能会剥夺部分学生公平发展的机会。学校与家庭因素对学生的影响力因社会因素差异处于动态变化的过程中。如果学校因素占据主导地位，教育政策通过统筹调拨学校教育资源便能够在最大限度上保证教育公平。若家庭因素占主导，即便所有学校的教育质量完全相同也无法实现教育公平，学生能否取得教育成功将主要取决于差异化的家庭教育环境。教育政策与法律的必要介入能够解决这一问题，但是当前不确定的家庭、学校相对重要性造成了政府在经费分配和工具选择上的困境。本研究借鉴海内曼-洛克斯利效应（Heyneman-Loxley Effect）的理论模型，在不同群体中比较学校因素和家庭因素的相对重要性，根据结果探讨如何在我国使用政策工具调节家庭教育和学校教育，推动教育的均衡发展。

二、海内曼-洛克斯利效应与家校相对影响力研究

现有研究普遍认同家庭和学校在学生学业发展中的重要地位，但却未能在家校相对重要性上达成共识（Dufur et al., 2013；Parcel et al., 2001；方超 等，2019；李哲 等，2019；许怀雪 等，2020；高翔 等，2020）。查德

加（A. Chudgar）和卢谢（T. F. Luschei）认为这种分歧主要源于相异的社会、经济、文化环境（Chudgar et al.，2009）。政策制定者很难通过借鉴别人的"成功经验"推动本地区的教育发展。海内曼（S. P. Heyneman）和洛克斯利（W. A. Loxley）通过分析 28 个国家 20 世纪 70 年代的教育和经济数据，提出名为"海内曼－洛克斯利效应"的动态机制解释一国居民收入水平与学生学业成就差异来源的关系，即在同一时期不同社会背景下，人均收入越少，学校因素相较于家庭因素对学业成就的影响更大（Chudgar et al.，2009；Heyneman et al.，1983）。

该理论认为在居民收入较低的国家，教育资源相对稀缺且分配不均。优质学校毕业生更有可能将学业成功转化为社会经济成功（Heyneman，1980；Heyneman et al.，1983）。学业竞争提高了优质学校生源质量，使学校因素与学业成就关联更紧密。相对地，如果学校师资差异较小，家庭教育便会扮演更重要的角色（Gamoran et al.，2007）[23-47]。因此，发达国家制定教育政策应当注重差别补偿弱势群体，而发展中国家应当提高公共教育开支。21 世纪以来，针对海内曼－洛克斯利效应的跨国研究开始力图更加精准地框定其适用范围。加莫伦（A. Gamoran）和朗（D. A. Long）提出以人均年收入 16000 美元（1990 年美元币值）作为分界线。高于这一阈值，则家庭是学业成就的主导因素，反之，则学校为主导因素。查德加和卢谢提出以往的研究大都忽略了一国之内区域间发展和教育资源分配不均衡的现实，关于家校相对影响力的结论可能不准确（Chudgar et al.，2009）。

分析海内曼－洛克斯利效应在我国社会环境中的表现是提高县级政府选择切实有效的政策工具落实《中华人民共和国家庭教育促进法》的必要条件。在财政资源有限的情况下，如果家庭因素更为重要，政府需要投入更多资源提供家庭教育指导服务，如开设家长学校或家庭教育服务站，并为这些机构培养专业人员。相反，如果学校因素更为重要，政府需要集中资源整体改善学校教育质量。可通过将家庭教育指导机构设于学校、培训在职教师兼任家庭教育指导员、减少家庭教育服务成本等，实现地方政府教育投入的效率最大化。

然而，家庭、学校的相对重要性在我国难以下定论。其一，世界银行数据显示我国人均收入已趋近发达国家，处于海内曼－洛克斯利效应的"边界地带"。其二,我国经济和教育资源分布存在不均衡问题。家校相对重要性可能具有区域差异。其三,以往相关研究忽视了对家庭教育投入意愿的控制。科尔曼(J. S. Coleman)认为父母对子女教育的支持程度取决于家庭内社会资本(Coleman,1988)。忽略这一因素所获得的结果可能会高估家庭对学业成就的影响。同理,仅关注区域经济发展水平,忽视当地对教育的支持和重视程度,也可能导致结果的不准确。

海内曼-洛克斯利效应适合解释传统发达国家和发展中国家的教育现象。我国作为经济高速发展的大国,具有区域发展程度不一的特征。家庭与学校对教育的影响力也可能随之改变。如果不能厘清家校相对重要性的具体表现,在制定《中华人民共和国家庭教育促进法》的配套政策时,便极易忽视当地实际教育需求,造成教育资源浪费,阻碍义务教育实现更高质量的均衡发展。鉴于此,本研究提出如下假设并通过实证分析加以验证:(1)在我国经济发展水平偏低区域,学校对学生的学业成就起更为重要的作用;(2)在平均受教育程度较高的地区,家庭教育环境与学生的学业成就间有更为密切的关系;(3)在经济、教育资源具有双重优势的区域,家庭教育相关因素能更多地解释学生在学业成就上的差异。

三、数据与研究方法

(一)研究数据

本研究的分析数据来自中国教育追踪调查(China Education Panel Survey,CEPS)2014—2015年的追访数据。共有9449名八年级学生参与此次调查。剔除有数据缺失的样本后,样本总量为7971。其中男性学生占比51.45%,城市学校学生占比53.82%。样本中抽取的县级单位居民平均受教育年限为9.54年。

（二）分析模型

本研究基于两个步骤比较家庭、学校的相对影响力。第一步，构建普通最小二乘法回归模型计算学生家庭差异对学业成绩变异的解释比例。由于数据具有"嵌套"于学校的特征，本研究使用聚类夹心估计（Clustered Sandwich Estimator）计算方差。第二步，通过加入学校层次的固定效应项，计算家校共同解释的学业成绩差异量（Chudgar et al.，2009）。在现有研究基础上，研究模型如下所示（Baker et al.，2002；Chudgar et al.，2009；Heyneman et al.，1983）：

$$AC_{ic} = \partial_0 + \partial_1 Family_{ic} + e_{ic} \quad (1)$$

$$AC_{ic} = \partial_0 + \partial_1 Family_{ic} + u_c + e_{ic} \quad (2)$$

其中 AC_{ic} 是学生 i 在学校 c 的学业成绩。$Family_{ic}$ 指代学生 i 的家庭因素，如家庭社会经济地位、父母教育期待等。u_c 是学校 c 的固定效应项，该数值仅在学校间相异，在同校学生间没有区别。模型（1）所计算出的调整 R 方（Adjusted R-Square），即 R_1^2，为家庭因素所解释的学业成绩差异。模型（2）计算出的 R_2^2，为家庭和学校因素共同解释的学业成绩差异。R_2^2 与 R_1^2 之差，是学校因素所解释的学业成绩差异。学校因素解释力与总解释力的比值，即 $(R_2^2 - R_1^2)/R_2^2$，表明了家庭、学校因素对学生学业成绩的相对重要性。比值大于 0.5，则学校因素更为重要。

（三）变量描述

基于文献综述和研究假设，本研究选择语文、数学、英语三科总成绩作为因变量。CEPS 提供了原始成绩和根据学校标准化后的成绩，由于标准化后的成绩无法反映学校差异，因此本研究采用学生原始成绩作为因变量并通过调整方差估计控制学校差异。预测变量中"家庭社会经济状况"（Socioeconomic Status, SES）是社会学、教育学研究中的常用变量之一。本研究采用邓肯（O. D. Duncan）提出的"三位一体模型"（Trinity Model）（Duncan，1961）[109-138]，使用主成分分析法（Principle Component Analysis,

PCA）综合家庭最高学历、最高收入和最高社会地位的职业测算出衡量家庭社会经济地位的指标。考虑到 CEPS 只提供了经济收入状况的五类别顺序变量，本研究将家庭资产的相关变量标准化后生成一个辅助变量加入家庭社会经济状况的测算中。其他说明如表 1 所示。

表 1 变量名称与内容

变量名称	内容
学业成绩	由 CEPS 提供的学生语文、数学、英语三科成绩加总之和。
家庭社会经济因素	PCA 所使用的变量（以下变量均直接来自 CEPS）：家庭经济情况、父母最高学历水平、父母最高职业等级、家庭资产（房屋类型、卫生间类型、独立卫浴、自来水）、是否接入宽带网。
课外文娱活动参与情况	PCA 所使用的变量（以下变量均直接来自 CEPS）：和父母/同学一起参观博物馆、科技馆，或观看比赛、演出等的频率。
父母对子女的教育期待	顺序变量。"1"为"小学"，"6"为"硕士及以上"。
父母与子女沟通情况	本研究基于学生与父母交流的内容与频率，使用 PCA 生成新的变量以指示该学生是否经常与父母沟通交流自己的身心状况。
学校位置	"1"代表学校位于城市区域，"0"代表学校位于非城市区域。
学校所在县区地理位置	"1"为东部地区，"2"为中部地区，"3"为西部地区。
学校所在县区居民平均受教育水平	CEPS 提供了各县级区域居民平均受教育年限（平均值为 9.54，标准差为 0.867），并根据其平均水平划分了三个类别。"1"为低于平均水平，"2"为高于平均水平一个标准差以内，"3"为高于平均水平一个标准差以上。

四、分析结果

（一）单因素分类中学校、家庭对学生学业成绩影响的相对重要性

在对全样本进行总体分析后，依据经济发展水平和教育资源分布，又分别以学校位置（城乡）、学校所在县区地理位置和学校所在县区居民平均受

教育水平为分类依据进行具体分析，结果如表2所示。列（1）为学生八年级总成绩的平均值。列（2）为学校、家庭因素共同可解释的学业成绩差异总量。列（3）、列（4）分别是家庭因素和学校因素可解释的成绩差异。列（5）是学校因素的解释力占总解释力的比例，若某一组别的该项数值超过0.5，则说明学校因素超过家庭因素，对学生学业表现起到更为重要的作用。

从整体来看，在我国的教育环境中，家庭因素扮演着更为重要的角色，对学业表现差异的解释力占总解释力的55.5%。考虑到我国区域经济发展水平和教育资源分配不甚均衡，这一结论并不能在我国直接推广。城乡分组结果显示家庭因素对城市学生的学业发展更为重要。学校因素则对农村学生学业成绩影响更强，相对解释力为51.6%。以学校所在县区地理位置分类，经济最为发达的东部地区，学校因素对学生学业成绩差异的相对解释力最低，为33.9%。经济水平次之的中部地区的学校因素的相对解释力最高，达到55.0%。以学校所在县区居民平均受教育水平分类的结果在一定程度上呼应了这一情况：平均受教育水平低于全样本均值的区域中，家庭因素对学生学业成绩的影响更大；在平均受教育水平达到均值且未超出均值一个标准差的区域中，学校因素对学生学业成绩差异的相对解释力最高，为54.4%。

上述结果说明，在经济和教育发展达到一定水平后，家庭因素对学生学业成绩的影响要强于学校因素。但是，这个结论反推却不成立，即并非经济和教育水平越低，学校因素的影响力越强。在经济资源和教育资源处于平均水平的区域中，学生的学业成绩差异更多来自学校的差别。

表2 八年级学生学业成绩变异被家庭因素和学校因素所解释的程度（基础对照组）

对照组别	平均成绩（1）	可解释方差（总和）（2）	可被家庭因素解释的方差（3）	可被学校因素解释的方差（4）	学校因素的相对解释力[(4)/(2)]（5）
总体情况					
全样本	196.71	0.473	0.263	0.210	0.445
学校位置					
城市	208.96	0.444	0.238	0.207	0.465
乡村	182.53	0.445	0.216	0.230	0.516*

续表

对照组别	平均成绩（1）	可解释方差（总和）（2）	可被家庭因素解释的方差（3）	可被学校因素解释的方差（4）	学校因素的相对解释力[(4)/(2)]（5）
学校所在县区地理位置					
东部地区	206.90	0.473	0.313	0.161	0.339
中部地区	181.34	0.402	0.181	0.223	0.550*
西部地区	187.07	0.456	0.233	0.225	0.489
学校所在县区居民平均受教育水平					
低于均值	190.06	0.419	0.274	0.145	0.345
达到均值	191.93	0.580	0.265	0.317	0.544*
高于均值	207.37	0.402	0.216	0.188	0.463

注："*"表示在该类别中学校因素相较于家庭因素更多地解释了学生学业成绩的差异。

（二）交叉分类中学校、家庭对学生学业成绩影响的相对重要性

为比较经济与教育交互作用下学校和家庭因素的相对重要性，本研究将原有三种单一分类两两组合，生成"城乡 × 地理位置""城乡 × 受教育水平""地理位置 × 受教育水平"三个新的组别，分析结果如表3所示。

城乡和地理位置的交叉组别中，所有城市地区学校家庭因素对学生学业表现的影响力均超过学校因素。东部农村学校的学生同样受家庭因素的影响更大。相较之下，学校资源对中部和西部农村学校学生的影响更大。城乡和受教育水平的交叉组别中，当城市学校所在的县区居民平均受教育水平高于均值一个标准差以上时，学校因素的学业影响力更强。而城市学校所在的县区居民平均受教育水平刚达到均值或未达到均值时，家庭因素与学生学业成绩关系较为密切。当农村学校所处区域居民平均受教育水平达到均值且未超出一个标准差以上时，学生的学业表现差异更多来自学校因素的影响。地理位置和受教育水平的交叉组别内，仅当学生来自中、西部地区且学校所在县区居民平均受教育水平达到均值且未超出一个标准差时，学业成绩受到学校

因素的影响更大。

交叉分类后的分析结果进一步印证了之前的结论，我国居民受教育水平处于平均位置且经济发展水平位于中游及以下的区域中，学校因素对学生学业成绩的影响更大。此外，发达的区域经济水平与优质教育资源的结合并不一定会推高家庭因素的相对影响力。虽然来自"城市学校"或来自"居民平均受教育水平较高地区"的学生的学业成绩差异更多地被家庭因素所解释，但当两个类别复合时，学校因素对学生学业表现的影响力超过了家庭因素。

表3 八年级学生学业成绩变异被家庭因素和学校因素所解释的程度（交叉对照组）

对照组别	平均成绩（1）	可解释方差（总和）（2）	可被家庭因素解释的方差（3）	可被学校因素解释的方差（4）	学校因素的相对解释力[(4)/(2)]（5）
城乡 × 地理位置					
东部城市学校	223.09	0.404	0.252	0.152	0.377
中部城市学校	186.36	0.332	0.257	0.081	0.226
西部城市学校	194.72	0.397	0.211	0.188	0.469
东部农村学校	188.58	0.433	0.269	0.165	0.379
中部农村学校	178.89	0.427	0.157	0.273	0.632*
西部农村学校	168.68	0.482	0.168	0.320	0.652*
城乡 × 受教育水平					
城市低于均值	205.09	0.372	0.276	0.098	0.258
城市达到均值	208.60	0.593	0.376	0.220	0.366
城市高于均值	211.36	0.416	0.178	0.240	0.572*
农村低于均值	180.14	0.410	0.227	0.184	0.445
农村达到均值	178.67	0.535	0.176	0.362	0.671*
农村高于均值	195.09	0.340	0.260	0.084	0.234
地理位置 × 受教育水平					
东部低于均值	204.07	0.377	0.266	0.113	0.295
东部达到均值	195.30	0.673	0.426	0.249	0.367
东部高于均值	215.73	0.359	0.276	0.084	0.231

续表

对照组别	平均成绩（1）	可解释方差（总和）（2）	可被家庭因素解释的方差（3）	可被学校因素解释的方差（4）	学校因素的相对解释力[(4)/(2)]（5）
地理位置 × 受教育水平					
中部低于均值	169.33	0.252	0.215	0.042	0.147
中部达到均值	188.52	0.466	0.153	0.317	0.673*
西部低于均值	180.79	0.489	0.290	0.201	0.406
西部达到均值	193.12	0.401	0.198	0.206	0.505*

注："*"表示在该类别中学校因素相较于家庭因素更多地解释了学生学业成绩的差异。

五、区域经济与教育水平对家校相对重要性的影响

（一）家庭影响在经济相对发达的区域更为突出

我国八年级学生在学业表现上的差异更多来自家庭而非学校因素，尤其反映在我国经济发展水平较高的地区。该结果在一定程度上印证了海内曼－洛克斯利效应关于居民收入水平和学校因素的相对重要性呈负相关的结论。在经济较为发达的地区，政府能够动用更多经费支持公立学校的建设，提高教师待遇，吸引更多人才，辖区内学校教育资源差距不断缩小。同时，教育市场能够在有偿的前提下提供更丰富、更高质量的教育资源，且校外文化与教育活动也更为丰富。有条件的家庭可以从市场上购买增值服务，保证孩子在教育领域的竞争力。趋于均衡的学校资源，加之差异化增加的校外教育资源，使学生的家庭因素更多地解释了其学业成绩的差异。

（二）学校影响在居民平均受教育水平处于均值的区域更为突出

居民平均受教育水平处于均值的地区中，学校相较于家庭对学生学业成绩的影响更强。这一结果并不完全支持海内曼－洛克斯利效应的理论解释。

究其原因，居民平均受教育水平不仅反映了地区教育资源状况，也反映了当地居民对教育的态度。在我国居民平均受教育水平较低的地区，高质量的教育资源相对紧缺，接受九年义务教育之后，学生需要经过激烈竞争才能进入高中，且无法保证毕业后可以进入大学深造。家庭条件较差的学生在评估升学机会成本后，可能选择提前进入就业市场以承担家庭责任。缺乏学业目标的学生也可能因为前途不明朗而放弃在学习上的努力。没有家庭经济压力的学生可以安心在校学习以争取继续求学机会。在教育资源紧张且经济发展水平较差的地区，家庭因素对学生学业成绩差异的影响更大。

教育资源处于平均水平的地区，升学机会成本降低，学生家庭负担较之欠发达地区更小，大多数学生倾向于为继续学业而提高自身竞争力。这类地区教育市场的发展程度不如经济发达地区，校外可购买的教育资源有限，学校因素相对于家庭因素能够更好地解释学生学业成绩差异。由于城市相较于农村集中了更多的学校资源并拥有更为成熟的教育市场，有条件的家庭可在市场上购买高质量教育资源（家教、补习等）提升子女竞争力。在达到平均受教育水平和低于平均受教育水平的城市中，学生学业成绩差异更多为家庭因素而非学校因素所解释。

（三）经济和教育的优势叠加未必削弱学校的影响

在居民平均受教育水平最高且经济发达的城市地区，学校因素对学生学业成绩的影响更大。这一结论与海内曼－洛克斯利效应完全相悖。原因可能是学业成绩因教育资源增加而产生的边际收益并非恒定。资源累积达到一定程度，每额外单位所带来的教育收益大大减少。如果大多数学生既能获得同质的学校教育资源，也能在教育市场获得质量差异较小的教育增值服务，即便部分学生家庭资本优势更大，也难以通过购买"资源"拉开学业竞争力差距。虽然学校间可量化的教育资源差距相对较小，但拥有更多优质生源的学校可以形成更好的教育环境。相较于资源差异，有益的同辈竞争和积极的家校合作可能对学生的学业发展产生积极影响。因此，在优势叠加区域，学校对学生的学业成绩差异起到更为重要的作用。

六、政策建议

从全国范围来看，我国学生学业成绩的差异更多来自家庭而非学校因素的影响，通过《中华人民共和国家庭教育促进法》引导全社会注重家庭、家教、家风，有利于教育事业在现阶段的持续发展。不过，经济和教育发展不平衡的现状会改变区域内家庭和学校因素的相对重要性。为避免政府干预的低效化，在制定配套措施时要同时考虑区域经济发展水平和当地教育发展的具体情况。本文基于研究结论，提出以下建议。

（一）仅具有经济优势的地区应重点关注家庭教育的物质基础

在我国经济发展水平较高的地区，继续增加公共教育方面的投入只是推进教育公平的必要不充分条件。处于优势地位的家庭可以购买高质量校外教育资源，有效地培养子女的兴趣爱好、学习习惯和创新能力，使这些学生倾向于表现出更强的学业竞争力。依据《中华人民共和国家庭教育促进法》建设家庭教育指导机构、开展家长培训或许可以提高家长教育参与的意识和能力，但是无法弥合家庭在参与子女教育时物质基础的差距，造成部分家庭"心有余而力不足"的结果。针对这一问题，可以将"教育券"列入支持家庭教育的配套服务，即用部分公共经费支持家庭经济处境不利的学生参与以素质拓展为导向的校外学习活动，以缩小家庭因素造成的学生学业成绩差异。

（二）居民平均受教育水平位于全国中游的地区应侧重提高学校教育质量

在居民平均受教育水平刚达到全国平均水平的地区，优质的学校教育对学生教育成功具有难以替代的作用，是促进教育公平的充分且必要条件。由于家庭教育问题并非此类地区教育系统的主要矛盾，当地政府应继续增加对学校改革和发展的支持力度，以扩充高质量的学校教育资源。再以学校为中心提供家庭教育指导服务，使家长能够配合学校协同育人。如果此时将有限的公共资源用于建设独立的家庭教育指导机构和培养专门的服务人员队伍，高质量的教育服务将转而由隐蔽发展的教育市场向学生有偿提供。社会经济处境不利的学生由于学业竞争的劣势无法通过学校教育得到有效弥补，将逐渐被排除在"继续求学"的大门之外。

（三）经济与教育"优势叠加"地区应推行学生流转机制

具有经济资源和教育资源双重优势的地区，学校教育和家庭教育的平均质量较高且差异较小，学校氛围对学生发展的影响力便凸显出来。区域内的优质学校可以向"后进"学校学生提供具有一定期限的"借读机会"，以一到二年为期限，分批次将"后进"学校学生流转到"先进"学校并混编入各个班级。流转学生家长一方面在家庭教育指导机构或社区家长学校学习家庭教育理念、知识和方法，另一方面在"先进"学校通过参与家校合作的日常活动积累实践性知识。配合教师业务培训，在多轮流转后，"后进"学校的教育氛围得以向"先进"学校靠拢，通过同步提高学校教育和家庭教育的质量为学生提供更为公平的教育环境。

由于数据和方法的局限性，本研究未能提供更为精确的结论。在市、县（区）级单位中，决定家校相对影响力的人均收入和受教育水平的阈值尚未界定。教育市场对于家校相对重要性的影响机制有待深入分析。这些问题需要在未来进一步探索和论证。

参考文献

方超，黄斌，2019. 非认知能力、家庭教育期望与子代学业成绩：基于CEPS追踪数据的经验分析［J］. 全球教育展望（1）：55-70.

高翔，薛海平，2020. 家长参与、同伴影响和初中生学业成绩［J］. 教育科学研究（6）：55-63.

李哲，张敏强，黄菲菲，等，2019. 家校合作对青少年学业成绩的影响：一个有调节的中介模型［J］. 心理科学（5）：1091-1097.

许怀雪，秦玉友，李维，等，2020. 家庭文化资本对初一学生学业成绩的影响研究：基于学习投入的中介作用分析 [J]. 教育理论与实践（4）：35–40.

BAKER D P, GOESLING B, LETENDRE G K, 2002. Socioeconomic status, school quality, and national economic development: a cross-national analysis of the "Heyneman-Loxley Effect" on mathematics and science achievement [J]. Comparative Education Review, 46(3): 291–312.

CHUDGAR A, LUSCHEI T F, 2009. National income, income inequality, and the importance of schools: a hierarchical cross-national comparison [J]. American Educational Research Journal, 46(3): 626–658.

COLEMAN J S, 1988. Social capital in the creation of human capital [J]. American Journal of Sociology, 94: 95–120.

DUFUR M J, PARCEL T L, TROUTMAN K P, 2013. Does capital at home matter more than capital at school?: social capital effects on academic achievement [J]. Research in Social Stratification and Mobility, 31(1): 1–21.

DUNCAN O D, 1961. A socioeconomic index for all occupations [M]//REISS A J. Occupations and social status. New York: Free Press.

GAMORAN A, LONG D A, 2007. Equality of educational opportunity: a 40 year retrospective [M]//TEESE R, LAMB S, DURU-BELLAT M, et al. International studies in educational inequality, theory and policy. Dordrecht: Springer.

HEYNEMAN S P, 1980. Differences between developed and developing countries: comment on Simmons and Alexander's "determinants of school achievement" [J]. Economic Development and Cultural Change, 28(2): 403–406.

HEYNEMAN S P, LOXLEY W A, 1983. The effect of primary-school quality on academic achievement across twenty-nine high- and low-income countries [J]. American Journal of Sociology, 88(6): 1162–1194.

PARCEL T L, DUFUR M J, 2001. Capital at home and at school: effects on student achievement [J]. Social Forces, 79(3): 881–912.

The Relative Importance of Family versus School Factors for Affecting Students' Academic Performance: A Reflection on Family Education Promotion Act

Tan Minda　Xu Jicun

Abstract: Family and school factors affect students' academic performance simultaneously. Increasing investment without understanding the relative importance may not only waste public resources, but also impede education equity. Analysing the CEPS data by ordinary least squares models with fixed-effect terms, this study found that: (1) family factors are more crucial in economically developed areas; (2) school factors are more important in places whose schooling years of population reach the average level in China; (3) school factors play a more critical role in predicting academic performance in areas with both economic and educational advantages. The design of policy for promoting family education should take local economy and education into account, which ensures the efficiency of educational investment.

Key words: family education　Heyneman-Loxley effect　education equity　academic performance

作者简介

谭敏达，博士，山东师范大学教育学部讲师，研究方向为教育政策分析、教育社会学。

徐继存，博士，山东师范大学教育学部教授、博士生导师，泰山学者特聘专家、国家"万人计划"教学名师，研究方向为课程与教学基本理论、乡村教育与教化等。

后 记

自 2002 年首发,《中国教育法制评论》迎来了第 22 辑的问世。热切关注并投身教育法学研究的众多同人开辟荆榛,将本书建成广大研究人员交流探讨的专业平台,殊为不易。作为第一本中国教育法制评论类图书,本书在二十年的发展中,始终保持了其在教育法学理论界及教育法制建设中的重要影响。本书自 2008 年以来入选 CSSCI 收录集刊,充分体现了本书长久的学术积淀和优良的科研业绩。

在依法治国、依法治教的新形势下,教育法学研究的前沿成果日益丰富。随着时代的发展,有更多的学术课题需要从多维度、多层面进行集中探讨和深入挖掘。本辑不仅从义务教育、高教法治、教育立法与适用、教育政策等方面探讨了当前新一轮教育改革中教育法学研究的前沿问题,还重点讨论了教育惩戒这一重要的、引发社会关注的现实问题。

教育政策与法律研究需要借助一个能充分交流的学术平台才能审视端倪、通达整体,才能进一步拓展、深入和整合。本书将加强选题的规划、板块的整合,力求成为反映国内教育法学研究进展的稳定载体,为读者呈现角度多样、层次丰富的学术成果,及时总结经验,开拓新思路,探讨新问题,积极回应时代的挑战。

教育科学出版社对本辑的出版给予了大力支持,陕西师范大学对本辑的顺利出版多有助力,北京师范大学博士研究生姚真做了大量统稿工作,在此一并致谢!囿于篇幅,来稿未能全数刊用,特致歉意!期待各位同人一如既往地支持本书的发展。

劳凯声 余雅风 陈 鹏
2022 年 4 月

《中国教育法制评论》

中国教育法制研究系列
教育科学出版社，北京

编辑宗旨

《中国教育法制评论》以当代中国教育法制建设的理论与实践为主要研究内容。本书将始终致力于关注中国教育法制建设的理论与实践问题，汇聚中国教育法学研究领域的共同智慧和最新成果，展示教育法学领域研究者对我国教育法制建设的思考和探索。本书也致力于为中国教育法学研究提供一个开放性的学术研究和学术推广平台，通过学术交流和学术争鸣，推进中国教育法学研究事业健康发展。本书将积极为中国教育法制建设的实践服务，努力促进教育决策文化与学术文化的交流，致力于通过教育法学理论研究为中国教育立法和教育政策制定的实践活动提供建设性的学术支持。

本书的读者对象主要包括：（1）中国教育研究特别是教育法学与教育政策研究领域的专家学者、研究人员和教学人员；（2）各级各类教育行政部门的教育决策人员、政策研究人员、行政管理人员和中小学校及其他教育机构的管理人员；（3）各级各类学校及其他教育机构的教师；（4）国家机关和社会各界关注与从事教育领域法律问题和政策问题研究的专业人员；（5）从事教育法学学习和研究的各级各类学校及其他教育机构的学习者；等等。

投稿须知

《中国教育法制评论》由首都师范大学劳凯声教授、北京师范大学余雅风教授、陕西师范大学陈鹏教授主编,每辑将围绕几个主要的议题开展学术研究和交流,面向全国征集稿件,欢迎全国同人踊跃投稿。

来稿请提供英文标题、中文摘要(150字以内),参考文献格式请按《信息与文献 参考文献著录规则》(GB/T 7714—2015)著者-出版年制著录。著录项目应齐全,各项应核实无误。参考文献统一放在文章的最后,说明性的注释以脚注的形式呈现。

外国人名、地名、书刊名、文章名、机构名等在第一次出现时,用括号加注原文,并请核准无误。书名、期刊名用斜体。地名、人名的翻译,须参照相关辞典和译名手册(如《外国地名译名手册》和《世界人名翻译大辞典》),按规范或惯例译出。

法律法规的名称、文件政策名、机构名称等规范性名称,应确保准确无误。

文末作者简介的基本格式为:姓名,职务,职称/学位,研究方向……

来稿请提供规范的 Word 电子文本和书面文本。书面文本请用宋体小四号字格式,1.5 倍行距,A4 纸打印。来稿请注明作者姓名、通信地址、邮政编码、联系电话或电子邮件地址,并注明"《中国教育法制评论》稿件"字样。

来稿请寄:北京市新街口外大街 19 号北京师范大学教育学部 余雅风
(收)
邮 编:100875
电子文本请发至:yuyafeng@bnu.edu.cn